融合出版的破题与发展路径研究

COALESCE PUBLISH

本书系2021年度
北京市宣传文化高层次人才培养资助项目
"融合出版的破题与发展路径研究"成果

陈丹 章萌 郑泽钒 著

知识产权出版社
全国百佳图书出版单位
—北京—

图书在版编目（CIP）数据

融合出版的破题与发展路径研究／陈丹，章萌，郑泽钒著. —北京：知识产权出版社，2024.10. —ISBN 978-7-5130-9524-2

Ⅰ.G239.2

中国国家版本馆 CIP 数据核字第 20245MU684 号

内容提要

目前，我国融合出版路径的研究主要集中在对不同类别融合出版实践案例的探索，缺乏对融合出版路径的学理性思考。本书首先从创新生态系统视角出发，在探讨创新生态系统理论适用性的基础上，科学界定创新生态系统视角下融合出版的内涵；其次系统梳理我国融合出版发展概况，并采用多案例研究方法，从经典的融合出版案例中抽象出共性的融合路径，构建和剖析创新生态系统视角下融合出版的路径模型；最后对促进我国融合出版高质量发展提出对策建议。

本书适合出版领域从业者阅读。

责任编辑：李　婧　　　　　　　　　责任印制：孙婷婷

融合出版的破题与发展路径研究
RONGHR CHUBAN DE POTI YU FAZHAN LUJING YANJIU

陈　丹　章　萌　郑泽钒　著

出版发行：知识产权出版社 有限责任公司	网　址：http://www.ipph.cn
电　话：010-82004826	http://www.laichushu.com
社　址：北京市海淀区气象路 50 号院	邮　编：100081
责编电话：010-82000860 转 8594	责编邮箱：laichushu@cnipr.com
发行电话：010-82000860 转 8101	发行传真：010-82000893
印　刷：北京中献拓方科技发展有限公司	经　销：新华书店、各大网上书店及相关专业书店
开　本：720mm×1000mm　1/16	印　张：17.25
版　次：2024 年 10 月第 1 版	印　次：2024 年 10 月第 1 次印刷
字　数：291 千字	定　价：85.00 元
ISBN 978-7-5130-9524-2	

出版权专有　侵权必究

如有印装质量问题，本社负责调换。

前　言

《吕氏春秋·有始览》有言："天地合和，生之大经也。"融合，是世间万物生生不息的根本，是人类社会发展的趋势。出版业也不例外，融合发展是新时代出版业的进行时，更是未来时。2022年6月，中共中央宣传部首次就融合出版领域专门发布政策文件——《关于推动出版深度融合发展的实施意见》，对新时代深入推进出版深度融合发展作出了全面部署。"创新"一词在这份四千多字的意见中反复出现，足见其重要性。融合出版是数字化、网络化、智能化背景下出版企业等主体探求通过融合实现出版产业可持续发展的创新活动，是一项面向出版业创新的实践和研究课题。

当前，我国出版融合迈向纵深发展的新阶段，这不仅是推动出版业高质量发展的关键一环，也是建设文化强国、出版强国的必由之路，创新驱动是新阶段、新时期的"主引擎"。今天的创新已不再局限于竞争优势、技术创新、企业创新能力，而是强调竞合共生的创新生态系统。以演化经济学为理论基础的创新生态系统，能以更强的生物学隐喻来揭示创新的系统范式。根据演化经济学，作为人类创新活动之一的融合出版，其实质是一种较为特殊的生命过程，在很大程度上，创新遵循生物规律，利用生物隐喻能更加深入地揭示这一过程。与此同时，在经济新常态和创新驱动发展的背景下，企业间的市场竞争已逐步转变为创新生态圈的竞争，创新驱动的本质直接体现在创新生态系统的构建和优化上。[1] 此外，出版业追求知识时代的信息网络化、动态化和空间化，融合出版追求的不同出版类型

---

[1] 刘雪芹，张贵. 创新生态系统：创新驱动的本质探源与范式转换[J]. 科技进步与对策，2016, 33 (20): 1-6.

之间的共享、协作、交融和创新，与创新生态系统的创新导向是一致的。

融合出版，不仅是当下出版学科研究的热题，也是出版业界关注的重要话题。理论源于实践，理论服务实践。对融合出版的研究最终应落实到为出版业的实践服务上，具体来说，是落实到融合出版的路径上，即找准推动出版深度融合发展的策略，推动我国出版融合高质量发展。现阶段对融合出版路径的研究主要集中于对业界鲜活案例实践的探索，对不同出版类别融合出版实践的探索，缺乏对融合出版路径的学理性思考。因此，本书将从创新生态系统视角出发，在探讨创新生态系统理论适用性的基础上，科学界定创新生态系统视角下融合出版的内涵，同时系统梳理我国融合出版发展概况，并采用探索性多案例研究方法，从经典的融合出版案例中抽象出共性的融合路径，构建和剖析创新生态系统视角下融合出版的路径模型，最后对促进我国融合出版高质量发展提出对策建议，助力新时代融合出版迈上新台阶。

本书研究内容共分为六个部分进行阐述。

第一部分，融合出版的内涵与外延对融合出版相关研究进行综述，阐述融合出版的内涵与外延，界定融合出版这一核心概念。

第二部分，我国融合出版发展现状。以国家战略下的媒体融合部署和政策为坐标系，结合我国出版融合创新实践活动的特点，对我国融合出版阶段进行系统梳理，并分成初始转型阶段、快速发展阶段和深度融合阶段，同时从产业链角度分析我国融合出版的现状。

第三部分，国外融合出版发展概况。梳理国外融合出版实践发展状况，从产业链角度分析其发展特征。

第四部分，融合出版系统模型构建。介绍了多案例研究设计与工具、案例素材选取原因、案例信度与效度、资料来源，描述了数据编码与分析过程，进行了信度检验，构建并阐释基于创新生态系统的融合出版路径模型。

第五部分，我国融合出版路径类型归纳。从产业链的上、中、下游出发，归纳出强链、补链和延链三种路径，并进行系统分析。

第六部分，我国融合出版路径发展建议。为在融合出版中落实强链、补链和延链三种路径提出实施建议，以促进我国出版深度融合发展。

本书主要采用文献分析法、案例研究法等方法，充分利用中国知网、维普等资源库,研读了与创新生态系统、出版产业链、融合出版相关的文献资料,作了系统综述。研究还结合丰富的国内外实践案例,展开深入分析,以探讨该现象背后的各种问题。在案例数据分析过程中,采用Strauss的程序化扎根理论的编码技术对数据进行处理,并吸收创新生态系统理论,以构建融合出版系统模型。

本书具有一定理论价值。当前,融合出版已成为出版业发展的共识、热点及战略发展方向。当前,学界对"为何融""融什么"已有多维度研究,对"怎么融"的关注度较低,且缺乏学理层面的审视。本书将"怎么融"的现实问题上升到理论高度,借助创新生态系统理论为融合出版提供概念框架,在该概念框架的指导下采用探索性的多案例研究方法,构建融合出版路径模型,揭示和厘清其中的内在机理。这不仅为探索融合出版路径提供了新思路,也丰富并拓展了融合出版领域的理论研究,有利于学界更好地把握融合出版的规律,同时也为今后的相关研究提供新视角。

本书也能够为出版业实践提供参考。在国家的持续推动和各方的不懈努力下,已有一批数字出版精品项目诞生,这些精品项目为出版业融合发展业务具体落地实施提供了可行的方向、路径。本书利用探索性研究方法剖析其成功背后可复制的路径,为我国出版企业推动融合出版提供借鉴和参考,有助于提高出版企业的创新能力,有助于提高优质数字出版内容的到达率、阅读率和影响力,有助于繁荣数字出版产业,有助于深入推进新时代文化强国、出版强国建设。

在本书的研究工作和写作中,具体分工如下:刘广东、李京昆、常禧西、田佳佳、赵浩宇参与了第一章的资料整理,孟鑫、龙雨汐、杜晓萱、李静参与了第二章的资料整理,韩昭君、张悦媛、何倩莹、李奕佳、刘妍参与了第三章的资料整理,杜晓萱参与了第四章的资料整理,李静参与了第五章的资料整理,刘千桂、严洁参与了第六章资料整理,宋嘉庚、常禧西参与了附录的资料整理。在此诚挚感谢参与本项目研究和本书撰写工作的老师和同学!

目 录

第一章 融合出版的内涵与外延 ·············· 1
 一、融合出版研究综述 ·············· 1
 二、融合出版的概念 ·············· 21
 三、融合出版的内涵 ·············· 33
 四、融合出版与相关核心概念的关系 ·············· 36

第二章 我国融合出版发展概况 ·············· 41
 一、我国融合出版的发展环境 ·············· 41
 二、我国融合出版产业链主体 ·············· 44
 三、我国融合出版发展历程 ·············· 49
 四、我国融合出版发展现状 ·············· 51
 五、我国融合出版发展存在的不足 ·············· 72

第三章 国外融合出版发展概况 ·············· 75
 一、国外融合出版发展历程 ·············· 75
 二、国外融合出版发展现状 ·············· 86
 三、国外融合出版发展启示 ·············· 104

第四章 融合出版系统模型构建 ·············· 109
 一、模型构建理论基础 ·············· 109
 二、研究设计与案例选择 ·············· 112

三、资料收集与数据编码 ·· 115
　　四、我国融合出版系统模型阐释 ······································ 117

第五章　我国融合出版路径类型归纳 ·································· 121
　　一、融合出版强链路径 ·· 121
　　二、融合出版补链路径 ·· 130
　　三、融合出版延链路径 ·· 142

第六章　我国融合出版发展建议 ······································ 165
　　一、发展是第一要务，向发展要潜能 ·································· 165
　　二、人才是第一资源，向人才要效能 ·································· 170
　　三、创新是第一动力，向创新要动能 ·································· 183

参考文献 ·· 193

附　录 ·· 203
　　附录一　融合出版系统模型开放性编码分析表 ···················· 203
　　附录二　融合出版系统模型主轴编码分析表 ························ 215
　　附录三　融合出版精品案例分析 ······································ 216

第一章

融合出版的内涵与外延

一、融合出版研究综述

笔者以中国知网为检索数据库,以学术期刊、学位论文、会议、报纸、图书、学术辑刊等为来源类别,以"融合出版""出版融合"为主题词进行精确检索,发现截至 2023 年 10 月,共有 2768 篇相关文献。当前融合出版相关研究主要集中在理论研究(如概念、特征、要素、意义与价值等)、产业研究(如企业战略与转型、实践案例等)、技术研究(如产品开发、人工智能技术在融合出版中的应用等)、外部影响研究(如人才培养、内容生态等)等方面。具体主题分布情况见图 1-1。

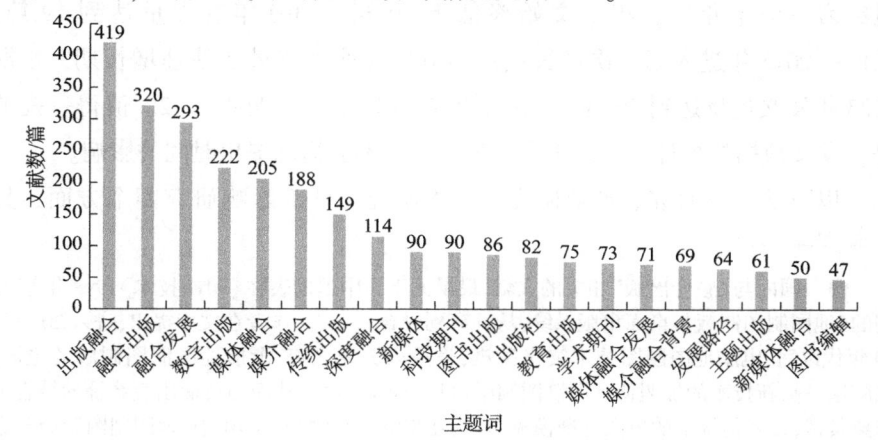

图 1-1 主题分布

从研究成果的学科分布来看，总体上，"融合出版"研究集中于出版学科，相关研究成果2610篇，占比68.02%；计算机软件及计算机应用学科其次，成果数量达到724篇，占比18.87%；再次为新闻与传媒学科，成果数量达到123篇，占比3.21%；其他学科的研究成果数量占比均不足2%（见表1-1）。

表1-1 融合出版相关政策文件

学科	研究成果数量/篇	占比/%	学科	研究成果数量/篇	占比/%
出版	2610	68.02	医学教育与医学边缘学科	17	0.44
计算机软件及计算机应用	724	18.87	文化经济	14	0.36
新闻与传媒	123	3.21	体育	13	0.34
高等教育	76	1.98	中国共产党	12	0.31
图书情报与数字图书馆	70	1.82	轻工业手工业	11	0.29
教育理论与教育管理	39	1.02	中国文学	11	0.29
文化	23	0.6	外国语言文字	11	0.29
企业经济	20	0.52	民商法	11	0.29
中等教育	18	0.47	旅游	9	0.23
职业教育	17	0.44	美术书法雕塑与摄影	8	0.21

从发文趋势上看，自20世纪末起出现第一篇相关主题文献❶以来，到21世纪第一个十年间，年发文始终低于10篇；2010年发文量达到19篇；2013—2015年进入第一次增长期；2016年至今始终处于快速增长期，预期2023年发文量将达到569篇（中国知网模型预测），见图1-2。值得一提的是，发文数据的统计基于人工主题词标引，不受概念提出时间的影响。

以下从理论研究、产业研究、技术研究、外部影响研究四个方面，具

---

❶ 国内与"融合出版"相关的文献，最早见于冯中卫发表在《印刷技术》1998年第12期的《地图制图制版与桌面出版系统：从远离到融合》一文。作者在文中提出，进入20世纪90年代以后，电脑地图制图技术突飞猛进，呈星火燎原之势，渐成地图制图制版的主流。电脑这一高新技术的加盟使地图制图制版由封闭走向开放，从而与桌面出版系统的结合愈来愈紧密，二者传统上的界限逐渐模糊，开始互相渗透和融合。冯中卫. 地图制图制版与桌面出版系统：从远离到融合[J]. 印刷技术, 1998(12):33-35.

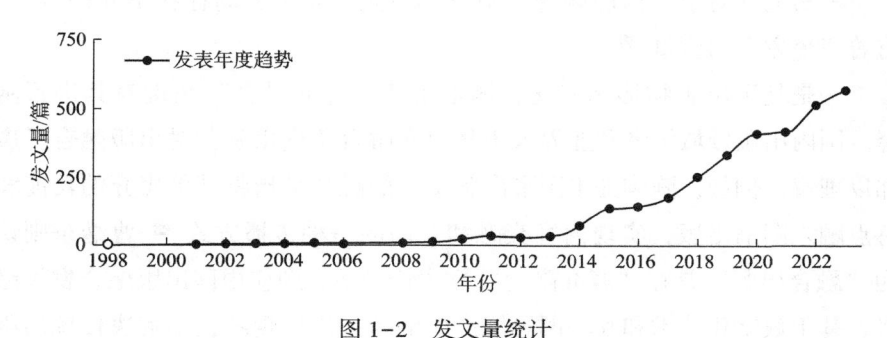

体呈现融合出版研究的总体情况。

图1-2 发文量统计

（一） 理论研究

尼古拉斯·尼葛洛庞帝（Nicholas Negroponte）提出，在世纪之交的重要时刻，印刷出版业、计算机产业和广播电影产业呈现出融合发展的态势。"融合"伴随中国出版改革进程，也已经成为中国出版实践创新最显著的特征之一。学界围绕出版融合发展进行了丰富的研究，其研究范围涉及概念、特征、要素、意义与价值等方面，构成了融合出版研究的理论知识系统。[1] 这为从宏观上理解融合出版提供了理论支撑，也为把握出版融合发展的内在逻辑提供基础。

1. 出版融合的概念与内涵

2021年11月发布，经全国科学技术名词审定委员会审定的《编辑与出版学名词（定义版）》将融合出版定义为"传统出版业数字化转型升级的目标和方向"，是"立足传统出版，发挥内容优势，运用先进技术，走向网络空间，实现出版内容、技术应用、平台终端、人才队伍的共享融通，形成一体化的组织结构、生产和传播体系及管理机制"，将融合出版明确

---

[1] 高坚.融合出版研究:进路、理论维度与核心议题[J].科技与出版,2023(6)：126-135.

定义为"将出版业务与新兴技术和管理创新融为一体的新型出版形态"。❶

事实上，对于"出版融合"概念的界定，学术界尚存在不同的看法，有着三个方面的侧重。❷

一是基于出版物形态变化，侧重于从"媒介融合"角度对其进行阐释。国内出版领域学者和业界人士从媒介融合角度出发，对出版融合发展加以理解。例如，陈驹提出图书出版媒介的融合是指将其他媒介的功能和特点融入图书出版，实现内容交融和互动的一种传播方式。❸ 曹继东则认为"融合出版"是在"媒介融合"学术语境下、顺应中国出版融合发展趋势、基于数字化技术和互联网思维产生的新兴出版现象，是解决传统出版和数字出版融合发展问题的新兴出版范式。❹

二是侧重于多层级、多方位的产业融合，包括产业内部融合和跨产业融合。王晓军提出出版融合模式是数字传媒时代下，出版业与数字媒体业、技术公司等其他行业的融合发展模式。❺ 尹章池、郭慧认为出版媒介融合以技术融合、业务融合和市场融合为机理，内容融合、网络融合、终端融合为具体操作。❻ 郭慧认为，出版融合涵盖了三个维度：出版领域内内容资源、组织机构及与其他传媒产业的融合。❼ 陈佳慧、李儒俊针对产业外部融合提出跨界经营适应了互联网浪潮，出版企业可分别从非相关性、弱相关性和强相关性业务探索跨界经营。❽ 傅伟中从五个层面分析了出版传媒企业融合发展的内涵：传统出版与数字出版的融合、出版与金融

---

❶ 谢俊波.出版融合发展视角下的科普出版[J].出版广角,2022(21):6-11.

❷ 高兆强.融合出版视域下我国古籍出版模式研究[D].西安:陕西师范大学,2022.

❸ 陈驹.论我国图书出版的媒介融合[D].兰州:兰州大学,2008.

❹ 曹继东.基于数字化技术和互联网思维的"融合出版"[J].科技与出版,2014(9):15-18.

❺ 王晓军.数字传媒时代下出版融合模式再创新探讨[J].新楚文化,2022(11):69-72.

❻ 尹章池,郭慧.关于出版媒介融合的综合性研究[J].编辑之友,2009(5):27-29.

❼ 郭慧.内容价值增值视阈下的出版媒介融合研究[D].武汉:武汉理工大学,2008.

❽ 陈佳慧,李儒俊.我国出版业跨界经营问题[J].濮阳职业技术学院学报,2019,32(1):107-110.

的融合、传统出版与新媒体立体开发的融合、出版传媒业的跨界融合和平台化融合。❶ 何国梅指出，出版业的深度融合发展，强调出版理念、出版技术、产品形态、知识内容、新型人才、运作组织、保障体系等的深度合作及全面化、体系化效应的实现。❷

三是将"融合发展"理解为含义不断演变的动态性概念，将其概念的发展历程划分为不同阶段。付文绮、张新新指明出版深度融合发展是一种状态，是传统出版和新兴出版的融合，是传统出版和数字出版多维度、多环节交融、互融、通融、共融的状态。❸ 邱菊生、姚磊等认为我国还处在融合发展的探索期，环境的快速变化和科技升级换代的高频度，使出版融合发展的概念不断更新。❹

曹继东提出"融合出版"是在"媒介融合"学术语境下、顺应中国出版融合发展趋势、基于数字化技术和互联网思维产生的新兴出版现象，是解决传统出版和数字出版融合发展问题的新兴出版范式。❺

2. 融合出版的特征

段鹏从出版社编辑角度，提出融合出版的新特点，包括内容融合拆分与重构，指出融合出版的特征在于一次出版、多次开发；技术融合由一到多、由点到线，智能媒体技术和"两微一端"等传播工具将改造出版的流程和表现形式；渠道融合线上为王，融合出版业要对媒体市场的风向保持高度敏感，要勇敢追逐新事物、试水新渠道、尝试新的线上平台和功能；人才融合从"幕后"走向"台前"，编辑要用融合出版的思维去重塑出版

---

❶ 傅伟中.内容为本、平台为王:融合发展新常态下出版传媒企业的样本研究[J].中国编辑,2017(4):10-16.
❷ 何国梅.出版深度融合发展的内涵、机制与路径[J].中国编辑,2022(9):85-90.
❸ 付文绮,张新新.出版深度融合发展:内涵、机理、模式与路径分析[J].出版发行研究,2023(1):15-21,7.
❹ 邱菊生,姚磊,胡娟.我国出版集团融合发展研究综述[J].出版科学,2019,27(6):56-62.
❺ 曹继东.基于数字化技术和互联网思维的"融合出版"[J].科技与出版,2014(9):15-18.

业的生态环境，积极向全媒体人才转型。❶

邹佩耘、王菱则从元宇宙空间出发，提出出版融合的三大新特征："边界消弭"的融合空间，虚拟与现实的区分将失去意义，体现"泛出版"的趋势；"即时生产"的传播关系，出版方根据受众对知识的需要进行生产，并不是依托数字技术对出版内容形式的简单相加，而是满足受众需求的一种融合创新形式；"去中心化"的聚合资源，包括各种媒介、新兴数字技术、出版内容及各类受众、产业联盟等的聚合。❷

3. 融合出版的要素

根据内容生产者与使用者之间连接路径的变化，融合出版涉及的要素有内容生产、应用场景、传播方式、交互及交付等，通过这些要素的深度渗透与融合，围绕内容的基本表达形成以用户为中心的内容生产、传播与创新模式。

王关义指出，出版融合的方面是立体的，同时也是交叉的。其要素具体包括内容、渠道、平台、经营、管理等多方面，是全方位、深层次的相互渗透与融合。通过融合发展实现出版内容、技术应用、平台终端、经营管理模式、人才队伍的共享融通，形成一体化的组织结构、管理机制和传播体系。李弘、秦俊俊表示，建立较好的基础性软硬件系统，具备较为丰富的多媒体内容资源。在融合发展业务中的要素包括战略谋划、内容建设、技术支撑、重点工程项目、人才队伍、保障体系6个方面。❸

4. 融合出版的意义与价值

出版融合的意义深远。从宏观方面看，主要涉及出版产业自身发展、国家新闻出版产业规划布局、国际出版传媒行业形势等。王雪岭认为新形势下加强传统出版业与数字出版业态融合发展，有助于双方优势互补、协

---

❶ 段鹏.融合出版背景下编辑面临的挑战及其应对[J].现代出版,2021(5):51-55.

❷ 邹佩耘,王菱.基于元宇宙空间的融合出版:特征、价值取向与实践路径[J].出版发行研究,2022(7):30-34.

❸ 李弘,秦俊俊.出版融合发展的本质属性和路径分析[J].出版广角,2022(22):32-37.

同发展，共同推进出版业的繁荣。❶柳斌杰将传统出版与数字出版的融合发展问题置于国家发展层面，指出加快出版深度融合是对新闻出版业"十二五"时期发展规划的贯彻和落实，有助于推动我国新闻出版产业加快发展方式转变。❷

从行业角度来看，谭利彬指出，出版融合模式可以推动出版业的数字化转型升级和商业模式创新，提高盈利能力，增加市场竞争力。融合出版有利于丰富出版内容，充分利用新兴技术打破出版内容的时空限制，使其相关资源不再局限于文字和图片，因此扩大受众群体。❸数字出版能够有效拓展传统出版传播渠道，数字出版通过网络形式进行信息传播。融合出版帮助出版社优化传统出版程序，可以在得到信息资源后快速整理并发布，保证信息传播的高效性。

从用户角度来看，王晓军提出，出版融合模式可以为用户提供更加个性化、优质的知识服务和体验，有利于促进信息利用便利化，满足用户需求丰富用户知识生活。❹

总体来看，现有研究成果在不同层面对融合出版的基本理论进行了探讨，包括概念、特征、要素、意义与价值，这有助于全面理解、界定融合出版领域范围。但与此同时，对于融合出版的基本概念说法较多，还未形成统一的界定。另外，部分研究仍局限于各自领域的视角，缺乏跨学科的综合。

（二）技术研究

融合出版的发展与创新离不开新兴数字出版技术的应用。新一轮技术革命以先进技术助力出版融合发展，为出版业带来新的发展机遇，促使内容生产、呈现方式、产品形态、用户建设、产品推广与运营等方面因新技

---

❶ 王雪岭.对传统出版与数字出版业融合发展的思考[J].新西部（理论版），2014（8）：97-98.

❷ 柳斌杰.加快传统出版与数字出版的融合发展[J].现代出版，2011（4）：5-8.

❸ 谭利彬.传统出版与数字出版融合共赢发展之路径探析[J].传播与版权，2023（15）：73-75.

❹ 王晓军.数字传媒时代下出版融合模式再创新探讨[J].新楚文化，2022（11）：69-72.

术产生新的可能,推动出版深度融合发展。

1. 融合出版前沿技术研究

新技术会给出版业带来场景式体验、多维交互体验、身体感知体验等精准的内容服务,会让敢于创新的出版商在新一轮市场的竞争中赢得先机,进而培育出更为广阔的出版物消费市场。❶

前沿技术既是做强出版主业打造核心竞争力的内容资源,也是深化出版融合发展的重要支撑。面对 ChatGPT 等新一代自然语言处理模型的诞生,以及人工智能生成内容(AIGC)在社会各领域的快速发展,出版需作出适应时代的调整与回应。出版人工智能与出版核心价值活动密切相关,以场景化应用为主要特征,将人工智能技术的应用范围深度拓展到出版企业价值活动的全过程。❷ 从微观技术角度,人工智能技术通过优化知识服务供给质效、强化知识服务匹配能力、固化知识服务需求场景,在技术层面增强知识服务平台的输入识别和输出关联能力,在场景方面对用户的精准需求进行智能化匹配。❸ 在技术和需求的双重驱动下运用人工智能技术,重塑出版知识服务的新型生态,推动人工智能技术对出版知识服务各环节效能的改变。

2. 融合出版常用技术研究

区块链技术的本质是去中心化的数据库,可以实现不可篡改的信息记录和数据交互。基于共词分析法,目前"区块链"主题研究在新闻出版学领域主要集中在区块链对新闻出版商业模式影响的相关研究、区块链技术在学术出版领域的具体应用、区块链在新闻传媒业的实际应用研究、区块链背景下的媒体融合相关研究、区块链在数字版权保护方面的应用研究等

---

❶ 蔡霞.5G 时代的场景技术出版物的创新探索[J].科技资讯,2021,19(27):174-176,182.

❷ 张莉婧,张新新.基于人工智能技术的出版流程智能再造:智能出版研究述略[J].出版与印刷,2020(3):1-11.

❸ 张承兵,黄丽娟.人工智能技术下出版知识服务生态的重塑[J].出版广角,2020(13):16-19,82.

方面。❶

　　5G具有高速率、低时延和大连接的优点。5G既解构了旧出版原有的基础，带来全新的挑战，又为重构出版的新模式、新业态创造了条件。❷ 5G作为新一代移动通信技术，极大地释放人工智能等互联网技术的潜力，彻底打通人联网与物联网之间的界限，万物互联既能大幅度提升生态系统的智能化水平。❸

　　大数据的核心是算法处理需要以高效、快速、准确的方式提取大量数据中的有益信息，因此大数据挖掘便显得非常重要。大数据技术为数字图书出版的"私人定制"提供了技术支撑。❹ 大数据的本质特征，是因为其本身具有极大的知识挖掘价值，而成为一种极为重要的研究对象和资源。❺ 以自然灾害类历史典籍为例，说明"大数据出版"能通过建设专题数据库的途径实现对出版物资源的数据采集、存储和检索，并在数据库平台上进行数据挖掘和可视化呈现，以生产新的知识和产生新的价值。❻

　　元宇宙核心技术赋能出版产业，改变了生态环境，重塑了产品形态，丰富了阅读场景，延伸了产业链。❼ 元宇宙是各种技术的升级与应用，是技术发展的集成与结晶点。新型数字技术在元宇宙出版流程、内容、产品、形态、服务、体验等方面具有全方位、全要素的创新升级作用。❽

　　数字媒体信息处理技术的问题可以采用深度学习法解决，主要从未标

---

❶ 何婧,邓婧.我国新闻出版学领域的"区块链"主题研究现状分析[J].新媒体研究,2021,7(4):1-4.

❷ 马勤.5G时代出版业的发展变革与战略选择[J].出版广角,2019(17):12-14.

❸ 郭全中.5G时代传媒业的可能蓝图[J].现代传播(中国传媒大学学报),2019,41(7):1-6.

❹ 张洁琼.大数据背景下数字图书出版的"私人定制"研究[J].传播与版权,2023(15):17-19.

❺ 王明亮.关于"大数据出版"的一些体会和猜想[N].中国新闻出版报,2013-5-5.

❻ 张振宇,周莉."大数据出版"的理念、方法及发展路径[J].出版发行研究,2015(1):14-17.

❼ 肖叶飞.元宇宙视域下数字出版的生态变革、阅读重构与产业升级[J].传媒论坛,2023,6(8):4-7,14.

❽ 丁靖佳,张新新.元宇宙与出版(下):元宇宙系统、价值与元宇宙出版新范畴:兼论元宇宙出版的新模式和新业态[J].科技与出版,2022(6):30-41.

注的数据中学习文本、语音和图像等数据的抽象表示，揭示数据之间的上下文关系、结构关系和语义关系。❶ 数字出版者对用户建模可以理解用户、满足用户的需求，从而提高数字信息资源的时效性。❷

非同质化通证（Non-Fungible token，NFT）作为区块链技术在数字出版领域的重要形式，对促进强化数字版权保护具有重要意义，能够推动数字出版向出版自主化、交易自动化、路径透明化的新型版权管理模式转变。❸ 对我国数字出版版权保的保护，应注重健全法律法规、加大版权执法力度、完善著作权集体组织管理模式、提升保护技术、创新商业运营模式和加强版权宣传教育，这六个方面是数字出版版权保护的对策建议。❹

3. 融合出版技术应用研究

融合出版技术应用以用户服务为目标，提升内容和服务供给的个性化、精准化、智能化水平，形成跨媒体、专业性的产品布局，系统推进出版深度融合发展。

人工智能是一把双刃剑，ChatGPT 的应用将重塑内容制作流程、深化人机协同工作并重构编辑出版伦理规范，造成剽窃行为更加隐蔽、主体责任界定困难、作品署名存在争议、信息安全面临风险。❺

"现代纸书"知识服务模式是一条出版业可以尝试的优质知识服务转型路径。❻ 以智能交互能力和个性化服务构建轻量级的技术服务模型，提高出版物的服务属性和价值。

VR/AR 技术具有沉浸性、互动性和情境性特点，与出版业的融合应用

---

❶ 王巧林.需求与能力匹配:数字出版信息处理策略分析[J].科技与出版,2014(6):119-121.

❷ 王海峰,吴华,刘占一.面向互联网的信息处理[J],中国科学,2013(12):1624-1640.

❸ 王韵,张叶.非同质化通证技术赋能数字版权保护的应用优势与实践策略[J].中国编辑,2022(8):34-40.

❹ 张斌.数字出版版权保护问题与对策研究[J].出版参考,2021(6):46-48.

❺ 匡文波,姜泽玮.ChatGPT 在编辑出版中的应用、风险与规制[J].中国编辑,2024(1):72-77.

❻ 白立华,郭雪吟.出版业知识服务创新路径探究:以"现代纸书"知识服务模式为例[J].出版广角,2022(21):49-53.

具有天然优势。在少儿出版方面，以技术接受模型为支撑，5G时代，AR技术应用于少儿出版是时代的"实然"。❶ 采取深度访谈的研究方法，探究当前读者对VR儿童绘本的态度和使用状况，对儿童绘本的融合出版提出相应建议。❷ 在教育出版方面，通过资源内容优化、标准体系建设、版权资源开发和知识服务创新等途径，不断推进VR/AR技术在数字教育出版平台中的应用探索和实践发展。❸

大数据的出现和应用为出版业提供了新的市场创新思路，改变其原有的思维方式同时丰富了出版物的传播模式，让出版行业在市场调查、内容策划、图书营销等方面找到更多的有效途径。在内容策划上，利用大数据的同时，要始终秉持着对"人"这一主体的敬畏，保护用户隐私和作品版权，科学运用大数据，让大数据为出版行业的发展提供新动能。❹ 在出版营销上，通过大数据技术分析读者画像，可以更加有效地确定产品的形态，最大程度地满足读者的期望，在营销和发行环节，利用大数据技术做到精准的营销。❺ 山东教育出版社数字教辅系统和人工智能教育成果评测平台运用大数据技术实现教辅出版。❻

5G时代，大数据、虚拟现实技术、人工智能、区块链、元宇宙等科技手段都会为出版业赋能，为读者提供更为个性化的阅读体验。新一轮技术革命为出版业带来新模式和新业态，但同时，由于出版企业对技术与内容融合创新及研发等环节的认识还不够充分，对前沿技术的探索应用能力还不够强的问题，出版企业在发展过程中应更加重视技术探索，促进技术融合。

---

❶ 柯艺,徐媛.5G时代AR童书的出版路径与策略:基于技术接受模型的研究[J].编辑学刊,2021(2):53-58.

❷ 翁梓玉.VR/AR技术在儿童绘本中的应用效果研究:兼及融合出版中技术赋能路径探析[J].传播与版权,2022(4):35-37.

❸ 何国军.VR/AR技术在数字教育出版平台中的应用及发展策略[J].中国出版,2017(21):39-42.

❹ 李桑羽.大数据助力出版物传播模式创新研究[J].北京印刷学院学报,2023,31(5):28-32.

❺ 祖成浩.大数据技术在出版业的运用[J].中国管理信息化,2017,20(19):79-81.

❻ 王晓歌,孙金栋.浅析大数据技术在教辅出版中的应用[J].出版参考,2023(9):28-30.

（三）产业研究

产业研究这部分内容主要对融合出版产业的战略规划、实践案例、产业现状、存在的问题及未来升级路径等方面进行文献梳理与分析。

1. 战略规划

国家高度重视融合出版产业的发展，相继颁布了各项发展规划。2014年8月18日，中央全面深化改革领导小组第四次会议审议通过了《关于推动传统媒体和新兴媒体融合发展的指导意见》。该意见指出了传统业态与新兴业态融合发展的方向，"融合"再度成为文化产业发展的热词与关键词。❶ 2021年，国家新闻出版署印发《出版业"十四五"时期发展规划》，旨在推动出版业高质量发展，深入推进出版强国建设，从任务要求、出版主题、内容精品、出版产业等多个方面擘画出版业"十四五"时期发展蓝图。2022年3月22日，国家新闻出版署印发《关于组织实施2022年度出版融合发展工程的通知》，进一步巩固壮大数字时代网上出版主阵地，启动实施"数字出版优质平台遴选推荐计划和出版融合发展优秀人才遴选培养计划。党和国家依托时代发展趋势，在战略发展的高度中制定的一系列推动融合出版的方针政策，为融合出版产业的发展营造了良好的政策环境。

2. 实践案例

当前出版产业正在从传统出版向融合出版转型，如广西教育出版社开展的禁毒教育项目，立足地方特色，在原有内容资源的基础上不断丰富禁毒教育内容资源及产品，同时开发特色教育版块，围绕特色教育策划选题和融合产品，开拓具有独特优势的差异化教育资源，积极探索融合出版的新模式。❷

---

❶ 冯宏声.融合是出版业走向未来的关键词:从转型升级到融合发展[J].出版参考,2015(6):7-9.

❷ 曾令宪.特色教育的融合出版模式探新:以广西教育出版社禁毒教育项目为例[J].传播与版权,2023(14):72-74.

山东画报出版社顺应融合出版趋势,从出版思维、产品结构、技术支撑、媒体传播、人才团队等方面努力,推动传统出版和数字出版的全方位融合,为后续产业进行融合出版转型在方法路径上提供了借鉴。❶

上海音乐出版社暨上海文艺音像电子出版社立足内容创新、技术创新、形式创新,发挥机制创新作用,促进音乐专业的融合发展,努力构建完整的融合发展产业布局,是融合出版产业建设发展的一次有益实践。❷

岳麓书社通过开展多个数字化项目,为融合出版实践提供了新的经验:在对内容深度开发的基础上,融合了视频、音频、二维码扫码技术等数字技术的核心内容,全方位立体呈现数字化内容,加强了数字技术的创新能力与核心技术的应用转化能力,为历史小说在当代重焕生机注入了活力。❸

李思尧、彭天赦指出融合出版从产品生产和服务模式、盈利模式乃至企业经营模式等多个环节为科技出版社传统业务增长和新业务开拓提供了新的机遇,同时也面临着传统优势业务增长乏力,大众出版市场竞争激烈等问题。总的来说,融合出版产业蕴含着巨大的发展潜能,它的进一步发展完善还有很大的空间。❹

以上研究观点较为统一,通过总结案例中的探索和成功经验,大都认为融合出版产业有着良好的发展前景,是未来出版产业发展的重要方向,但要想进一步发展,仍有一些困难需要克服。

3. 产业现状

大数据、云计算、人工智能等新技术为传统出版和数字技术等融合发展带来了新机遇。新冠肺炎疫情暴发使出版业更深刻领会到融合发展的迫

---

❶ 高宁婧.融合出版新趋势下出版机构融合再思考[J].出版广角,2021(16):40-42.

❷ 吕沁融.打造音乐精品内容,探索融合出版模式:上海音乐出版社暨上海文艺音像电子出版社转型数字内容产业形态[J].中国广告,2022(8):87-89.

❸ 王彦.古籍社融合出版的探索与实践[J].科技传播,2021,13(10):47-49.

❹ 李思尧,彭天赦.科技出版社融合出版路径探析[J].出版广角,2023(12):12-16.

切性和必要性，也促使出版业显著提高了融合发展的深度和广度。[1] 可以说，当前融合出版产业的发展处于"加速中"。传统出版产业通过不断打破业务壁垒，探索新的发展路径，加快出版融合发展。侯波认为当前我国出版产业正沿着内生式发展路径持续发展，即构建发行业务线上线下协同发展新格局，持续深入推动数字经济与出版产业深度融合发展，积极响应国家文化数字化战略，努力为人民群众提供更高质量的文化服务，融合出版已经成为出版产业持续深化发展的大势所趋。[2] 庞丽佳指出当前随着媒介融合和市场竞争加剧，出版主体也走向集团化，围绕出版建立全方位的多种经营模式，同时还与其他产业进行融合发展。[3] 夏月林也指出了当前出版产业与其他产业走向融合这一现状，如越来越多的企业开始走向专业的市场化道路，通过与金融产业的融合，用投资、融资、股份制等形式解决了资金问题，有效地解决了出版企业资金问题，加快实现现代化出版传媒集团的步伐。[4]

总结以上研究，普遍认为当前融合出版产业发展持续提速，并且呈现出跨产业融合趋势。

4. 存在的问题

一是传统观念根深蒂固，缺乏创新意识。融合出版产业说到底是也是出版产业转型升级的过程，难免会出现思想与管理滞后的问题，黄先蓉、常嘉玲就指出当前部分企业思维深处根深蒂固的传统出版理念束缚，其对转型升级、融合发展、知识服务的理解始终停留在基于纸质图书衍生品的层面，在提升知识服务发展动能、促进知识内容供给侧结构性改革方面未

---

[1] 刘寿先,宋志玮.我国出版产业新动能培育现状与对策研究[J].北京印刷学院学报,2022,30(11):24-27.

[2] 侯波.我国出版产业内生式发展研究:基于数字化经济发展新常态背景[J].辽宁经济职业技术学院.辽宁经济管理干部学院学报,2023(3):12-15.

[3] 庞丽佳.媒介融合下出版产业现状与问题分析[J].中国报业,2020(2):44-45.

[4] 夏月林.媒介融合背景下我国出版产业现状与问题分析[J].新媒体研究,2019,5(3):86-87.

有实质性跨越。❶ 赵珍指出传统编辑拘泥于业务驾轻就熟，思维定式较为严重，习惯于凭经验做事，作茧自缚穿旧鞋、啃老本吃饭、封闭僵化走老路，不及时学习先进理念，长此以往必定会影响融合出版产业整体发展。❷

二是资金投入不足。靳建国指出融合出版涉及多种媒体和技术手段，这些技术和媒体的使用需要支付版、权费、技术支持费等成本，都需要出版单位的资金投入。❸ 事实上，数字化内容资源建设的投入成本远远高于文字创作成本。如果前期无法保证资金投入充足，也就难以发挥产业建设中的"飞轮效应"。

三是人才队伍建设相对滞后。黄先蓉、常嘉玲分别从企业数字业务部门的人员构成情况与传统出版企业非市场化的人才管理与激励机制两方面进行探讨，指出我国适应出版融合发展业务需求的复合型人才队伍建设步伐相对滞后，难以满足当下融合出版产业高质量发展的需要。❹

5. 未来升级路径

一是政策引领为先。要强化产业政策的引导功能，调整产业布局，持续推进出版革新，同时发挥重大项目的带动作用，产业政策的前瞻指导与实施重大项目带动战略势必成为促进我国出版产业转型升级在不同时期迈向新阶段的重要依托。例如我国建筑传媒出版公司通过建立出版融合项目领导小组决策制度，丰富和完善了出版融合发展管理机制，有利于提高决策效率，加快新技术运用与新产品开发，推动产业全面转型升级，实现传统出版与新兴出版的深度融合。❺ 在融合出版产业后续发展中，我国应加

---

❶ 黄先蓉,常嘉玲.我国出版产业转型升级趋势与政策建议:出版业"十三五"时期回顾与思考[J].中国出版,2020(22):19-26.

❷ 赵珍.出版融合视域下编辑职业能力提升路径研究[J].新闻文化建设,2023(12):67-69.

❸ 靳建国.AI时代传统出版单位融合出版路径探析[J].名作欣赏,2023(21):94-96.

❹ 黄先蓉,常嘉玲.我国出版产业转型升级趋势与政策建议:出版业"十三五"时期回顾与思考[J].中国出版,2020(22):19-26.

❺ 汪智.专业出版社出版融合发展实践与经验:以中国建筑出版传媒有限公司为例[J].出版广角,2023(3):44-49.

强对融合出版产业的科技培育方面的政策制定，提升其创新能力，同时产业自身也要依托自身特色定位和未来规划制定发展策略，打造良好的产业生态。

二是树立服务意识，坚守文化担当。方卿、王一鸣认为应该为目标用户提供全方位、立体化、多层次、多介质的知识增值服务是我国出版业转型升级的初衷和最终目标，也是理论层面上出版服务属性的本质所在。❶ 同时，要树立文化担当是出版企业的第一要义的理念，必须谋求社会效益和经济效益双丰收，自觉认识出版文化的时代使命，建设社会主义核心价值和书香社会，并且要在社会中形成一种氛围，让阅读无处不在，释放出版文化的生产力。

三是坚持内容为王。作为一种产业经济，出版的核心价值在于内容❷，全媒体出版产业链的拓展基础也应围绕内容建设展开，并在信息资源和知识资源的引领下，充分利用作者资源和版权资源，重构出版产业链上游生态，还要平衡好形式与内容的关系，形式创新应该建立在优质内容基础上，抛去内容谈形式会使行业发展失去核心动力。应该鼓励原创，坚持走精品化出版战略。随着融合出版产业的发展，我国出版物的品种数量势必会增多，因此高质量的出版物显得更加珍贵，同时加强内容出版也是我国融合出版产业高质量发展的必然要求。

四是技术赋能。2021年12月28日，国家新闻出版署印发《出版业"十四五"时期发展规划》❸强调要突出科技创新在推动出版业数字转型升级、实现深度融合发展中的重要作用，大力推动5G、大数据、云计算、人工智能、区块链、物联网等技术在出版领域的应用。新技术的发展和应用势必会为融合出版产业发展注入新的活力，例如元宇宙技术的到来能够加速出版产业全流程虚拟化，选题策划和编辑、加工、流通、反馈均可在虚拟数字场景中实现，提高了产业运行的效率，同时用户能够借助自身在元

---

❶ 方卿,王一鸣.论出版的知识服务属性与出版转型路径[J].出版科学,2020(1):22-29.

❷ 曹月娟,黄楚新.数智化与多元化:2022年我国少儿融合出版发展[J].出版发行研究,2023(4):20-24,12.

❸ 李林容,张靖雯.面向"十四五"时期出版业深度融合发展的策略思考[J].中国出版,2022(1):5-10.

宇宙世界的虚拟分身和现实世界的本我进行交互式沟通，沉浸式体验将得以深化。❶ 吴敏指出区块链技术能够促进资源和数据的透明化，这种信息的共享性有助于打通出版发行各流通网络，能够降低图书发行人力维护成本，同时由于区块链具有公开透明的特性，全网络数据能够在极短的时间内实现同步运输，发行工作得以高效完成。❷

总体来看，现有文献对融合出版产业的现状、发展路径和问题的研究认识较为一致，通过创新促进融合出版产业持续发展已成为融合出版研究领域的基本共识。

（四）外部影响研究

融合出版领域的持续发展受诸多外部因素的影响。学界对于融合出版外部影响因素的研究，主要集中于人才培养、内容生态与政策法规三个关键领域。这些影响因素共同塑造了融合出版领域的格局与发展方向。

1. 人才培养

作为复合、高端的专业化人才，融合出版人才需要具备内容理解和数字出版技术与传播方面的专业知识，同时还应具备优秀的资源整合能力、产品研发技能及敏锐的市场洞察力。❸ 目前有关融合出版人才培养领域的研究，主要针对融合出版人才培养的模式与路径展开。

黎海英较早对融合出版背景下编辑出版人才培养模式作出了系统性分析，探讨了"大编辑"理念在编辑出版专业人才培养中的应用，关注了编辑出版人才的素质维度，并以高职院校产学研结合模式的办学理念，搭建

---

❶ 鲁晓双.元宇宙时代的融合出版：机遇、挑战及发展路径[J].科技与出版,2023(6):66-72.

❷ 吴敏.乘信息时代之风加速推进出版产业融合转型[J].新闻研究导刊,2019,10(24):10,35.

❸ 杜永生.新时代融合出版人才培养的思考与探索[J].科技与出版,2018(5):149-152.

起媒体融合下编辑出版人才的主要培养模式。❶

新时代强调高质量发展，融合出版也处于高质量发展阶段。编辑出版人才在新时代面临着双重要求，既需要积极跟进变革勇于创新，也要坚守传统价值观，确保出版事业的正向发展，守正创新。❷随着融合出版在各个出版领域中的持续推进，孙保营对高校出版社的人才队伍建设进行了深入研究，客观分析了融合出版对高校出版社人才队伍建设提出的新要求，并指出了目前高校出版社人才培养面临的五大困局。此外，他还提出了一系列破局举措，包括做好人才建设顶层设计、提升企业文化建设效果、创建融合型创新型组织、营造人才良性发展环境，以及推动薪酬绩效体系改革等。❸

注重出版学科教育，增强多领域知识和技能对融合出版人才培养至关重要。对于新时代出版人才的培养，需要进行理念更新，打造出版业人才"三位一体"基本站位。段鹏、王源进一步总结了我国编辑出版专业教学改革的具体措施，包括坚定中国特色社会主义编辑人才培养理念、平衡教学比例、丰富教材形态和强化媒介素养教育等方面。❹陈丹、王元欣以北京印刷学院的出版学科建设与人才培养模式为研究案例，探究其形成的政产学研协同的雁阵式学科专业布局、课程体系和育人机制，为融合出版人才培养提供实践经验。❺

2. 内容生态

内容生态是融合出版领域的核心，数字技术的发展创新了融合出版的

---

❶ 黎海英.媒介融合下编辑出版专业产学研结合人才培养模式探析[J].出版发行研究,2010(11):59-62.

❷ 郑志亮,田胜立,李忆箫.融合发展 守正创新:新时代出版行业与人才培养[J].出版广角,2022(2):6-10.

❸ 孙保营.融合出版背景下高校出版社人才队伍建设困局及破解[J].中国出版,2020(16):46-50.

❹ 段鹏,王源.理念更新与举措革新:融合出版人才培养的基本站位与发展路径[J].中国编辑,2023(5):56-60.

❺ 陈丹,王元欣.服务文化强国 聚焦特色发展:打造融合出版人才培养的雁阵格局[J].出版广角,2023(4):16-21.

内容生态。有声书、电子期刊等数字出版物的兴起改变了内容的传播和消费方式。

在融合出版领域内容生态方面的研究中，尤其在教育出版领域，李长真、秦昌婉以高校教材出版为研究对象，探究在教育出版领域的革新与数字化背景下，在国家政策、技术手段、教育革新和用户习惯的助推下，高校教材内容融合出版的发展条件与发展对策，并积极探索"技术+教育+出版"的新格局。❶ 在此基础上，除了针对高校教材的内容生态研究，洪伟聚焦学前教育专业教材的融合出版建设，指出目前学前教育存在实践教学内容不足、现有教材多媒体配套资源匮乏和德育素养培育内涵不足等问题，并提出应在学前教育专业教材的内容形式上做出创新，包括使用二维码技术链接数字资源、对实操性环节开发 VR 资源和开发制作在线开放课程等方面。❷ 汪琳、徐丽芳则探究了中小学特色教材融合出版的两种模式，包括围绕纸质出版，进行资源深度开发和应用及围绕课程实施，提供全流程服务，并给出了具体的中小学教材融合出版策略和路径。❸

另外，新媒介的应用与发展，催生出了融合出版内容生态的新模式。王晓红以融合出版为视角，探究短视频助力深度融合发展过程中的关键机制，包括全新的结构、功能、交流和创新机制，有助于理解 5G 时代视频化表达的内容生态，为融合出版的视频化策略提供一种新思路。❹ 匡文波、姜泽玮聚焦融合出版业健康科普类短视频的内容生产与传播，指出目前出版业健康科普短视频存在的包括科学语言规范、专业知识表达和作品生产技术等方面的问题。并进一步给出健康科普短视频的传播策略与发展进路，包括结合人工智能技术优化生产环节等。❺

---

❶ 李长真,秦昌婉.融合出版视角下高校教材出版的创新发展[J].出版广角,2019(22):41-43.

❷ 洪伟.开放教育教材的融合出版研究:以《幼儿园管理》教材为例[J].出版广角,2020(6):65-67.

❸ 汪琳,徐丽芳.中小学特色教材融合出版的模式、策略和路径[J].中国编辑,2022(12):55-58,76.

❹ 王晓红.短视频助力深度融合的关键机制:以融合出版为视角[J].现代出版,2020(1):54-58.

❺ 匡文波,姜泽玮.融合出版视域下健康科普短视频的内容生产与传播探讨[J].出版广角,2022(21):32-37.

3. 政策法规

政策法规提供了重要的指导和框架，有助于引导融合出版领域的发展。政策法规的制定和实施在多个层面都发挥着独特的作用，包括促进创新、维护公平竞争、保护知识产权、推动数字化转型，以及维护文化多样性。

当前针对融合出版领域法规政策的研究，主要集中在版权保护方面。版权运营有助于推动出版一体化融合发展。❶ 于文探讨了当前出版产业实践中存在的"版权"和"出版权"二元化问题。文章深入分析了二元化现象的成因、合理性，以及它对出版融合的不利影响，提出了关于如何推动我国政府和业界实现出版法制一体化的建议，主要围绕观念、制度和经营三个层面展开。❷ 随着融合出版的深入发展，数字版权问题的保护至关重要，姜楠、龙振宇用博弈论的思维探究数字出版融合发展中的数字版权保护问题，建立了数字出版与传统出版的博弈模型，并从博弈均衡求解方法等多个方面探讨数字融合出版中数字版权保护的对策问题。❸

此外，基于出版主体的版权管理问题，刘睿、欧剑探究了融合出版中总编辑版权风险管理的要务，提出总编辑要从制度制定与技术运用两个方面做好版权风险管理。❹ 王书挺基于出版单位管理的视角，进一步分析融合出版背景下版权风险的规避与防范策略，包括法律事务人员与机构配置、建章立制、规范流程和监督审核等方面。❺

针对融合出版外部影响领域的研究，总体来看，现有研究成果在不同层面对融合出版的外部影响因素进行了探讨，包括人才培养、内容生态和

---

❶ 谢清风. 一体化:版权运营推动出版融合发展[J]. 科技与出版,2015(9):10-13.

❷ 于文. 论融合趋势下的出版法制建设:从"版权"与"出版权"的二元化问题切入[J]. 出版发行研究,2016(2):75-78.

❸ 姜楠,龙振宇. 用博弈论的思维浅析数字出版融合发展中的数字版权保护问题[J]. 科技与出版,2017(6):52-54.

❹ 刘睿,欧剑. 融合出版中总编辑版权风险管理要务[J]. 科技与出版,2020(11):41-44.

❺ 王书挺. 融合出版背景下版权风险的规避与防范:基于出版单位管理的视角[J]. 中国编辑,2022(2):56-59,81.

政策法规。这有助于全面理解融合出版领域的复杂性。一些研究提供了实际案例和经验，为融合出版领域的从业者和政策制定者提供了具体的参考和指导。研究成果中提出了一些具体的建议，如人才培养模式、内容生态创新和政策法规改进，有助于指导融合出版领域的实际操作。然而，大部分研究集中在文献综述和案例分析上，而对于定量分析、实证研究和深度访谈等多样化研究方法的运用相对较少。此外，多数研究局限于各自领域的视角，缺乏跨学科的综合研究。

（五）融合出版相关研究述评

已有研究对发展路径、内在机理等方面的研究较少。从应用层面入手的较多，着眼学理层面的较少。其中，对融合出版路径的研究大部分是基于业界鲜活案例实践的探索、针对不同出版类别融合发展实践的探索，少部分着眼于探讨出版融合的深层次学理性问题，从理论层面探讨融合出版的路径。

关于融合出版相关研究取得了一定的成果，为本书写作提供了参考。但现有研究大多依赖对部分案例的经验归纳，在理论层面上的探索还不够多，其研究理论尚未形成较为完备的系统。本书将加强对融合出版的学理性分析，将理论研究和案例研究有机结合，从而构建创新生态系统视角下融合出版路径模型，并尝试提出融合出版的发展路径选择，为出版业寻求高质量融合提供有益借鉴。

二、融合出版的概念

融合出版概念主要见于两个话语场域：一是产业政策的话语场域，历年来，从中央到地方，各级党政部门发布了一系列涉及融合出版的文件，由此可以管窥融合出版的顶层设计与决策者的认知；二是产业实践的话语场域，通过梳理业界对融合出版的尝试，归纳总结融合出版的一般性经验与本质特征。本部分尝试从这两个话语场域出发，展开对融合出版概念的溯源和分析。

（一）作为产业政策的融合出版

党的十八大以来，以习近平同志为核心的党中央审时度势，顺应发展潮流，作出了一系列推动传统媒体和新兴媒体融合发展的战略部署，坚定不移推进媒体融合发展。2013年8月19日习近平总书记在全国宣传思想工作会议上首次提出"媒体融合"概念；党的十八届三中全会通过的《中共中央关于全面深化改革若干重大问题的决定》中，首次在中央文件中提出整合新闻媒体资源，推动传统媒体和新兴媒体融合发展，由此拉开了融合发展的序幕。中央全面深化改革领导小组第四次会议审议通过了《关于推动传统媒体和新兴媒体融合发展的指导意见》中，提出要遵循新闻传播规律和新兴媒体发展规律，强化互联网思维，坚持传统媒体和新兴媒体优势互补、一体化发展。媒体融合进入高速发展期。

2015年，为落实习近平总书记关于媒体融合发展的重要讲话，国家新闻出版广电总局和财政部联合发布《关于推动传统出版和新兴出版融合发展的指导意见》，明确指出："变革和融合传统出版和新兴出版生产经营模式，建立健全一个内容多种创意、一个创意多次开发、一次开发多种产品、一种产品多个形态、一次销售多条渠道、一次投入多次产出、一次产出多次增值的生产经营运行方式，激发出版融合发展的活力和创造力。"推动传统出版和新兴出版融合发展，把传统出版的影响力向网络空间延伸，是出版业巩固壮大宣传思想文化阵地的迫切需要，是履行文化职责的迫切需要，是自身生存发展的迫切需要。

中央全面深化改革委员会第五次会议审议通过了《关于加强和改进出版工作的意见》，该意见触及出版领域更深层次的问题，强调要加强内容建设，深化改革创新，完善出版管理，着力构建把社会效益放在首位、社会效益和经济效益相统一的出版体制机制。2019年1月25日，中央政治局进行第十二次集体学习，主题是"全媒体时代和媒体融合发展"，习近平总书记发表《加快推动媒体融合发展 构建全媒体传播格局》的重要讲话，深刻阐明媒体融合发展的时代大势，就推动媒体融合向纵深发展、做大做强主流舆论提出明确要求。

《中华人民共和国国民经济和社会发展第十四个五年规划和2035年远景目标纲要》（2021年）强调要推进媒体深度融合，实施全媒体传播工程。《出版业"十四五"时期发展规划》（2021年）强调健全完善实施出版科技创新体系，壮大数字出版产业，系统推进出版深度融合发展。

　　2021年11月，经全国科学技术名词审定委员会审定的《编辑与出版学名词（定义版）》将融合出版定义为"传统出版业数字化转型升级的目标和方向"，是"立足传统出版，发挥内容优势，运用先进技术，走向网络空间，实现出版内容、技术应用、平台终端和人才队伍的共享融通，形成一体化的组织结构、生产和传播体系以及管理机制"。

　　2022年4月，中共中央宣传部（以下简称"中宣部"）印发《关于推动出版深度融合发展的实施意见》，围绕加快推动出版深度融合发展，构建数字时代新型出版传播体系，坚持系统推进与示范引领相结合的总体思路，对未来一个时期出版融合发展的目标、方向、路径、措施等作出了全面部署。这是中宣部首次就出版融合发展领域专门发布的政策文件，把出版融合发展提升到了一个新的高度，标志着出版融合发展进入了新的阶段，为出版单位探索融合发展新模式、新业态、新领域提供了行动指引。

　　数字时代的到来，国务院发布《"十四五"数字经济发展规划》，提出8项重点任务，11项具体工程项目和5项保障措施推动出版融合发展。《关于实施出版智库高质量建设计划的通知》将出版试点聚焦出版深度融合发展。国家新闻出版署印发《关于组织实施2022年度出版融合发展工程的通知》，优先启动实施2个子计划，分别为数字出版优质平台遴选推荐计划和出版融合发展优秀人才遴选培养计划。《"十四五"文化发展规划》中提出，实施出版融合发展的工程项目，促进内容生产和传播手段现代化，重塑文化发展模式。在党的二十大报告中提到"网络强国、数字强国、教育数字化"，在数字中国的大背景下促进出版融合良性发展，从而建设现代化产业体系。《虚拟现实与行业应用融合发展行动计划（2022—2026年）》（2022年）中提出三维化、虚实融合沉浸关键影音技术重点突破，虚拟现实与重要行业领域实现规模化应用。

　　为有效落实国家发布的文件促进出版融合发展，一系列地方支持政策相应出台，加强出版融合精品打造。重庆市自2013年起设立数字出版专项资金，2022年，重庆市委宣传部将数字出版专项资金增加1.5倍，与此同时，重庆市大数据发展局、各区县将数字出版纳入其数字化产业发展扶持范围。2023年，江苏省新闻出版局制定实施了《关于加快出版深度融合发展的若干措施》，从坚持正确方向、加大优质内容供给、支持重点项目平台建设、加强技术应用推广、强化人才扶持激励、加大政策支持力度、完善激励评价体系和加强组织领导8个方面，系统推进出版深度融合发展工作。贵州省新闻出版局（省版权局）制定《关于推动出版深度融合发展的行动计划》，形成省委宣传部牵头、主管部门联动、出版单位落实的出版融合责任体系。贵州省通过实行出版融合厅际联席会议制度，不断健全推动融合出版工作体系。此外，贵州省还制定了《贵州省出版精品培育奖励管理暂行办法》《贵州出版奖评选办法》，推动宜融则融、宜融尽融。

  从媒体融合到出版融合，从推动传统媒体和新兴媒体融合发展到推动出版深度融合发展，我国出版融合政策不断适应我国出版行业发展的需要，从调整逐渐完善，推动我国出版融合有序发展。总体来看，我国出版融合相关政策，主要集中在"发展规划"，明确发展方向；"在数字中国"背景下，不同产业链之间仍需深入合作；各省（区、市）政府积极响应国家政策，陆续推出适合本地的出版融合系列计划。面对深化改革的社会背景，顶层设计是推动出版融合走向纵深的重要保障，党中央作出的重大部署，为传统出版融合发展提供了根本遵循、注入了强劲动力，在全新传媒格局下，推进出版融合发展，不仅是提升出版业整体实力和核心竞争力的重要路径，也是出版业适应国家重大战略需求、推动出版业自身可持续发展的迫切需要。融合出版相关政策文件见表1-2。

表1-2 融合出版相关政策文件

时间	部门	政策文件	相关表述
2023年4月	中共江苏省委宣传部	关于加快出版深度融合发展的若干措施	从坚持正确方向、加大优质内容供给、支持重点项目平台建设、加强技术应用推广、强化人才扶持激励、加大政策支持力度、完善激励评价体系和加强组织领导等8个方面，系统推进出版深度融合发展工作

续表

时间	部门	政策文件	相关表述
2022年11月	工业和信息化部、教育部、文化和旅游部、国家广播电视总局、国家体育总局	虚拟现实与行业应用融合发展行动计划（2022—2026年）	三维化、虚实融合沉浸影音关键技术重点突破，新一代适人化虚拟现实终端产品不断丰富，产业生态进一步完善，虚拟现实在经济社会重要行业领域实现规模化应用，形成若干具有较强国际竞争力的骨干企业和产业集群，打造技术、产品、服务和应用共同繁荣的产业发展格局
2022年10月	中国共产党第二十次全国代表大会	党的二十大报告	网络强国、数字中国建设现代化产业体系。坚持把发展经济的着力点放在实体经济上。推进新型工业化，加快建设制造强国、质量强国、航天强国、交通强国、网络强国、数字中国。教育数字化，办好人民满意的教育。推进教育数字化，建设全民终身学习的学习型社会、学习型大国
2022年8月	中共中央办公厅、国务院办公厅	"十四五"文化发展规划	实施出版融合发展、电影制作提升、印刷智能制造、大视听产业链建设等工程项目，引导和鼓励文化企业运用大数据、5G、云计算、人工智能、区块链、超高清等新技术，改造提升产业链，促进内容生产和传播手段现代化，重塑文化发展模式
2022年4月	中共中央宣传部	关于推动出版深度融合发展的实施意见	传统出版与新兴出版"融为一体、合而为一"的体制机制。以内容建设为根本、先进技术为支撑、创新管理为保障的新型出版传播体系

续表

时间	部门	政策文件	相关表述
2022年3月	国家新闻出版署	关于组织实施2022年度出版融合发展工程的通知	2022年度出版融合发展工程优先启动实施两个子计划。一是数字出版优质平台遴选推荐计划,重点遴选推荐一批方向导向正确、优质内容集聚、技术应用领先、资源储备丰厚、两个效益统一的数字出版平台项目。二是出版融合发展优秀人才遴选培养计划,重点遴选培养一批思想政治素质过硬、创新创造能力突出、引领发展表现出色的出版融合发展复合型人才
2022年1月	国家新闻出版署	关于实施出版智库高质量建设计划的通知	2022年度"出版视点"将聚焦出版强国建设内涵要求与路径模式、出版高质量发展瓶颈问题与解决方案、做亮主题出版、出版深度融合发展、出版结构与选题优化、出版市场分析与研究、出版编辑队伍建设、出版史研究等主题开展研讨交流
2022年1月	国务院	"十四五"数字经济发展规划	优化升级数字基础设施、充分发挥数据要素作用、大力推进产业数字化转型、加快推动数字产业化、持续提升公共服务数字化水平、健全完善数字经济治理体系、着力强化数字经济安全体系、有效拓展数字经济国际合作8项重点任务,11项具体工程项目,并提出5项保障措施
2022年1月	全国科学技术名词审定委员会	编辑与出版学名词术语表	将"融合出版"纳入编辑与出版学名词术语表,并明确概念表述为"将出版业务与新兴技术和管理创新融为一体的新型出版形态"
2021年12月	国家新闻出版署	出版业"十四五"时期发展规划	推进出版产业数字化和数字产业化,大力提升行业数字化数据化智能化水平,系统推进出版深度融合发展,壮大出版发展新引擎

续表

时间	部门	政策文件	相关表述
2021年12月	国家新闻出版署	出版业"十四五"时期发展规划	健全完善数字出版科技创新体系。突出科技创新在推动出版业数字化转型升级、实现深度融合发展中的重要作用,大力推动5G、大数据、云计算、人工智能、区块链、物联网、虚拟现实和增强现实等技术在出版领域的应用,推动国家出版发行信息公共服务平台的应用
2021年1月	湖南日报社	湖南日报社媒体深度融合发展改革方案	按照"中心变频道、网上办党报"的理念,加速推进机构重设、人员重组、平台再造,实现媒介资源、生产要素有效整合
2018年11月	中央全面深化改革委员会	关于加强和改进出版工作的意见	加强内容建设,深化改革创新,完善出版管理,着力构建把社会效益放在首位、社会效益和经济效益相统一的出版体制机制
2017年3月	国家新闻出版广电总局、财政部	关于深化新闻出版业数字化转型升级工作的通知	重点从优化软硬件装备、开展数据共享与应用、探索知识服务模式、持续开展创新、加快人才培养五个方面继续深化数字化转型升级工作
2015年3月	国家新闻出版广电总局、财政部	关于推动传统出版和新兴出版融合发展的指导意见	立足传统出版,发挥内容优势,运用先进技术,走向网络空间,切实推动传统出版和新兴出版在内容、渠道、平台、经营、管理等方面深度融合
2014年8月	中央全面深化改革领导小组	关于推动传统媒体和新兴媒体融合发展的指导意见	提出要遵循新闻传播规律和新兴媒体发展规律,强化互联网思维,坚持传统媒体和新兴媒体优势互补、一体化发展。媒体融合进入高速发展期

（二）作为产业实践的融合出版

在产业实践中，融合出版已经成为业界的普遍共识，许多出版机构都将融合出版确定为转型目标、商业模式、运营逻辑，涌现出一大批优秀的融合出版产品，首届出版融合优秀图书征集活动获奖名单见表1-3。

表1-3 首届出版融合优秀图书征集活动获奖名单

责任编辑	出版单位	书名	应用技术平台	应用技术模块
史玮婷	新星出版社	《宋宴》	腾讯视频	视频制作
周粟	北京师范大学出版社	《大学美育》	小鹅通、京师E课、腾讯会议等	直播、社群、部分AR模拟技术、短视频制作等
梁严	辽宁少年儿童出版社	《时代楷模绘本系列》	RAYS出版融合云平台	短视频、微课、音频、趣味测试、社群、线上活动组织
李雪颖	安徽文艺出版社	《钢琴家小时候弹的钢琴曲》	RAYS出版融合云平台	教学视频制作、线上课堂、趣味游戏、作者留言、每日打卡等
付江	中国青年出版总社	《青年文摘》	RAYS出版融合云平台	视频课程、音频课程、读书社群、会员服务
李琳	新蕾出版社（天津）有限公司	《早安，武汉！》	RAYS出版融合云平台	有声书、新蕾ONLINE
魏红霞	北京教育出版社	《学前识字1200》	RAYS出版融合云平台	音频、动态笔顺书写、扫码听写、互动识字游戏、智能阅读打卡

续表

责任编辑	出版单位	书名	应用技术平台	应用技术模块
王秀辉	青岛出版社	《全国著名小儿推拿流派》系列图书	RAYS出版融合云平台	图文、音频、视频、读者交流圈、在线问诊
张丽丽	北京教育出版社	《小学生必背古诗词75+80首》	RAYS出版融合云平台	配套音频，专题视频讲解，学习资料，趣味动画，学习笔记，阅读打卡等
穆怀丽	北京少年儿童出版社	《追寻——北京市爱国主义教育基地导览手册》	京华丹心	文章、视频、云看展、直播、预约参观等
刘英楠 吴勇刚	辽海出版社	《名师陪读〈西游记〉》	RAYS出版融合云平台	音频、图文、视频、动画、主题打卡等
张娟娟	海南出版社	《山海情》	Adobe	Adobe Premiere Pro等
蔺洁	远方出版社	《不为人知的李清照》	RAYS出版融合云平台	声书、短视频、图文、音频、诗词接龙、社群
魏星	现代教育出版社	《学前七大能力课堂思维启蒙第1课》	RAYS出版融合云平台	litghroom、会声会影、premiere、After Effects
史玮婷	新星出版社	推理文学大师课	Adobe	Adobe Premiere Pro、Adobe After Effects
王心童 孙启成 吴勇刚	辽海出版社	《新课程能力培养·英语》	RAYS出版融合云平台	音频、视频、游戏、社群等

续表

责任编辑	出版单位	书名	应用技术平台	应用技术模块
王丹	读者出版传媒股份有限公司	《读者》	RAYS出版融合云平台	视频、图文等
季文波	内蒙古科学技术出版社	《妈妈育儿必备手册》	RAYS出版融合云平台	图文、视频、音频、社群等
陈潇	广东经济出版社	《幸福的旋律——西藏脱贫交响曲》	沐然星Metabookstore（三十乘书）	元宇宙、数字孪生、VR、区块链
贾睿茹	内蒙古人民出版社	《内蒙古自然资源少儿科普丛书》	RAYS出版融合云平台	音频、图文、读书笔记、阅读打卡、扫扫看、趣味测试、动画视频、推荐书单等
何涛	广东大音音像出版社	《名师伴读——新编小学英语阅读》	RAYS出版融合云平台	视频、音频、图文、社群、打卡等
史玮婷	新星出版社	《科幻漫游指南：穿梭科幻小说的平行世界》	Adobe	Adobe Premiere Pro、Adobe After Effects
张承军 张雪丽 胡承志 葛生 刘冰	济南出版社	《红色印记：写给小学生的济南党史》	沐然星Metabookstore（三十乘书）	AI、XR、MR、AR、VR、DT、NET、DAO
肖志明 郝付云 梁静丽	化学工业出版社	《儿童情绪管理与性格培养》（绘本）	RAYS出版融合云平台	音频伴读、点读书等

资料来源：《中国出版传媒商报》，2023年2月28日。

根据国家新闻出版署公布的2023年度出版融合发展工程入选名单，人民交通出版社股份有限公司、中国建筑出版传媒有限公司入选出版融合发展旗舰示范单位，清华大学出版社入选出版融合发展特色示范单位，同时辽宁出版集团的"五融"战略也是出版产业在融合实践过程中的有益实践，都为我国出版产业转型升级，创新发展提供了经验，以下对其转型路径进行分析总结。

1. 人民交通出版社股份有限公司

作为数字化转型的先行者，人民交通出版社充分利用国家文化体制改革和文化产业扶持政策的机遇，积极推进数字化转型升级工作，并承担多个国家财政资金和文化产业资金支持项目。紧跟国家发展战略，人民交通出版社坚决实施融合发展战略，以服务交通强国建设为中心，侧重关键项目，全面开展数字化知识生产、集聚、管理、传播和服务，构建移动为先、一体化发展、线上线下结合的知识服务体系。同时，采用多元化的业务模式，包括数字出版、新媒体和创新型业务，实现了业务的持续增长。

在教育融合出版领域，人民交通出版社在现有平台和内容资源的基础上，开展了"新形态教材+教学资源+师资培训+在线课程+虚拟仿真"的一体化教学服务模式。人民交通出版社以政策和需求为指导，积极构建面向融合出版业务的平台，并将专业教学资源作为核心，不断整合和引入高质量的内容资源，不断探索院校教学服务模式。

2. 中国建筑出版传媒有限公司

中国建筑出版传媒有限公司自2007年成立数字出版中心以来，经历了数字资源的收集加工、数字出版平台的开发与建设、数字产品融合，以及数字子公司的建立与发展等阶段。为了更有效地推动融合发展，中国建筑出版传媒有限公司制定全面的规划，以促进融合发展和拓展服务领域。同时建立健全的制度和机制，以确保融合出版得以顺利推进，包括加强组织领导、建立高效的决策协调机制、设立人才保障机制，以及完善数字产品的生产和运营方式。此外，中国建筑出版传媒有限公司也在致力于打造出版融合产品并不断提升内容和传播优势。

3. 清华大学出版社

随着出版业数字化转型升级的不断深化和深度融合发展战略的实施，清华大学出版社致力于数字化平台建设。在数字内容资源积累、数字出版产品研发、数字技术应用及数字出版人才培养等领域都取得了重要突破。清华大学出版社以服务大学教学科研为根本任务，顺应出版业数字化转型和深度融合发展趋势。在"十三五"数字化发展的基础上，制定了《清华大学出版社"十四五"数字化发展规划》，以"总体规划、分步实施，需求导向、用户思维、融合发展"为基本原则，加强基础设施建设、着重发展教学服务数字化平台、探索专业服务数字化平台新模式，并建设多媒体出版营销矩阵平台。

4. 辽宁出版集团

在"十三五"期间就提出了传统出版与数字出版融合发展的"五融"战略，即信息化的"融出版"、数字化的"融资产"、转型运营的"融发行"、标准化的"融管理"、组织化的"融团队"。当前，辽宁出版集团以东北地区唯一的国家级出版融合发展（辽宁）重点实验室为牵引，组建工程师团队、融媒体研发中心，加速管理模式向资源共享、技术复用、系统联动转型。集中技术力量，组建鼎籍智造公司，为集团内外传统产业数字化改造提供支撑。同时打造"鼎籍学堂""慧谷阅读"两大融合平台、"布老虎听书""尖子生云课堂"等十大特色项目协同运营，实现纸书、电子书、有声书等同步立体发展。

通过上述研究梳理，可知在当前实践中融合出版已经成为大势所趋和我国出版产业转型发展的重要路径，以无线终端、人工智能为代表的智能产业为出版产业提供了有力的技术支撑和发展前景，促进了产业模式的升级换代。但在知识服务红利风口之下，出版集团仍然需要在更为广泛持久的领域中寻找突破口，为出版产业未来发展探索出一条崭新的康庄大道。

（三）融合出版概念界定

从产业政策和产业实践两个角度进行梳理，研究人员试图将融合出版具象化，并大致勾勒出了基于中国现实的融合出版理解框架。可以看出，融合出版的本质是围绕出版产业进行各种形式的产业创新，其目的是增强出版行业的核心竞争能力，推动出版产业健康发展，实现"双效"俱佳。

在此基础上，将融合出版的概念界定为以数字技术为原始驱动力，在内容、渠道、平台、经营、管理等方面推动传统出版与数字出版相互渗透、融合形成的一种新兴出版形态。

在以上概念中，研究人员遵循国内学界业界的一般习惯，将出版业诞生以来，直至数字时代来临之前的出版形态，称为"传统出版"。从媒介技术的角度讲，传统出版指向非数字出版。

融合出版是出版产业发展的阶段性产物。从出版产业的发展历程来看，融合出版是出版业适应时代需求和技术变革的必然结果，而在人类社会的信息生产与传播方式大规模转向数字方式、数字方式具有压倒性优势而非数字方式变得极其小众化的未来时代，人类仍将经历漫长的非数字出版与数字出版不断融合的历史周期，直至这种结构性转变达到上述的情况。在这一过渡周期中，融合出版将持续伴随出版业的发展。

融合出版凸显传统出版与数字出版互为主体。在融合出版中，传统出版和数字出版各自具有平等地位，不存在主次之别和依附关系。在融合出版的过程中，传统出版和数字出版不再是孤立的存在，而是相互依存、相互促进的关系。传统出版和数字出版都有自己的优势和特点，但在融合出版中，两者不再是简单的相加或替代，而是需要通过深度融合，实现资源共享、优势互补，共同推动出版产业的发展。

马歇尔·麦克卢汉（Marshall McLuhan）在《理解媒介——论人的延伸》❶一书中提到：两种媒介杂交或交会的时刻，是发现真相和给人启示的时刻，由此而产生新的媒介形式，因为两种媒介的相似性使我们停留在两种媒介的边界上。这使我们从自恋和麻木状态中惊醒过来。融合出版概念的提出，为解释当下复杂的出版范式，提供了一个殊为有效的概念工具。

三、融合出版的内涵

要推动融合出版实践的高质量发展，深刻理解数字出版的内涵是重要

---

❶ 麦克卢汉.理解媒介:论人的延伸[M].何道宽,译.北京:商务印书馆,2000:10.

前提。本书认为，融合出版的内涵可以从三个层面进行阐释：一是宏观层面，融合出版是两种出版范式的融合；二是中观层面，融合出版是以媒介为核心的融合；三是微观层面，融合出版是以业务为核心的融合。

（一）宏观层面：两种出版范式的融合

相比于数字出版，融合出版的概念能更快速、更普遍地得到学界业界的接纳，一个重要原因在于，融合出版能够更准确地概括当前的出版业情况，即融合出版并不是具有此消彼长乃至新陈代谢、数字出版将传统出版取而代之的意味。这暗示着，对数字出版的理解存在窄化甚至歪曲的可能，这使数字出版的概念没能很好地回应当下实践的进度和状态，稀释、降低了数字出版的解释力。

刘影认为，新事物的出现总是面临"词不及物"的尴尬。人们对互联网和数字技术的认识，经历了互联网是与现代三大传播技术（报纸、电视、广播）平列的"第四媒介""新媒介"到"互联网思维""互联网+"的变化。❶ 后面这些流行词语的出现，隐喻互联网可能像历史上"作为变革动因的印刷机"，带动生产方式的重大变革，成为社会各行业的新的参照系，同样在范式上对印刷出版提出了根本挑战。互联网有两类基本的结构特征是不断被强化的：一是自Web2.0自媒体出现以来"信息中心"让位给"用户中心"模式，个人和机构均作为"节点"，建立了点对点之间自由平等的直接交流，彻底颠覆工业化机构主导的自上而下的秩序等级；二是基于社会化媒体、移动互联、传感器、大数据、智能化越来越强的"万物互联"模式，打破专业化的社会分工壁垒，使基于用户需求的信息知识和物质消费一体化成为可能。工业社会"机构+产品"的专业封闭的范式，从底层逻辑上被"用户+需求"的连接的互联网范式改变。就当下的实践而言，不论是出版产品的策划与组织，还是营销与传播，乃至阅读与消费过程，数字出版已经大规模地进入互联网领域。这引发了出版领域的范式转换。

---

❶ 刘影.转型和转场：范式转换视角下传统出版社数字化发展策略[J].现代出版，2019（6）：42-43.

就此而言，传统出版与数字出版有着不同的出版范式。融合出版本质上是两种出版范式的融合，这种融合本身又产生了一种新的范式，即融合出版范式，其是传统出版与数字出版两种出版范式的有机整合。

（二）中观层面：以媒介为核心的融合

马歇尔·麦克卢汉的名言"媒介即讯息"，指出了这样一种逻辑：真正有意义、有价值的讯息，不是各个时代的媒体所传播的内容，而是这个时代所使用的传播工具的性质、它所开创的可能性及由此带来的社会变革。他认为："任何媒介（即人的任何延伸）对个人和社会的任何影响，都是由新的尺度产生的；我们的任何一种延伸（或曰任何一种新的技术），都要在我们的事务中引进一种新的尺度。"❶ 就此而言，媒介不是一种单一的视角或维度，而是深度勾连起一个系统，是理解系统的有效线索和有力抓手。

以今天的判断，马歇尔·麦克卢汉的观点带有较为浓重的媒介环境学派特色，关注技术环境的不断更新是如何革命性地改变人们的信息传播方式，进而将影响推及其他生产生活领域的。另一类为理解融合出版内涵提供启发意义，是以来自法国的思想家雷吉斯·德布雷（Régis Debray）为代表的媒介学思想。德布雷提出的媒介域，把媒介技术的符号形式和关系结构作为整体来看，从而确定一个信息传播格局的存在方式或存在状态。这个概念涵盖信息和人的传递运输环境，包括知识加工和扩散方式，但也不绝对排除以往的媒介手段和媒介方式。媒介域概念旨在说明，传递技术及其制度配置如何作用于社会秩序的确立和改变：媒介域转换时刻爆发的媒介技术革命，并不一定在物质形式上消除以前的媒介文本，只是改变了先前媒介文本所承载的社会地位和角色功能。❷

融合出版的原始驱动力来自技术，事实上，技术也是媒介融合的底层逻辑和中心议程。媒介是技术的载体，基于媒介理解融合出版，有着很强的可解释性和现实意义。在融合出版的过程中，传统媒介与数字媒介融

---

❶ 麦克卢汉.理解媒介:论人的延伸[M].何道宽,译.北京:商务印书馆,2001:33.
❷ 陈卫星.传播与媒介域:另一种历史阐释[J].全球传媒学刊,2015,2(1):1.

合，你中有我、我中有你，在此基础上，形成传统媒介与数字媒介融合的新的认知观念、生产模式和产品形态。不同的媒介形式并不是简单地相加，而是需要通过创新和重构，形成新的出版模式和业务流程，这也需要以媒介为核心。依照当前的实践，从客观影响层面来看，媒介逻辑的确深刻影响着融合出版的发展，构成了融合出版实践的理论指导。

（三）微观层面：以业务为核心的融合

融合出版在微观层面是以业务为核心的融合，这主要体现在以下几个方面。

首先，业务流程整合。融合出版需要将传统出版业务流程与数字化业务流程进行整合，实现内容资源、生产流程、传播渠道的共享和协同，提高出版效率和质量。

其次，业务模式创新。融合出版需要探索新的业务模式，结合数字化技术和互联网平台，创造出满足读者个性化、多样化需求的产品和服务，提升出版业的竞争力。

最后，业务技术应用。融合出版需要借助数字化技术和工具，对出版内容进行深度加工和增值服务，提高内容的附加值和易用性，为读者提供更好的阅读体验。

四、融合出版与相关核心概念的关系

（一）融合出版与媒介融合的关系

于殿利认为，图书因具有阅读的功能和流通的特性而具有传播媒介的属性。❶ 新的数字传播技术正在抹平出版与媒体的偏差，突出表现在新的数字传播技术正在制造全息社会，促使图书媒介与新闻媒体融合，以及新

---

❶ 于殿利.论媒体融合与出版的关系[J].现代出版,2020(2):59-65.

媒体情境下互联网出版的媒体舆论作用更加突出等三个方面。出版的媒体融合就是要实现人员、技术和产品的融合，需顺应、遵循新媒体及其带来的新产业的规律、以内容和编辑为核心的新出版规律。

出版融合与媒介融合之间存在密切的关系。媒介融合是指不同媒介形态之间边界的消融和融合，包括内容融合、渠道融合、平台融合等多个方面。而融合出版则是在媒介融合的背景下，将传统出版和数字出版进行深度融合，实现资源共享、优势互补，推动出版产业的创新发展。

媒介融合为融合出版提供了技术和市场的基础，这使传统出版和数字出版之间的边界逐渐模糊，为融合出版的实现提供了可能性。一方面，媒介融合推动了技术的不断创新和发展，这使以数字技术为原始驱动力的融合出版具有了基本前提，传统出版和数字出版在技术层面不断相互靠近、吸收、融合；另一方面，媒介融合使不同媒介形态之间的市场边界逐渐模糊，传统出版和数字出版之间的合作与融合不断加强，通过资源共享、优势互补，提高市场竞争力，为融合出版的实现提供了市场基础。

同时，融合出版也是媒介融合在出版领域的具体体现和应用，它通过深度融合传统出版和数字出版的优势，推动了出版产业的数字化转型和升级。媒介融合引发内容融合、渠道融合和平台融合。融合出版在媒介融合的基础上，同样朝着内容融合、渠道融合和平台融合的方向不断推进，有效提升了出版产业的竞争力和可持续发展能力。

（二）融合出版与数字出版的关系

厘清融合出版与数字出版的关系，有助于为出版业的转型升级提供理论支持和指导。尤为关键的是，这反映着决策者和产业界对现实的理解，指导产业政策的科学制定，这关系到出版在当下以及未来一个阶段的发展导向，对于出版业的高质量发展和现代化进程，以及提升我国出版业的国际竞争力，都具有重要影响。

数字出版是利用数字技术，对内容进行组织创作、编辑加工、销售推广和运营维护的一种内容服务活动。❶ 中国新闻出版研究院院长魏玉山认

---

❶ 陈丹,章萌,侯欣洁.数字出版概念的演化与界定[J].数字出版研究,2022,1(1):43.

为，数字出版经历了电子出版、网络出版、融合出版、智能出版四个阶段，自 2023 年开始已经迈入智能出版阶段。他在某论坛发表《理解数字出版的阶段性》的专题报告时，提出："2023 年之前，人们考虑'人工智能可以帮助出版人做什么'，但是 2023 年，在 AI 大模型出现以后，我们要考虑的是出版业还能干什么的问题，或者是出版业生存的价值在哪里的问题。"❶ 由此可以看出，数字出版是人类社会进入数字时代以后，其早期的一种过渡性阶段存在的特定出版形态。

当然，这种判断是以有限视野和有限经验为前提的，即对数字出版与融合出版这两个概念的定义和认识，都是基于已有实践来确定的，而以某种乐观的科学技术发展进步的信念为基础的、对超长期未来的判断，存在无法验证和实现的可能性。从构词层面来看，融合出版的理论空间更为广阔、对复杂实践的包容能力更强，这也就意味着，在由传统媒介向数字媒介过渡的较长周期内，融合出版的概念与内涵将得到进一步的丰富和发展；同时，融合出版与数字出版两个概念将长期存在，并将同时被频繁使用，两者的内涵可能出现趋同的走向。

（三）融合出版与出版融合的关系

什么是出版融合？在全国科学技术名词审定委员会推出的《编辑与出版学名词》（定义版）中关于"出版融合"的解释，是指传统出版业数字化转型升级的目标和方向。❷ 出版融合"立足传统出版，发挥内容优势，运用先进技术，走向网络空间，实现出版内容、技术应用、平台终端、人才队伍的共享融通，形成一体化的组织结构、生产和传播体系以及管理机制"。由此可以看出，融合出版与出版融合两个概念非常接近，在实践中

---

❶ 左志红. 出版发行业的人工智能有多"能"[EB/OL]. (2023-10-23)[2023-10-25]. https://mp.weixin.qq.com/s?src=11&timestamp=1698072908&ver=4852&signature=6VZLzUnmMJ2ITYpg3uFKCslYoqBEhPP3nWP11K2vTr3tjMdDHBpcBIU-od4bw5lQkl0S-UQdqGZUbF-UJImLQMJx30F1xJlU1VSLW3mFXDddYxA0M51mEnBIR2UX95bo&new=1.

❷ 编辑出版学名词审定委员会. 编辑学与出版学名词(2021)[EB/OL]. (2021-11-18)[2023-10-24]. http://www.cnterm.cn/sdgb/sdzsgb/jbxl/202111/W020211118532730944335.pdf.

也经常混用,并不存在严格的区分。

但这并不意味着探讨融合出版与出版融合的关系没有意义。探讨这两个概念的关系,有助于更好地理解出版业的发展趋势,为出版业的创新和发展提供理论支持和实践指导,同时,对于开展出版学科建设也具有重要意义。在政策规范、产业实践和学术研究中,廓清两者的区别,在合适的情境中准确使用概念,是有其必要性的。

有学者认为,"融合出版,是内向或向内融合,核心是出版,落脚点是出版,融合是形式或方法,结果就是以多媒体或全媒体形式呈现的出版,也就是说,无论怎样融合,一切都在出版范围之内,或者说,一切都还属于出版;所谓的出版融合,是外向或向外的,核心是融合,出版是基础或出发点,以出版的内容或资源整合其他产业形式或产品形式为方法或手段,其结果是实现跨界或跨产业经营"。❶ 这一观点很有启发性。

研究人员认为,融合出版是在出版框架内,开展的各要素之间的融合,本质上是一种新型出版形态;出版融合是以出版为出发点,试图连接其他外部对象,其结果不一定局限于出版产品。

融合出版是在出版框架内,将各个要素进行深度融合的一种新型出版形态。这种融合以技术为原始的、核心的驱动力,除技术融合外,还包括由技术引发的内容、管理、营销等各个方面的融合。通过将传统出版和数字出版的优势进行有机结合,融合出版可以提高出版产业的质量和效益,满足读者多元化的需求,推动出版产业的数字化转型和升级。与传统出版相比,融合出版更加注重创新和协同,注重资源的共享和整合。它通过打破传统出版和数字出版之间的界限,实现各个要素之间的深度融合,探索新的出版模式,为出版业的发展注入新的活力和动力。

出版融合则是以出版为出发点,试图连接其他外部对象,拓展出版的价值链和生态圈。出版融合强调出版业与其他产业的跨界合作和协同创新,通过连接外部资源,为出版业带来更多的商业机会和增值服务。其结果并不局限于出版产品,还可以包括其他形态的产品和服务。

---

❶ 于殿利.从融合出版到出版融合:数字传媒时代的出版新边界探析[J].出版发行研究,2022(4):11-12.

第二章 我国融合出版发展概况

一、我国融合出版的发展环境

新兴媒体技术的迅速发展,给传统出版业带来挑战的同时,也带来了机遇,融合出版正在全面推动出版业转型升级,实现新发展。任何事物发展都有其特定的环境,以下将对我国融合出版发展的政治环境、社会环境、文化环境和技术环境进行分析。

(一)政治环境

2021年5月,国家新闻出版署印发《关于组织实施出版融合发展工程的通知》,通知中提出要"引导出版业大力实施数字化战略,系统性推进融合发展,实现传统出版与新兴出版深度融合"。从宏观层面对我国融合出版工作做出指导。

2021年12月28日,国家新闻出版署印发的《出版业"十四五"时期发展规划》(以下简称《规划》)中提出了"壮大数字出版产业"的规划部署,提出要以"数字化战略""系统推进出版深度融合发展壮大出版发展新引擎",并列出了四项细分任务,即着力推出一批数字出版精品、大力发展数字出版新业态、做大做强新型数字出版企业和健全完善数字出版科技创新体系。《规划》从微观到宏观对我国融合出版工作作出重要导向。

在"出版融合发展工程"专栏中，《规划》提出了重大出版融合发展项目、文化传承融合出版工程、数字出版内容精品工程等更加具体的项目和工程，为指导融合出版提供具有参考和借鉴意义的优秀案例。《规划》在其三个附件中融合出版作出了更为具体的规划。《规划》的附件1《"十四五"时期国家重点图书、音像、电子出版物出版专项规划》有图书和音像电子出版物两大部分、11个子规划、1929个规划项目组成，其中图书项目1753个、音像电子出版物项目176个，并对规划实施作出了"加强组织领导""健全保障机制"等具体要求。《规划》的附件2《印刷业"十四五"时期发展专项规划》从扩大优质印刷产品和服务供给、大力推动关键核心技术创新等七个方面推动印刷业的发展。《规划》的附件3《出版发行业"十四五"时期发展专项规划》提出要推动"十四五"时期出版物发行业实现高质量可持续发展。

2022年4月，中宣部印发《关于推动出版深度融合发展的实施意见》，对出版深度融合过程中战略谋划、内容建设、技术支撑等六个方面提出20项主要措施，明确提出了出版融合发展的目标、方向、路径和措施等。

（二）社会环境

融合出版自提出后就持续获得社会的广泛关注，并获得了大量来自行业协会等社会力量的支持，为推动融合出版的深化发展提供助力。专业出版社与其所在行业关系密切，来自行业协会的支持将极大地推动专业出版社的发展。❶

比如教育行业对教育出版的发展起着巨大的推动作用。一方面，教育出版为教育行业提供教育资源，指明教学改革与发展方向；另一方面，教育行业为教育出版提供行业最新动态，明确出版内容，输送教师资源、渠道资源等，提升出版质量。教育行业也是教育出版的市场所在，直接关系到教育出版的营收状况。人民交通出版社的教育出版板块主要包括公路、

---

❶ 汪智.专业出版社出版融合发展实践与经验:以中国建筑出版传媒有限公司为例[J].出版广角,2023(3):44-49.

汽车、水运相关专业，并以中高职学生、本科生和研究生为主要读者。在发展过程中，人民交通出版社始终关注高等教育行业内的动态变化，把握市场需求，并始终"以需求为导向，开展内容资源制作和研发"，加速构建"面向教学服务的全体出版形态"。在传统的教材编写发行外，人民交通出版社根据院校的新需求，提供更加专业的数字化教育资源库、配套的在线课程等。❶

（三）文化环境

新媒体技术发展不断赋能网络用户，使网络用户比以往任何一个时期都更具差异化、个性化，并不断提出更加多样化的需求。以我国少儿融合出版为例，在《关于进一步减轻义务教务阶段学生作业负担和校外培训负担的意见》推出后，学校与家庭更加注重培养学生的综合素质，"少儿的阅读需求量猛增，少儿将拥有更多时间去阅读自己感兴趣的图书。功利性图书销量将大大减少，而一些有利于孩子身心健康的功能性读物销量将持续增长"❷。在此背景下，少儿出版行业更加注重满足少儿的多元阅读需求并实现少儿的全面发展。航空知识杂志社于 2022 年创办的新刊《问天少年》旨在带领青少年探索空天科学、宇宙奥秘、军事装备等新知，启迪工程思维，培养科技创新知识。全刊每期 200 张左右精美图片，加上科学严谨却又生动有趣的文字而得到广大青少年读者的喜欢，首期已发行数就超过 5 万册，单刊年营收可达千万元。

《出版业"十四五"时期发展规划》中明确提出了"推出一批少儿读物精品"的部署，要求"组织推出一批生动阐释、丰富呈现的学习读物"。为提升阅读效果，不断满足广大青少年的阅读需求，许多少儿出版机构不断升级产品。广西期刊传媒集团有限公司 2015 年开始探索 AR 技术在期刊中的运用，实现了更便捷的下载和阅读方式、更精美逼真的呈现效果、更

---

❶ 李喆.专业出版社教育融合出版业务的探索与思考：以人民交通出版社的融合出版为例[J].出版广角,2023(1):63-66.

❷ 曹月娟,黄楚新.数智化与多元化：2022 年我国少儿融合出版发展.出版发行研究,2023(4):20-24,12.

强大的交互效果，极大地丰富了刊物的选题内容和呈现形式。

（四）技术环境

融合出版的发展离不开科学技术的推进。人工智能、物联网、区块链等新技术不断涌现，推动出版行业实现出版内容资源的融合，出版业务流程的升级，加速融合出版向纵深发展。比如浙江大学出版社采用包括HTML增强文件的增强出版、视频出版、二维码等技术，丰富出版内容，改善优化读者阅读体验；借助大数据、人工智能等技术升级投审稿系统，极大提升了作者投稿、编辑送审、专家审稿等各环节的效率；清华大学出版社积极推动期刊出版深度融合，逐步形成了以技术创新为动力、以数字出版平台为依托的融合创新发展路径，并于2019年开始在"中国科技期刊卓越行动计划"支持下自主进行科技期刊国际化数字出版平台SciOpen的建设，支持智能推荐、学术画像、知识图谱、科研趋势分析等功能。

二、我国融合出版产业链主体

当前我国出版融合发展已成为行业共识，面对实体书锐减的市场环境，我国出版产业积极探索自身增效转型的新路径。出版主体根据产业链的上中下游可以下分为内容提供商、平台服务商和数字发行商，现对其进行分类探讨。

（一）产业链上游：内容提供商

作为一种产业经济，出版的核心价值在于内容，全媒体出版产业链的拓展基础也应围绕内容建设展开，并在信息资源和知识资源的引领下，充分利用作者资源和版权资源重构出版产业链上游生态。❶ 接下来，将介绍

---

❶ 张立园.媒介融合视域下出版产业链的转型升级[J].中国编辑,2022(4):67-71.

具有代表性的部分内容提供商。

1. 河南各家出版社

深耕受众喜好，聚焦历史文化，河南出版业传承中原文化，出版了多部有影响力的好书。比如河南人民出版社出版的《河南通史》，以通史的形式记录了河南的发展脉络；《河洛文化研究》，以丛书的形式反映了河洛文化的方方面面。中州古籍出版社的《中原文化大典》，由河南省近300位专家学者参与编写，系统总结了中原文化各个领域的研究成果；《厚重河南》，从新闻的角度再现河南历史文化的厚重感。大象出版社的《中华姓氏文化大典》《经典河南》等，用图文并茂的形式记录河南地区数千年的历史文化，揭示了中原文化源远流长的发展脉络，成为人们喜爱的出版精品。❶

2. 故宫出版社

作为故宫博物院主办的一家专业出版社，故宫出版社依托故宫丰富的文化资源，积极探索"出版+数字技术""出版+文旅融合""出版+文创产品"等创新型发展模式，将高品质的内容进行编辑加工后传递给读者大众。❷ 例如其出版的《谜宫·如意琳琅因籍》是第一部解谜互动游戏书，采用"非遗手工线装书籍+手机游戏互动阅读"的模式，将传统的纸质图书与现代科技手段有机结合，书中包含的人物、背景、建筑和历史核心，每一个元素都经过大量的文献查阅与严谨考证，坚持内容为王的同时创新了传统纸质图书的阅读方式，让故宫的历史文化知识在游戏过程中活起来、动起来，更具吸引力。

---

❶ 汪振军,穆毅.融合发展背景下出版产业如何创新:兼对河南出版产业的一些思考[J].新闻爱好者,2017(3):52-55.

❷ 刘峰,章宏伟.专业出版社的特色融合发展之路探析:以故宫出版社为例[J].出版广角,2021(22):10-13.

3. 中华书局

中华书局重视作者和编辑人才队伍建设，广纳高精尖人才，聚焦内容高质量发展；在编辑质量和印装水平上坚持高标准建设；自觉担当"开启民智，传承文化"这一社会责任。其主要出版内容成就：编撰出版了收词严谨、解释准确、精审细校、影响广泛的工具书《辞海》；深耕教育领域，出版《中华教科书》；以传承文化为己任，出版了《于丹〈论心〉心得》等"正说"历史系列图书。❶

（二）产业链中游：平台服务商

平台是企业生态系统创造的源泉，企业通过平台能够实现内容的多样态呈现、多渠道传播和多方式增值，因此加强平台建设对于促进我国出版产业融通创新有着必要性与紧迫性。

1. 外语教学与研究出版社

2014年，外语教学与研究出版社继续发力数字化发展，于10月18日发布了全新的数字化教学共同校园Unipus。Unipus源于创新教育理念，基于先进信息技术，是以外语教育为特色，集学习、教学、测评、科研、合作交流于一体的线上"共同校园"（Universal Campus）。Unipus依据科学能力测评体系，汇聚国内外优势资源，优化在线互动教学环境，提升个体学习体验与效果，也是师生创新发展的智慧校园（Unique Campus）。Unipus同时为高校创新教学模式、开展课题研究、推进跨校合作提供支持保障，是共建资源、共享成果、共赢未来的共创校园（United Campus）。

2. 人民卫生出版社

2016年，人卫健康医疗大数据智慧平台"医学学术"子平台——中国

---

❶ 庄艺真. 做有文化担当的出版企业：兼论中华书局百年兴盛之道[J]. 出版广角，2014(2)：14-16.

临床决策辅助系统正式上线,即"人卫助手系列知识服务数字平台,面向广大基层医务工作者和人民群众,提供高质量、智能化、实用性、指导性、创新性的中西医临床决策参考和合理用药指导,并入选国家新闻出版署2019年度数字出版精品遴选推荐计划。

3. 中国农业出版社

智汇三农——农业专业知识服务平台是中国农业出版社打造的智能终端平台。中国农业出版社从内容、资源加工和整理、体系构建、技术应用等方面入手,打造了这一智能化平台。平台还包含图片、视频等多元化、多媒体的资源类型,能够为用户提供全方位、多知识点的学习机会。平台建立了政府、企业、内容之间的关联和互动,能够促进各类型出版物、知识内容的多形态融合和多渠道传播。这个平台在运营过程中形成了比较成熟的营销方式,制定了较为完善的定价体系和营销制度。通过创新知识服务方式,发挥资源优势,满足了用户在学习、阅读、查询等方面的需求,服务了百家单位,社会效益和经济效益突出。❶

(三)产业链下游:数字发行商

发行属于出版的最终环节,是出版物到达受众的方式,发行环节主要包括宣传和上架售卖,随着技术的发展和深入,互联网已经从工具、实践的层面不断发展为社会基建。不同于传统的线下售卖,出版产业当前能够以更高效的方式触达受众,这也为出版融合创新发展提供了有利条件。

1. 微信读书

微信读书通过对纸质书籍的再出版,致力于打造一个深度化的阅读平台,依托阅文集团这一头部数字阅读平台的图书资源;在运营策略方面引入互动机制,使用个性化阅读设计给予用户独特阅读体验,增强了用户黏

---

❶ 杜筱娜,段勇,杨赛君.新媒体背景下传统图书出版融合发展探析:以专业型出版社为例[J].新闻研究导刊,2023,14(3):186-188.

性;其盈利模式主要是展示和销售相结合、会员制付费订阅及在线广告收入三种。❶

微信读书以其个性化、社交化、追求深度阅读的独特运营理念脱颖而出,为我国出版业发展注入了新的活力。

2. 喜马拉雅FM

喜马拉雅FM手机客户端于2013年上线,成为国内发展最快、规模最大的在线移动音频平台。其在渠道分发方面进行了创新:通过签约各界网红引流,打造品牌形象,发挥粉丝效应;同时引入PUGC生产模式,推动传播主体多元化进而激发用户活力,使用人性化界面设计,根据用户需求不断优化设计,同时关注银发经济,提高其适老性,增强用户黏性。❷

3. 掌阅App

掌阅App引入灵活创作机制,允许读者通过创新、修改和删除阅览笔记、评价等行为参与知识创造,这一举措有利于激发用户内容创造活力,增强用户黏性;同时掌阅还设置了帮助反馈机制,设置了"用户价值满意度调查"以提高服务质量;掌阅还注重跨平台的联动效应,允许读者将内容分享到其他社交平台,满足用户多元化场景需求。❸ 掌阅App的平台机制创新是我国出版发行平台进行数字化融合发展的有益实践。

4. 当当网

当当网积极打造项目IP。以当当书香节期间上线的"我是荐书官"项目为例。首席荐书官、素人、达人、明星、出版社社长、资深编辑等联合推荐好书的形式,在上线之后经过传播迅速破圈;同时创新用户互动机

---

❶ 魏欣然.从数字出版角度分析微信读书的运作模式[J].新闻研究导刊,2021,12(10):108-110.

❷ 赵玲.以喜马拉雅FM探究我国有声阅读平台发展[J].出版广角,2020(14):43-45.

❸ 王瑞.数字阅读平台的媒介可供性研究:基于对掌阅App的个案分析[J].新闻研究导刊,2021,12(9):239-241.

制，如创建、分享读书计划，参加阅读打卡和抽奖活动等获得读书币，通过"阅读+社交"的新体验，形成阅读、打卡、交易的闭环；拓宽直播营销渠道，打造多种新场景触达用户，激起其阅读需求。❶

根据对出版产业链上中下游的主体的梳理，能够看到当前融合出版已经出版产业创新发展的必经之路，正如《出版业"十四五"时期发展规划》指出，进入新发展阶段，出版工作迫切需要积极适应新一轮科技革命和产业变革趋势，深化改革创新，转化增长动能，更好抢占数字时代出版发展制高点。产业主体担当着"指挥员"的角色，必须时刻关注行业动态，强化产业政策的引导功能，调整产业布局，持续推进出版革新。

三、我国融合出版发展历程

融合出版是一个动态性概念，是国家政策推动下出版产业在数字时代的必然产物，其发展历程与国家政策的导向是紧密相连的。本部分以国家战略下的媒体融合部署和政策为坐标系，结合我国出版融合创新实践活动的特点，将我国融合出版划分为初始转型、快速发展和深度融合三个阶段。

（一）初始转型阶段

出版业数字化转型是我国融合出版的开端。20世纪90年代，互联网技术的快速发展催生了传统出版的数字化转型。20世纪末开始，随着"数字出版"概念的提出，国家鼓励数字出版产业发展的政策相继出台。2005年印发的《国民经济和社会发展第十一个五年规划纲要》鼓励教育、文化、出版、广播、影视等领域的数字内容产业发展，丰富中文数字内容资源，发展动漫产业。2008年，国家新闻出版总署设立科技与数字出版司，并于2010年出台了《关于加快我国数字出版产业发展的若干意见》，提出了国内数字出版发展的主要任务和总体目标，并从十个方面给予数字出版

---

❶ 张玲,樊文.当当网:以用户为核心建设自身图书零售渠道[N].国际出版周报,2020-7-20(10).

全面支持。

　　数字出版是融合出版的基础形态。此阶段的传统出版企业的数字化转型之路大多以传统出版资源为立足点，围绕图书，或为图书服务，或以图书为出发点，无论是为图书配套数字资源，制作"图书+"类型的产品，还是基于图书内容，制作电子书及研发音频、视频产品，图书始终居于主体地位。总的来说，初始转型阶段的创新实践活动进一步推动了出版业的数字化转型，但出版企业在融合发展过程中容易将融合发展的视角局限在简单的技术升级和内部要素整合层面，偏重业务层面的融合探索，对外部资源要素没有有效整合利用，未形成稳定的产业链和盈利模式，缺乏从人员转型、管理创新、组织重塑等维度深层次、系统性地思考和实践。

（二）快速发展阶段

　　2013年11月，党的十八届三中全会通过的《中共中央关于全面深化改革若干重大问题的决定》发布，首次在中央文件中提出整合新闻媒体资源，推动传统媒体和新兴媒体融合发展，由此拉开了融合发展的序幕。2015年，国家新闻出版广电总局和财政部联合发布《关于推动传统出版和新兴融合出版的指导意见》，提出立足传统出版，发挥内容优势，运用先进技术，走向网络空间，切实推动传统出版和新兴出版在内容、渠道、平台、经营和管理等方面深度融合，实现出版内容、技术应用、平台终端和人才队伍的共享融通，形成一体化的组织结构、传播体系和管理机制的工作目标。该指导意见的发布标志着出版融合正式起步。

　　在此背景下，众多出版企业顺势而为，纷纷在融合发展浪潮中扬帆远航，其创新实践活动主要体现在两方面：一是加速整合资源要素。不仅要将自身环节、产业链上下游的资源作为重点，更是利用与外部的联系，从多个方面对不同组织的各类战略要素进行整合，最终形成新的竞争优势，推动内容融合、渠道融合、平台融合、经营融合、管理融合向纵深发展，走出一条适合自身的融合之路。二是积极应用新型适配技术。加大5G、大数据、云计算、人工智能、区块链、物联网、虚拟现实和增强现实等技术在出版内容生产、运营、传播等方面的应用，让技术为融合出版全面赋能，创新表达方式，优化用户体验，丰富出版产品和服务模式，再造出版流程，重塑产业生态和产业链格局，培育和促进出版新业态快速成长。

（三）深度融合阶段

2020年9月，中共中央办公厅、国务院办公厅印发了《关于加快推进媒体深度融合发展的意见》，明确了媒体深度融合发展的总体要求；党的十九届五中全会审议通过的《中共中央关于制定国民经济和社会发展第十四个五年规划和二〇三五年远景目标的建议》提出推进媒体深度融合。2021年，国家新闻出版署印发《出版业"十四五"时期发展规划》，将"壮大数字出版产业"作为《出版业"十四五"规划》九大方面工作之一，设置"融合出版工程"专栏，强调系统推进出版深度融合发展，壮大出版发展新引擎。2022年4月，中宣部印发《关于推动出版深度融合发展的实施意见》，作为中宣部首次就融合出版领域专门发布的政策文件，该《意见》为新时代出版深度融合发展擘画了新方位，标志着融合出版进入了新阶段。

在不断完善的顶层设计和更为强大的政策支持之下，我国出版业融合发展已朝着"你就是我、我就是你"的方向前进，其产值持续提高，影响力也在与日俱增。深度融合阶段与出版业高质量发展一脉相承，价值增值成为此阶段各类创新主体的共同追求。作为共生式创新，出版深度融合发展阶段的众多创新主体积极主动、协同创新，围绕价值共创、互利共生的目标，纵深推进数字化发展战略，加速整合各类创新要素，充分发挥创新要素的叠加效益，形成强有力竞争优势，使各类创新主体能从融合出版中获取更多价值，实现融合出版的利益共享，维持出版融合生态系统动态平衡。

四、我国融合出版发展现状

创新生态系统视角下的融合出版是围绕出版产业链的不同创新阶段进行的，产业链是融合出版的基础和依托。基于此，本书笔者及其团队从出版产业链的基本结构（内容策划与编辑环节、内容生产与制造环节、内容传播与服务环节）出发，对我国融合出版的现状进行分析。

（一）融合出版产品主题丰富，形态多样

在融合出版进程中，传统出版业与新兴出版业交叉融合，重塑了出版产业链。从出版产业链上游的内容策划与编辑环节来看，我国融合出产品主题丰富，形态多样，涉及主题出版、大众出版、专业出版、教育出版、少儿出版等多种类别，包括App、平台、数据库等多种形态。

融媒体时代影响出版产业链上游的内容策划与编辑环节，最突出表现在选题策划环节。数字技术给出版选题策划带来了挑战与机遇，出版单位通过运用数字技术带来的发展优势，对选题策划的思路进行创新，提高编辑工作效率与质量，让技术赋能出版高质量发展。

融合出版为选题策划带来了新的手段，信息开放与共享的便利条件，让出版单位可以充分利用以大数据、人工智能等技术手段收集和处理信息，跟踪最新的行业动态和出版单位所处专业的研究成果，及时策划反映该领域最新成果的选题。面对不断涌现的海量信息，编辑以发展的眼光评价信息质量并预测出版市场发展前景，并根据其对编辑工作领域影响的大小决定对信息的取舍。出版单位通过分析判断市场信息，掌握同类作品售卖情况、竞争对手动态、消费者偏好等信息，及时策划市场需求、社会关切的选题，抢占出版市场的制高点，把握先机，提高选题策划的前瞻性和预判性。

广东新世纪出版社从教辅读物和一般图书两翼齐飞转向致力于专攻一般图书，向专业化、品牌化、特色化方向拓展，从单一经营纸质图书向为少年儿童提供全媒介内容及阅读服务转型。经过多年的精心耕耘和积累沉淀，该社形成了主题出版、儿童文学、儿童科普、学前教育、青少年阅读等内容矩阵。面对少儿分级阅读的市场需求，广东新世纪出版社接下来将重点放在研发大阅读、大语文、大教育的产品上，如素质教育、安全教育等，搭建立体的、针对不同年龄段的孩子、不同主题的丰富的产品矩阵。"多米"品牌图书作为广东新世纪出版社的一大品牌，基于这一主题，出版社又先后推出了"肖云峰阳光成长小说系列""多米阳光成长记""一、二年级的小多米"三个子集，共有品种数16种，涵盖了幼小衔接、一二

年级、三四年级、五六年级等不同学段，先后入选三省寒暑假活动书目，销量突破 30 万册。"多米阳光成长记"还改编并录制了同名广播剧，获"2019 年度广东省优秀网络视听作品"称号。"多米"系列图书的成功离不开出版社前期对于市场的充分了解，掌握目标受众的需求以及对竞品信息，同时借助信息化分析技术完成图书市场的分析与预测，最终提升选题策划的精准度。广东新世纪出版社将"多米"系列图书的选题作为中心，结合图书市场的实际发展情况和数字化出版的时代发展趋势，立足于图书制作、出版以及传播等各个环节，对选题进行布局与规划，将全程策划的意识理念贯穿于图书出版的全流程，增加图书的出版效益。

数字化时代产生的新型信息渠道可以承担选题的策划平台，使选题策划进入全媒体融合环境中，各出版单位纷纷将选题策划环节延伸到"两微一端"、短视频平台和数据库平台中。短视频平台作为近年来发展迅速的自媒体平台，为出版单位提供了共享便利的网络空间，方便出版单位根据自身特色，结合自身内容优势进行线上选题策划和视频制作，并开展产品宣传、品牌延伸等工作。除此之外，短视频平台在用户群体与信息发布上的优势，还对出版单位宣传推广、服务读者、获取反馈信息起到了巨大的推动作用，实现了出版资源的高效整合，提高了选题策划的价值。

对同一内容进行多样打造，能够最大限度地实现产品服务的深度开发及融合出版集群效应。重庆理工大学期刊社深度挖掘优质内容，对同一内容进行多样打造：追踪一个热点选题后，先是在纸刊发表相关文章，然后在线上围绕这一主题组织跨学科专家"对话"，同时在"重理工期刊谷"栏目中开展相关知识科普，最后通过"小期说论文"栏目对相关主题学术论文进行碎片化解读，最大限度地实现知识服务的深度开发，以及融合出版集群效应。重庆理工大学期刊社还对栏目进行深度开发和利用，通过"小期说论文""我的科研故事"等栏目，深入挖掘作者及其团队背后的故事，延展刊发文章的内涵和外延，一方面提升作者及其团队的知名度，从选题策划就开始打造出版品牌，另一方面让读者从内容丰富的推文中引发思考、有所收获，在栏目中分享心得，为栏目之后的升级与创新提供建议。不仅如此，期刊社还通过中国知网进行网络优先出版，增强学术论文的时效性，由传统"先编后传"转变为"先传后编"和"边编边传"的出版模式，极大地提升了出版效率。

资源的高效整合也为出版单位延伸出版功能，提出更加丰富的选题提供了信息支持。正是有了数字技术的融入，编辑才会在选题策划的过程中不仅局限于纸质图书的策划，还有出版的全流程策划与搭建，在这一过程中，编辑既注意出版与数字媒体终端的结合，同时又考虑对数字出版多媒体多元化的开发利用，实现数字与传统的资源互补，在内容资源上增添了更多创造性劳动，使媒介内容更加丰富，使编辑工作价值更能得以体现。重庆理工大学期刊社在不脱离内容的基础上积极扩展发展转型的方式，充分挖掘学术文章的内容优势，创造知识衍生物，策划丰富的选题内容。期刊社以主题为线的不同时期刊发的文章，策划推出了40多期虚拟专刊，提升了出版内容的阅读率和影响力。期刊社充分发挥高效学术期刊的智力优势，与统战部门、科协等党政机关或群团组织加强合作，同时与企业加强合作，将学术文章进一步转化，打造"资政报告"、学术观点综述，实现学术成果转化，为各方提供学术知识参考借鉴。

中国教育报刊社从信息采集开始，就利用数字技术提升信息采集速率与精确度，编辑在选题策划过程中，就充分考虑数字技术在出版中的应用。中国教育报刊社旗下的《人民教育》创刊于1950年，几十年的发展使其积累了海量的教育资讯、丰富的行业数据、广泛的专家资源、长期的合作网络等优质资源，数字化、大数据、人工智能、机器学习等新技术与出版领域的融合机遇，为中国教育报刊社提供了一个盘活这些历史数据和行业资源的有效着力点。中国教育报刊社根据自身特色，利用数据分析，明确定位，为打造特色产品做基础。中国教育报刊社开展媒体深度融合工作，打造了网络评论互动平台"蒲公英评论"，平台本着"以教育立场评论社会事件，以全局思维透视教育问题"的原则，把互联网思维、用户生成（UGC）、网络社交等理念融入评论操作中，通过"评论工作室"聚集和培育评论作者，该平台利用中国教育报刊社在这一垂直领域的人脉优势和资源优势，在短短100天的时间里就汇聚了1500多名教育领域的评论员并编发1200多篇聚焦教育优质评论。蒲公英评论在提升中国教育报刊社影响力的同时，又为报刊社提供了内容与作者资源，编辑能够通过查看平台上的各种评论掌握教育领域的最新动态，把握市场方向，掌握读者需求，随时查看反馈信息，为选题策划提供了方向，有利于编辑更好地预判选题，打造迎合读者的选题。

各出版单位在融合出版过程中立足于自身，积极探寻优质内容，创新产品形态，适应市场需求。数字技术给出版单位带来了丰富的信息获取途径，帮助出版单位在选题策划和编辑加工过程中提高生产效率，提升内容质量，出版单位也积极抓住技术优势，深入挖掘与时代发展潮流相符合的中国故事，不断策划开发创新产品，打造多元化、互动性强的新型产品，弘扬时代发展精神。

以商务印书馆为例，其打破原有纸质工具书这一主要产品形态，根据当前信息化的发展方向，于2017年6月策划"新华字典"App这一形态，为用户提供一种便利、准确、快速的汉字查询与学习方式。新华字典App完整收录了《新华字典》纸质书的内容，再现了纸书的查字方式，并可一键切换，将数字版与纸质版进行对照。同时，新版《新华字典》纸质书的正文每页都有一个二维码，使用App扫码功能，就能查看当页所有单字的部首、笔画、结构等信息，还能收听字的标准读音，观看笔顺动画，查检知识讲解等，实现纸质媒体与数字媒体的融合与连接。除此之外，新华字典App还有汉字规范笔顺动画、汉字游戏等增值服务。利用数字技术，新华字典App为用户呈现出立体可感的工具书，结合语音、视频等媒介形态进行策划设计，给用户带来一个汉字学习的立体空间。新华字典App将传统检查工具转化为更加便捷的网上学习工具，在保障内容优质的前提下，实现了对工具书的深度研发，推出纸质版书籍无法实现的服务，满足了大数据时代受众的实际需求。除了新华字典App，商务印书馆还针对不同的用户需求，基于优质内容策划推出了涵芬App与现代汉语词典App，三种App在权益和内容上打通，同时根据用户需求提供家长助手、编辑助手等定制化服务，推动从用户到消费者的转化。截至2023年3月30日，3个App共享9000多万下载用户、900多万注册用户及100多万付费用户。

再如，江苏凤凰科学技术出版社与江苏省农产品品牌发展中心协同打造农技耘App产品，在整合全省农业科技推广资源的基础上，策划建设集农技推广专业知识库、专家问答、手机直播、资讯发布于一体的涉农服务产品。农技耘App以"公益、助农"为导向，面向江苏省全省推广应用，是江苏省用户量最大、活跃度最高的农技推广服务平台。App对接江苏现代农业产业技术体系专家，按照农业产业类别、研究方向，部署738名专家开展线上服务，发布权威指导意见，开展一对一在线答疑，实现对主导产业及生产关键期的全方位指导。除了对接专家，农技耘App还与全国农业科教云平台中国农技推广App对接，开设"中国农技"栏目，发布农情文章和日志。App还有手机直播与远程培训的功能，举办农技耘视频直播节目，开展云培训、云观摩等活动，并发布相关视频、微视频。用户不仅可以在平台上获取各种农业相关的知识与服务，还能够通过"农事圈"与其他用户交流互动，形成了良好的农业交流氛围。农技耘App积极探索融合发展策略，以优质的内容，多样的产品形态推动农业发展，为用户带来了专业化的知识与服务，承担起了我国农业现代化建设、乡村振兴的重任。

此外，江西美术出版社以图书《瓷上中国》为基础，基于研究交流中心、鉴证备案中心、媒体传播与市场交易中心三大中心，建立"瓷上世界"文化走出去融合发展与传播平台。《瓷上中国》一书立足景德镇，从政治、经济、文化、工艺等多个角度探寻这个千年瓷都，为世人了解瓷文化、了解中国打开了一扇窗。该书先后入选"十三五"国家重点图书出版规划项目、国家出版基金资助项目、中宣部对外出版项目（采购类）、年度"中国好书"等，并输出多语种版权。在持续的市场影响下，《瓷上世界》同名纪录片应运而生。之后，基于"瓷上中国"的项目不断裂变、扩容，"瓷上世界"文化走出去融合发展与传播平台项目响应国家"一带一路"和文化走出去的倡议，立足江西资源特色，整合陶瓷文化，最终打造而成。该平台由三大中心组成。其一，研究交流中心由古陶瓷标本室、陶艺教室、文创研发中心等构成。其中，标本室藏品时代序列较为完整，为古代陶瓷器物的研究提供了有效、便捷、可靠的实物基础；陶艺教室传播中国传统文化、提升国民审美素质，同时开发伴手礼等诸多受到市场欢迎的文创产品。其二，鉴证备案中心建设有陶瓷图片数据库和标本数据库，可通过三维扫描建模来辨别设定陶瓷的"身份证"。其三，媒体传播与市场交易中心是基于影视图书资源和研究开发成果等内容资源，打造形成外销瓷相关资讯和产业推广、销售的"瓷上世界"综合平台。江西美术出版社将一本书裂变升级为一个综合性项目的过程，是对出版人术业有专攻，做优秀精品图书，但又不能只埋头做书，还应相应国家发展战略、顺应出版融合发展态势，成就更好的发展之路的生动诠释。

（二）数字技术与产品生产环节融合逐渐深入

数字技术驱动下的出版业是传统出版业进入数字新时代后的新兴融合业态，是出版业以数字技术为依托的面向生产、经营、传播、消费等流程的重塑。❶ 新兴的数字技术与出版生产的深度融合正在推动出版业的革新与发展。数字技术的引入，使出版生产环节更加高效、更加智能化和个性化。从出版产业链中游的内容生产与制造环节来看，融合出版产品与数字技术手段关系紧密，多采用大数据、人工智能等技术优化产品设计和生产流程，缩短产品开发周期，降低生产成本。很多出版单位抓住媒体融合发展机遇，在全流程数字化建设方面进行了大量探索与实践，打造全流程数字化出版，力求实现内容采集网络化、编辑出版无纸化、流程设置个性化、出版模式多样化发展。

数字化制造技术正在改变传统的生产方式。数字技术与出版的融合，可以实现生产过程的自动化、智能化，提高生产效率和产品质量。例如，通过应用机器人和自动化技术，可以代替传统制造中的人工操作，减少人为因素对产品质量的影响。数字化制造技术还可以实现生产过程的可视化。利用大数据技术和虚拟现实技术，可以将生产过程进行数字化模拟和预演，及时发现和解决生产中可能出现的问题，降低生产成本和风险，同时还可以实现生产过程的可持续化。通过应用物联网技术，可以对生产过程中的能源消耗、废弃物排放等进行实时监控和优化，实现资源的有效利用和环境保护。数字化制造技术的发展正在改变传统的出版产业链，使其更加高效、智能化和可持续化。

出版流程中对数字技术的运用，不仅帮助出版单位缩短了出版周期，提升了出版质量，提高了纸质内容向数字内容的转化效率，还为其构建融媒体资源数据库、拓展数字内容发布渠道、推动出版融合转型发展奠定了基础。

---

❶ 刘志国,路金玉.数字技术驱动下出版业的迭代升级与转型逻辑[J].青岛科技大学学报(社会科学版),2023,39(3):115-120.

1. 内容资源生产环节数字化

出版内容资源是出版活动中各类精神活动成果的总称，具体指出版机构在出版业务中形成的具有权利归属的作者原稿、排版文件、印刷文件、纸质出版物、纸质出版物数字化后形成的 XML、PDF、EPUB 等格式的文件，图片、音频、视频等数字内容素材，以及内容素材构成的资源库等。[1]

出版业内容资源生产环节的数字化与融合发展是当前出版业的重要趋势。数字化技术可以帮助出版业实现内容资源的数字化存储、管理和查询，方便对内容资产进行高效管理和利用。同时，数字技术也可以实现个性化定制和按需印刷，满足读者的多元化需求。在出版物内容资源生产环节，数字技术起到了重要作用。例如，利用大数据技术对读者行为进行分析，可以更好地了解读者的阅读偏好和购买习惯，为出版物的策划和营销提供有力支持。同时，利用互联网和社交媒体等渠道进行出版物的推广和营销，可以扩大出版物的传播范围和受众群体，提高市场占有率和销售量。

深度加工内容资源，技术赋能生产质量。中华书局等出版单位借助数据库技术，整合和深度加工内容资源，努力提升数字内容资源的生产质量，同时实现数据的集约与共享。中华经典古籍库是中华书局 2014 年推出的大型古籍数据库。2015 年 8 月，中华书局成立古联（北京）数字传媒科技有限公司，主营中华经典古籍库的全部研发和推广工作。中华经典古籍库全文收录中华书局、凤凰出版社、天津古籍出版社等 20 余家专业出版社出版的权威优质古籍整理类图书，内容涵盖经、史、子、集各部，包含点校本"二十四史及《清史稿》""通鉴系列""新编诸子集成""十三经清人注疏""史料笔记丛刊""学术笔记丛刊""古典文学基本丛书""佛教典籍选刊"等经典系列。为满足不同用户群体的需求，中华经典古籍库陆续推出了镜像版、网络版（在线版）、微信版、微信专业版四款产品。考虑到机构用户和个人用户的差异性需求，四款产品的功能和价格各异，可同时满足专业学者和非专业人士各自的需求。中华书局作为二十五史和通

---

[1] 王勇安,张艺瑜. 人机协同知识共享共创破解出版内容资源匮乏难题[J]. 科技与出版,2023(9):12-19.

鉴等系列点校本的最高标准,依托这一权威性专业性的内容资源,将书籍内容汇集到中华经典古籍库中,为用户提供了优质可信的善本古籍数据库。数据库使用阅读导航、图文对照、人名异称关联、分类检索、引用格式自动生成等主要功能,还增添了联机字典、纪年换算、笺注书签辅助功能,方便用户在浏览的过程中随时进行查检和引用,极大地缓解了用户录入、复核文献时所耗费的精力和时间。

发挥技术支点作用,充分挖掘优质内容。辽宁北方期刊出版集团隶属于辽宁出版集团,是一家以报刊出版为主的现代传媒企业。期刊集团各编辑部充分挖掘自身优质内容,以数字出版部为技术的支撑点,不仅是将优质内容数字化,从"内容王"向"立体王"和"复合王"进行转变,《中国数学教育》杂志社是中国教育学会中学数学教学专业委员会会刊,杂志社充分利用学会资源和杂志的编委资源,和集团引入的 RAYS 系统打造了探索中国学术期刊出版新模式的《中国数学教育》数字出版融合实验室;《数学小灵通》杂志社将元宇宙技术与期刊结合制作了《数学小灵通》元宇宙期刊;《数学周报》从学生学习数学过程中的巩固复习环节出发,推出了交互式学习报纸数学周报 Web3.0;《教育周报》从学生、家长、教师的实际需求出发,建设了集同步课程、国学课程和家长课堂于一体的在线学习平台——"教育周报·在线学堂"。

2. 审稿、编辑加工环节数字化

数字技术与出版流程的融合使得审稿、编辑加工等环节也实现了数字化。具体来说,数字技术可以大大简化出版流程,提高出版效率和质量。在审稿环节,传统出版方式需要将纸质稿件邮寄给审稿专家进行审阅,而数字化技术可以将稿件转化为电子文档,通过互联网或在线平台进行在线审稿,大大缩短了审稿周期,提高了审稿效率。同时,数字化技术也可以实现智能化审稿,利用人工智能技术自动进行稿件查重、相似度分析等工作,提高审稿质量和效率。在编辑加工环节,数字化技术也可以实现自动化和智能化编辑加工。例如,利用光学字符识别(OCR)技术将手写稿件转化为电子文档,通过智能识别和自动纠错等功能,可以大大提高编辑加工的效率和准确性。同时,数字化技术也可以实现个性化编辑加工,根据不同读者的阅读偏好和需求，自动进行个性化排版、字体调整、背景音乐等工作，提高出版物的质量和个性化程度。数字化出版技术的应用促使数字化稿件有效代替传统的纸质稿件，对于数字化稿件的处理，不仅能够节省编辑人员耗在稿件排版工作上的时间，还让编辑人员将更多的时间、精力投入稿件内容的审阅中，从而更好地体现编辑人员的价值。❶

打造生产流程标准化，技术加快生产速度。浙江大学出版社2017年着手改造生产流程，经过几年的努力初步建立了含期刊投审稿系统、XML结构化排版、多屏分发平台等一体化内容生产与传播平台，包括提供学术不端检测、参考文献校对、推荐审稿人等服务；开展XML结构化排版，实现期刊快速生产加工与数据制作；以刊群网站+单刊网站的模式实现期刊文章快速上线。新平台面向国际一流，采用主流技术标准。例如，投审稿系统通过采用大数据、人工智能等技术，极大提升了作者投稿、编辑送审、专家审稿等各环节的效率；生产环节完全采用XML国际通用技术标准，生成符合NISO JATS1.1标准的XML文件，确保实现"一次加工、多次利用"；出版内容采用包括基于HTML增强文件的增强出版、视频出版、二维码等技术，丰富了展现形式，改善优化了读者在线阅读体验；在输出环节实现与国际主流出版机构、数据库等进行API对接，保证了作者ORCID认证、文章DOI注册及Scopus、WoS、Pubmed等数据库及时更新。

构建学术出版数字化，技术提升出版效率。《华西口腔医学杂志》始终坚持在构建数字出版服务体系上下功夫，优化出版流程，加快期刊融合发展步伐，提升融合出版能力。2001年国内率先采用局域版"期刊稿件管理系统"，开始数字化办刊的脚步，2009年采用在线投审稿系统，实现网上在线投审稿，加快稿件投审稿流程。2021年采用方正学术出版云服务平台，全流程基于XML文件生产，一次生产输出多种文件格式，实现学术出版全生命周期的智能化、数据化和网络化，缩短文献生产发布周期，提高期刊出版速度。采用方正智能审校系统配合稿件编辑加工，通过文字和图像等的自动识别、比对和核验，对文稿中存在的错漏进行纠正，建立自动纠错和排查系统，提高期刊质量和出版效率。

---

❶ 袁潋.数字出版技术与编辑出版工作的数字化研究[J].采写编,2022(10)：97-99.

3. 全流程数字化

出版全流程数字化与融合发展是当前出版业的重要趋势，数字技术的广泛应用正在深刻改变传统出版业的生产方式、经营模式和商业模式。通过数字化转型和融合发展，出版业可以实现全流程数字化生产和服务，提高出版效率和质量，拓展发展空间和商业模式，为读者提供更加优质、便捷、多元化的阅读体验和服务。利用数字技术将传统出版物转化为数字化资源，包括文字、图片、音频和视频等，实现内容资源的数字化存储、管理和查询。这不仅可以提高内容资源的利用率和价值，还可以为出版物的策划和营销提供更加丰富和精准的素材。利用数字技术实现生产流程的数字化，包括数字化排版、设计、印刷和发行等环节，提高生产流程的效率和品质。这不仅可以提高出版物的生产效率和质量，还可以降低生产成本和资源浪费。利用数字技术实现出版业的多元化发展，包括跨平台融合、跨行业融合、跨地域融合等，拓展出版业的发展空间和商业模式。这不仅可以推动出版业的创新和发展，还可以满足读者的多元化需求和提高市场竞争力。

出版全流程数字化与融合发展对开放存取（Open Access）具有积极影响。开放存取是一种基于互联网的学术出版模式，旨在促进学术信息的自由传播和共享，提高学术研究的可见度和影响力。通过出版全流程数字化，可以更方便地创建和共享数字化资源，包括学术论文、数据集、图像等。这将促进开放存取的资源共享和信息交流，提高学术研究的协作和创新能力。出版融合发展将推动学术出版模式的多元化，包括开放存取期刊、开放存取仓储、开放存取平台等多种形式。这将为学术研究人员提供更多的选择和便利，促进学术信息的开放获取和广泛传播。在开放存取模式下，版权管理和知识产权保护成为一个重要问题。数字化和融合发展将促进版权管理的规范化和知识产权保护的加强，保障学术研究人员的权益和利益，促进学术研究的可持续发展。

建成全流程数字出版平台，实现出版全流程数字化。 中航出版传媒有限责任公司《航空科学技术》建成全流程数字出版平台，实现文章投审稿、生产出版和发布传播全流程的数字化，为融合出版奠定基础。全流程数字出版平台包括投审稿平台、数字化生产平台、开放存取平台三大部分。投审稿平台实现投稿、约稿、编审等投审稿环节的一体化，提高投审稿效率，使文章高效流转；数字化生产平台采用国际通用生产工具，符合国际主流期刊样式设计，支持精细化调版，系统直接输出 PDF、XML 等多格式文件，形成可扫码阅读的二维码。利用先进的生产理念，加速稿件生产进程；开放存取平台为终端用户提供期刊文献检索、浏览、订阅、下载、分享等服务，是精准、及时、专业、丰富的内容服务平台，可以优化航空知识服务生态环境。期刊投审稿平台、数字化生产平台和开放存取平台三者紧密衔接，形成采编发一体化的全流程期刊数字出版平台，满足稿件在整个出版周期内的全流程管理及可持续发布的要求。整合期刊出版的各个环节，使期刊编辑部、主编、编委、审稿专家、作者、读者等主体之间有效协作，推动传统编辑积极转变观念，逐步将融合出版的思维贯穿于数字出版服务的全过程，帮助编辑部完成发展转型。

拓宽出版实践场景，技术促进学术交流。"社会学研究杂志"微信公众号自 2014 年 12 月开通以来，在形式内容和体制机制上积极创新探索，成为传播优秀学术产品的重要平台、发挥中国特色社会学学术话语影响力的重要窗口。截至 2022 年 11 月 28 日，公众号订户数已达 147 114，一些文章的点击量在万次以上，在社会学专业期刊乃至整个中国哲学社会科学期刊新媒体平台中名列前茅。"社会学研究杂志"微信公众号在创办之初就实现了纸质刊物出版前当期目录早知道、重点文章及时推介、重大活动第一时间通报等功能。自 2016 年以来，编辑部专设"首席媒体官"及助理负责微信平台工作，推送内容定期更新，选准发布时机，保持节奏；编辑部主任审阅每一篇发出的微信。除了转载纸质版已刊发的论文以外，公众号还推出了包括《社会学研究》30 周年纪念专题、《社研》札记、最新学术资讯等一系列栏目，提供了适合数字化传播自身特点的纸质版之外的原创内容。此外，微信平台还不定时对《社会学年鉴》的"学科综述"等纸质版发表内容进行回顾，通过新媒体的数字化传播优势为优秀的学术作品拓展受众，在学术界和社会各界都产生了很好的影响力。

自 2021 年以来，"社会学研究杂志"微信公众号改版，新增了"作者手记"栏目，为作者提供与读者分享其文章的调查、写作、修改过程的空间。该栏目推出后引起学界的强烈反响，实质性地促进了学术交流，广受读者欢迎。此外，改版后公众号的全文推送还增加了作者配图，在刊发前由作者自主选择文章插图、提供图说、确认插入位置，以使公众号版全文比纸版和电子版全文提供更丰富直观的研究信息、数据图表、田野照片等，提供了一种实质上的增强出版形式，获得作者和读者的一致好评，大大增加了公众号版全文的可读性。

在不断推进期刊数字化的基础上，《社会学研究》积极融合新媒体技术，于2020年创办了"JCS'中国经验与国际学术发表'学术论坛系列"和"《社研》大家谈系列·全球视野下的中国特色社会学建设"两大线上学术论坛系列，迄今已举办了三场在线讲座。主讲人在腾讯会议进行直播演讲，与线上观众进行问答互动，并通过学术志、哔哩哔哩网站、小鹅通等平台进行实时推流。讲座以高质量的内容和对观众问题的高效回应获得了一致好评。讲座的文字综述、录像视频在之后以微信公众号推文的形式发布，以供读者随时查阅、回放。这三次在线讲座是《社会学研究》微信公众号融合流媒体技术的首创之举，在疫情期间以创新的形式增强了学术期刊的公众交流与公益服务功能。

构建信息化出版管控系统，形成更大覆盖规模。《读者》杂志利用数字化、信息化技术手段，升级内容资源和信息化管控系统，在制定加工标准和分类体系表的基础上，完成《读者》自创刊以来历年内容资源的数字化加工整理，并对这些资源进行分类标引，未来增量资源将通过本项目的内容采编制作系统生产和人工标引，所有资源通过资源管理系统进行管理。围绕《读者》杂志的核心内容资源和读者群，构建起"宏内容+微内容"的内容体系，在媒介场与社会场两个领域，通过出版机构专业化生产的"宏内容"和来自社会化媒体平台的"微内容"，建立移动互联时代的数据资产。在资源管理系统中的资源通过资源发布和运营系统对外提供阅读、消费服务，实现智能推送服务，打造"移动化、碎片化、个性化"的运营管理平台，构建基于大数据和用户行为分析的"终端+平台+内容+社交"的矩阵式场景应用，涵盖网站、垂直社交阅读类App、系列微信公众号等的服务形态。读者App的建设，实现了《读者》优秀的品牌价值、丰富的内容资源与信息科技的有效融合，加速《读者》的科技创新和转型升级。该平台运营模式的建成，其传播广、融合性强的特点可以深刻影响行动群体，覆盖行动路径，在消费者行动过程中进行广告和信息推送，从而形成更广的覆盖规模与宣传效应。

（三）融合出版向知识服务转型

从出版产业链下游的内容传播与服务环节来看，融合出版已向知识服务转型，注重为用户提供更加智能化、全面化的知识服务，提高了知识传播的便捷性、时效性和多样性。

1. 以用户为中心，满足用户个性化知识需求

随着数字终端、移动互联网等技术的发展，全媒体内容传播体系日趋完善，内容传播不再受制于时间和空间限制的同时，用户可以更加方便地获取和阅读各种类型的内容，使其获取内容的便利性和个性化需求得到充分满足。全媒体内容传播体系可以通过大数据、人工智能等技术，对用户的阅读行为和需求进行分析，实现个性化推荐和定制服务，更好地满足用户的个性化需求。

在融合出版环境下，出版单位应坚持以用户为中心，贴合目标受众年龄，在挖掘内容深度的同时赋予产品技术手段，转变经营理念，深耕专业领域特色，以用户需求为导向，不断满足其精神文化需求。随着融合出版日渐深化，各种具有形象性、娱乐性和趣味性的数字化产品在出版市场占据越来越大的比重，这些转变都是以用户为导向、满足用户需求带来的必然结果。

例如，"知了"阅读馆以解决青少年"读什么""怎么读""读的效果如何"为目标，为青少年提供一站式融媒体阅读解决方案。产品通过 App 和微信端的智能服务，满足青少年个性化的线上数字阅读需求，让阅读融入青少年儿童学习生活的不同场景，培养青少年的阅读兴趣，提升阅读素养和阅读综合能力。以精品内容、权威内容为核心，从国内中小学生阅读能力和阅读兴趣出发，聚合优质中外文分级阅读资源，按不同主题、兴趣、专题、适度水平等进行多维度分类、梳理，通过电子书、有声书、AI 阅读课程等多种方式呈现，让学生找到真正适合自己阅读、有兴趣阅读的内容。

再如，外语教学与研究出版社深度融合外语教育资源与现代信息技术手段推出"U校园智慧教学云平台"解决了学生和老师在英语上学习和教学的问题。在学习方面，"U校园智慧教学云平台"推动了"通用英语+拓展英语""必修英语+选修课程""课内学习+课外学习"教学内容改革，满足了学生个性化的学习要求，有助于学生多元发展。在教学方面，"U校园智慧教学云平台"可通过配套教学资源实现翻转课堂，帮助老师有针对性地提升学生积极性，调动课堂气氛，切实提高教学质量和教学成果。

以用户为中心，开发多元数字化产品是一种以用户需求为导向的产品开发策略，旨在为用户提供个性化、多样化的数字化产品和服务。语文出版社基于《普通话1000句》为核心内容，涵盖图书、网页、App、游戏等载体形式，囊括图文、音频、视频等资源类型，包含学习、跟读、评分、评测等服务功能的产品集群。《普通话1000句》产品集群综合传统出版与新兴出版的优势，通过融合发展的方式，将优质内容与多元载体、多样资源、多维服务打包送到读者手中，为贫困地区青壮年劳动力激发学习动力、提高学习兴趣、加快学习速度，为加强自身"造血"能力打好语言基础发挥了坚实的保障作用。

总之，以用户为中心，开发多元数字化产品是一种非常有效的产品开发策略，可以帮助产品满足用户的需求和期望，提高产品的竞争力和市场占有率。

2. 利用专业优势，服务垂直领域受众

专业出版社的融合出版对于学科建设和实践应用具有重要意义。在内容方面，专业出版社在某一垂直领域拥有优质的专业图书资源和强大的作者资源，内容专业且细分程度较高。因此在融合出版转型过程中，专业出版社可以充分发挥自身优势，着眼于为行业及特定的读者服务，建设专业服务的平台，整合专业出版资源，打造适合自身特点的知识服务产品，并通过全媒体平台分发给特定受众。在受众方面，专业出版社往往积累了大量特定的读者资源，读者黏性较大、忠诚度较高。基于此，专业出版社可以利用融合出版将专业资源全方位、立体化地呈现出来，运用互联网手段

和数字技术开展形式多样的知识服务，如数据库建设、知识服务 App 和智库等。

例如，"化工安全教育公共服务平台"是由中国石油和化学工业联合指导、化学工业出版社承担建设，中国化学品安全协会协助建设的安全教育网络培训平台。平台以分校模式为企业搭建线上学习网络空间，可实现培训内容"一企一策"，培训周期"每天一学、每周一课、每月一考"，平台支持电脑、手机、平板多终端，可以实现随时随地学习，不受时间和地域的限制。

再如，"海关学库"是中国海关出版社有限公司依托本社资源自建的面向职业教育的知识服务平台。该平台结合自身资源优势定位为海关及外贸知识服务提供商，推出了针对职业教育教学领域的交互课程——通关大神修炼记。平台应用了云平台开发技术，支持多设备无缝切换，学习数据实时同步。学生们可以在多终端登录账号在线操作，实现碎片化学习。[1]

此外，"数字水利"知识服务平台以服务水利行业为出发点，紧密围绕当前水利中心工作，提升涉水专业性知识资源的被发现度和知识服务水平，为水利科研、管理、教学提供智力支持，为水知识水文化普及宣传提供新的、更加高效的方式。该平台采用"水知识助手"作为提供大数据应用和知识服务的总入口，覆盖多终端统一管理与运营，并采用 H5 等技术开发，满足不同终端设备上自适应的同步展示适配。

技术变迁引领变革，各种新技术的出现为专业出版社带来了机遇和挑战。在知识唾手可得的时代，专业出版社的权威性仍不可替代。专业出版社应跟上时代，拥抱融合出版，为受众提供更加优质的知识服务产品。

3. 打造新媒体矩阵，培养私域流量

在信息爆炸和信息冗余的当下，受众每时每刻都在接收海量的信息。如何在繁杂的信息和产品中脱颖而出，是出版机构应该思考的问题。如果不能及时抓取受众的注意力，为其提供所需的知识服务产品，那就会被受

---

[1] 黎衍芳.专业出版社面向职业教育知识服务平台建设探索：以中国海关出版社有限公司"海关学库"为例[J].中国传媒科技,2019(5):97-99,112.

众彻底遗忘。所以,当下做好营销工作也是出版机构在融合出版领域中需要思考的一大问题。

如今,全媒体内容传播体系已经日趋完善,出版机构可以在技术变革浪潮中实现营销推广一体化传播,借助新兴的媒体平台、私域流量等多方渠道进行有针对性的营销,强化价值认知和品牌认同。

例如,三联"中读"是《三联生活周刊》旗下的一款大众知识服务客户端产品,该知识服务产品聚焦于社科人文领域的知识服务及内容发布平台,目前已积累用户总数500万。在营销方面,三联"中读"一方面构建"两微一端一抖"核心传播媒体矩阵,直接入驻或与其他新媒体合作;另一方面借道三联书店的营销传播渠道,同时在全国招募有一定流量基础的中小微信公众号经营者组成自媒体联盟,建立线上全国知识推广员体系。三联"中读"通过媒体平台建设和合作,适时发布信息,制造话题"视点",让信息在圈内圈外"遇见"读者,以吸引读者注意力,密切与读者的感情联系。❶

再如,陕西女友传媒发展有限公司打造优质女性内容为核心的融媒体生态圈,围绕女性关心的话题和热衷参加的活动,推出大专题和系列活动;全方位服务用户,用视频赋能"女友"品牌,推出文化专题片、微视频、直播访谈等。旗下拥有14个融媒体平台,各平台交互发力,多层次广覆盖,2022年新媒体用户达到500万。2021—2022年,各平台总阅读量超过10亿,抖音、快手等短视频平台上《女友》杂志预售相关阅读数据超过1000万。近年来,公司不断拓展新渠道,激活明星粉丝经济,实现全方位网络销售。

此外,清华大学出版社有限公司自主进行科技期刊国际化数字出版平台SciOpen的建设,实现了基于云端的可定制的科技期刊全流程数字化生产、发布与传播。期刊中心采取传播渠道多样化、传播形态多元化、传播受众精准化的策略,构建全媒体联动传播体系,截至目前已有20个微信公众号,总粉丝量达到16.7万。

---

❶ 王军.AISAS模式下大众出版知识服务产品营销策略探析:以三联"中读"为例[J].科技与出版,2021(5):120-124.

总之，想要在全媒体时代引起用户的关注，就必须重视营销环节。出版机构应搭建线上线下信息传播平台和多元传播渠道，构筑全媒体矩阵，提供用户所需信息并精准匹配，这样才能有效吸引读者，实现优质传播。

4. 提供差异化服务，逐步打造知识服务品牌

如果说营销工作是为了吸引用户的注意力，那么做好品牌建设就是留住用户的一大法宝。在融合出版向知识服务转型的当下，高质量发展是产品制胜的关键。因此，知识服务品牌建设变得尤为重要。知识服务品牌是产品核心竞争力的综合体现，需要优化内容、技术、营销等多方面要素，从而提升品牌价值，为用户带来超出预期的品牌体验。

出版机构若想做好知识服务品牌建设，需要在差异化内容和服务上下功夫。只有差异化的产品才能在市场上站稳脚跟，提升其自身的竞争力。出版机构可以在小众领域和新兴领域上入手，利用长尾理论，注重内容定位，布局蓝海市场。

例如，中国中医药出版社立足中医药内容产业，关注健康与文化传播。"悦读中医"知识服务平台是中国中医药出版社有限公司推动出版深度融合发展的重要成果之一，是围绕"悦读中医"这一品牌进行拓展、建设的一体化知识服务平台。"悦读中医"知识服务平台依托全国悦读中医活动，以"悦读中医"新媒体矩阵和"悦医家"移动书馆为主要内容，包含多种数字出版载体和形式，并贯通传统出版与数字出版，实现线上线下互动，向院校、行政机构、社会团体、社区及个人用户提供知识服务。

再如，人民卫生出版社作为国内领先的医药卫生出版传媒集团，不断适应世界医学和现代科技发展趋势、运用高新技术手段，推动传统出版和数字出版融合发展。在医学教育领域，人民卫生出版社推出了人卫融合教材，建设了全国首个医学教育慕课平台；在医学考试领域，建设了近百试题的中国医学教育题库，搭建人卫医学考试辅导平台；在医学学术领域，创新孵化了"人卫助手"系列知识平台；在健康科普领域，研发了人卫健康知识库。目前，人卫融合图书累计发行近1亿册，中国医学教育题库使

用院校达 500 所、人卫智网用户 880 万。人卫助手 C 端用户累计 30 万，人卫 inside 知识库部署 600 多家医院。"人卫健康"关注用户 185 余万，人卫强国号订阅用户 4350 余万。人民卫生出版社凭借着雄厚的专业内容资源和先进的技术支撑，打响了"人卫"这一品牌。

在融合出版时代，知识服务产品正如雨后春笋般涌现出来，也因此品牌建设的重要性日益凸显。只有做好品牌建设，增强品牌影响力，完善品牌体验，出版机构才能在融合出版的浪潮中站稳脚跟。

5. 跨界合作，实现场景化内容传达

在万物互联的时代，任何终端和场景都可以和用户相连，人与物、人与环境的连接重构了市场，也使知识的传播形态和手段变得更加多元。❶ 在这种背景下，出版机构可以基于场景为用户提供个性化的场景服务，以此形成可持续性的专业服务。此外，出版机构深耕内容资源，在技术和平台上可能有所欠缺。为实现场景化服务，出版机构可以借助科技外力实现多方资源优势互补。通过跨界合作，与平台达成战略合作，为用户提供更为丰富多元的优质内容。

阿里公益、高德地图与《中国国家地理》杂志社旗下《博物》杂志联合推出"聆听大自然"系列科普语音讲解，所有讲解语音可在高德地图上永久免费收听。用户在高德地图上搜索"博物杂志""野生小伙伴"便可免费收听全国 2 个植物园、10 个动物园的科普讲解。此次跨界合作使用户可以在游览博物馆的同时获得更加全面、深刻的知识，让用户边玩边学，达到更好的学习效果。

"小荷听书"是山东教育出版打造的有声读物出版阅读平台，现已实现 App、微信公众号、PC 端全终端发布。2023 年，"小荷听书"已实现与招商银行 App 的嵌入链接，招商银行的 App 全国累计用户量超过 1.5 亿，有较好的用户接受度。针对"小荷听书"产品，招商银行将利用其完善的线上票券体系，为用户提供多样化的优惠选择，开展阅读积分活动，通过平台用户引流和线下活动引流，在短期内提升"小荷听书"的关注度和知

---

❶ 聂静. 人工智能时代知识服务品牌建设研究[J]. 出版广角, 2022(23):46-50.

名度。这种跨行业的合作使融合出版具有广阔的发展空间。

《辞海》网络版是上海辞书出版社推出的在线知识服务平台。早在20世纪90年代，上海辞书出版社就开启了大型工具书数字化之路，先后开发了《儿童辞海》光盘版、《辞海》综合查询系统、辞海悦读器、《辞海》数据库等多项产品。《辞书》网络版是上海辞书出版社在融合出版上的代表性产品，它包括网页版、App版和微信版，是一个综合性、通用性知识平台。其中，网络版与学习强国、中国搜索等展开合作，以多路径、多场景方式进入互联网主阵地，进一步扩大《辞海》的传播力、影响力和辐射面。

此外，江苏凤凰出版传媒股份有限公司（简称"凤凰传媒"）与喜马拉雅达成战略合作，双方将结合各自的优势，彼此赋能，共建出版融合矩阵，探索以声音经济为核心的数字融合出版新模式，同时为用户带来丰富多元的优质内容。❶ "凤凰书苑"喜马拉雅账号汇集凤凰传媒线下多家出版社的有效版权资源，陆续推出大批高质量有声书传记和有声剧，满足了人们在不同场景下的阅读需求，是出版业运用场景化思维开展知识服务的典型表现。❷

6. 及时处理用户反馈，提高服务质量

出版单位不仅要做好开发产品，而且还要有服务意识，通过多种渠道与读者进行互动和反馈，了解读者的需求和反馈，及时处理用户反馈，从而不断改进出版物的品质和服务水平，以更好改进产品不足之处。构建用户信息反馈机制，一是要利用大数据收集用户信息并对其进行分类整理，二是要建立健全用户反馈平台，从而形成传播闭环，利用反馈信息来为知识服务平台和出版机构提供前进动力并指明进步方向。❸

例如，"海关学库"充分利用了大数据技术，为各类资源建立关联、

---

❶ 沈挺.媒体融合时代出版品牌建设探析[J].出版广角,2022(18):73-76.

❷ 叶翠,刘思雅,陈靓妍.人工智能驱动下出版业场景化知识服务路径探析[J].传媒论坛,2023(17):104-107.

❸ 王哲.知识服务平台在出版领域的路径探析[J].新阅读,2023(9):43-45.

为各类用户数据进行统计分析。在用户数据分析方面,平台开发了强大的统计平台,可从学生角度、习题角度分别统计用户使用数据,并进行可视化展示,方便教师随时查看学生的学习情况和习题的正误统计,及时调整教学重点。

再如,"车学堂"是由人民交通出版社股份有限公司的子公司北京行翼科技有限公司建设,为驾驶员和驾驶培训机构搭建的网络远程教育服务平台。它根据不同地区的管理需求、课程内容、课程时长等因素做到了快速定制开发,及时满足用户不同需求,为用户提供高质量服务。此外"车学堂"还创建了服务公众号,建立了30余个微信服务群,可提供7×12小时人工设施服务和7×12小时智能机器人服务。"车学堂"用户使用指南、堂堂小助手、智能机器人客服等保障了用户在遇到问题时能第一时间得到专业帮助。❶

"中科院西北生态环境资源文献情报中心"精准定位受众群体,借助于大数据分析,实现微信公众号的个性化服务。通过分析单个用户特有的阅读偏好和习惯,为受众进行人物画像后进行内容推送,实现目标人群精准定位,提供个性化服务,拓宽传播群体的覆盖面。事实证明,只有搜集用户信息,对用户进行精准画像、对用户体验进行实时反馈和评估,才能有的放矢,有针对性地对知识服务产品进行完善,从而对市场进行精准营销,提升知识服务的效果。

知识服务是融合出版发展的方向,出版机构应该打破故步自封的状态,及时拥抱变化和机遇。只有创新发展理念,重构出版价值体系和运行机制,出版机构才能在未来谋求长足的发展。虽然目前我国融合出版发展仍存在不足,如复合型人才缺乏、技术基础薄弱、知识服务品牌缺乏等问题,但综合来看,当下我国融合出版总体势头良好,存在巨大潜力和发展空间。

---

❶ 邓晓磊.教育出版融合发展路径探讨:以人民交通出版社"车学堂"平台为例[J].出版参考,2023(4):46-49.

五、我国融合出版发展存在的不足

（一）产业链上游：内容优势不够突出，复合型出版人才缺乏

作为出版产业链的上游，内容策划与编辑环节是出版业的优势所在，但在融合出版进程中，现内容策划与编辑环节所拥有的内容优势不够突出、所需要的复合型出版人才较为缺乏。

第一，内容优势不够突出。在推进融合出版的内容、人才、技术、资金等多种要素中，出版业拥有的最大优势无疑是内容，出版业在数字内容精品的打造上大有可为，也应大有作为。但对于大多数出版企业来说，这种内容优势在融合出版进程中并不突出。当下出版企业内容资源普遍存在三点不足：一是内容丰富度较差，产品缺乏深度和广度；二是特色资源挖掘不够，专业化、垂直化、体系化内容少，内容密度不足；三是产品的质量良莠不齐，呈现场景单一，内容供给难以满足读者多样化、个性化的需求。总的来说，当前融合出版产品普遍存在着产品多、精品少的问题。

第二，复合型出版人才缺乏。人才是出版企业的第一资源，出版企业发挥主观能动性，说到底是出版企业中的人才发挥作用。从总体上来看，融合出版的步伐飞快，对创新型、应用型、复合型出版人才有着强烈的需要，这与传统出版人才能力结构过于单一的现状产生了冲突。虽然在很长一段时间里，出版企业都很注重对出版人才的培训，并且已经建立起一套相对完善的文字编辑培养体系，但在这个信息高速流动、产业边界持续重组的融合发展时代，这样的人才培训模式还不足以应付跨界的竞争，仅仅依靠对文字编辑的培养已经不能满足数字时代出版行业发展的需要。此外，由于出版社在人才引进、人才培养、人才激励等方面缺乏灵活性，致使"引进来"的人才"留不下""用不好"。

（二）产业链中游：技术基础相对薄弱，体制机制相对落后

作为出版产业链的中游，内容生产与制造环节是融合出版进程中的薄弱环节，主要表现为技术基础相对薄弱和体制机制相对落后两方面。

第一，技术基础相对薄弱。融合出版是数字技术赋能传统出版全产业链条，补足补强出版业数字化薄弱环节的过程。当下，信息技术日新月异、层出不穷，带来了一系列颠覆性变化，但是像出版企业这样的创新主体，对技术与内容融合创新及研发等环节的认识还不够充分，对前沿技术的探索应用能力还不够强，对成熟技术的应用推广力度也不够大，没有构建起科技创新应用体系。另外，由于我国科技创新投入不足，经费投入与产出比不平衡，也使得出版产业融合发展的技术基础较为薄弱，这是当前我国出版产业融合发展的一大难题。

第二，体制机制相对落后。在当前的出版融合浪潮的进程中，传统出版单位的体制机制相对落后不仅抑制了融合出版的生机与活力，也制约了出版产业的发展。传统出版单位在体制机制上存在的问题主要表现为三个方面：一是企业发展战略不够清晰，没有将融合发展提升到企业发展的战略高度，导致业务布局不准，执行缺少持续性。二是以专业分工为基础的职能型组织结构弊端日益突出，已变成融合发展的阻碍。在早期的融合发展实践中，各出版社相继在职能结构中增设堪称全功能型部门的数字出版部，造成整个出版社的融合发展都依赖于数字出版部，其他部门置身事外的局面，这与融合发展中所强调的"全员媒体"趋势不相适应。三是没有建立有效的反馈机制和评价体系。对融合出版过程中存在的问题，没有建立有效反馈机制，也没有建立客观的评估方法和标准，尚未探索出一套科学有效的考核评价体系对融合出版的过程及效果进行定期评估。

（三）产业链下游：用户服务有待优化，产品尚未形成品牌

作为出版产业链的下游，内容传播与服务环节是出版产品或服务触达

用户，完成市场商品化，获得市场收益的过程，但在融合出版进程中，内容传播与服务环节现有产品的用户服务有待优化，大部分产品尚未形成品牌。

第一，用户服务有待优化。全媒体时代，用户的需求已经变得非常多样。互联网的普及使人们对信息获取和内容的需求更加迫切，为出版业服务用户提出了更高的要求。如何满足用户多样化、个性化的需求，是出版业推进融合出版必须重视和解决的问题。虽然近年来出版企业等创新主体掀起知识服务的新浪潮，但整体仍然处于一个低水平阶段。其中，最显著的问题就是重市场效益、轻实际需求。当前出版业以利润为主要衡量指标，因此在开发新产品、扩大市场等方面投入更多资源，但对于用户实际的知识需求、服务质量和体验等方面关注较少。此外，出版业的服务还存在内容不够多样化、交互性不足、人性化程度较低、精准性较差等问题，难以满足用户的多样化需求。

第二，产品尚未形成品牌。我国出版业的发展目前仍然停留在以产品竞争为主的阶段，还没实现从单一的产品竞争向品牌竞争的转变。尽管随着数字阅读应用的普及和互联网技术的不断推进，出版业已经逐渐进入一个新时代，但品牌建设尚处于自发状态，没有被大多数出版企业所重视。出版品牌不是喊出来的，而是投入、建设出来的。在出版企业整体的层面上，目前大多出版企业缺乏出版品牌建设的战略规划，对出版品牌建设方面的投入和重视程度较低。此外，出版企业缺乏对产品进行立体开发，导致产品的核心价值和独特性无法充分体现，这也使得消费者很难从众多的产品中选择并记住出版企业的品牌。

第三章 国外融合出版发展概况

一、国外融合出版发展历程

国外融合出版发展始于出版传媒集团的出现。总体上来说，国外出版融合进程与传媒领域的媒体融合趋势基本同步，有着相似的发展逻辑、发展轨迹和发展规律。通过梳理国外出版传媒产业发展历史，本书认为，国外融合出版发展历史共经历了资本经营联合兼并时期（19世纪末—20世纪50年代）、大规模集团化发展时期（20世纪60年代—90年代）和数字转型融合发展时期（20世纪90年代末—21世纪初）三个历史时期。

（一）19世纪末—20世纪50年代：资本经营联合兼并时期

在出版业建设初期，欧美出版企业大多是以闭门造车的形式进行自身建设和资源积累。但随着时代发展，出版业的原始自我积累模式已经无法满足对业务扩展的需求，且在西方各出版企业都是独立的法人，产权流动较为自由[1]，出版企业纷纷通过资本联结，优化产业结构，实现规模经营和创造规模效益，并最终整合成为大型出版传媒集团。资本联合兼并为图

---

[1] 季峰.从国际经验看我国出版业资本运营的模式选择及认识误区[J].出版发行研究,2008(12):10-14.

书出版企业开展新产业的生产和运营提供了无限可能,19世纪末,欧美出版业进入联合兼并时期,资本并购经营发展是该时期融合发展的主要特征。出版业的并购已经完全改变了图书出版业的结构和价值观❶,在英国,图书业进行了许多收购,几乎完全重组。❷

企业并购(mergers and acquisitions,M & A)最早起源于西方国家,指随着经济发展,企业之间实行的基于产权交易的兼并和收购行为,是企业资本化运营的一种常见形式。企业并购可分为横向并购、纵向并购和多元并购三种类型。横向并购即出版业为了扩大市场份额,提高产业集中度,提升行业竞争优势,并购与自身业务相类似的企业。例如,2013年兰登书屋与企鹅出版社进行合并后,企鹅兰登成为全球最大的图书出版公司。纵向并购即出版业为了减少生产和经营成本,优化出版产业链,实现产供销一体化,而选择在产业价值链间有密切联系的企业进行并购。例如,2017年企鹅兰登收购美国图书周边文创品牌 Out of Print,来扩展图书衍生品业务,又于2018年收购德国本土音频出版品牌 DeraudioVerlag,进军有声书市场。❸ 多元并购又可分为相关多元并购和混合多元并购,即出版业为了实现跨行业间的资源共享,扩展经营范围,降低进入新领域的风险,而选择与其他产业领域,但在某方面与自身产业链有一定协同效应或者与其自身完全没有相关性的企业进行并购。❹ 例如,培生集团通过并购实现从建筑商到出版商的转型。多元并购可以帮助企业实现资源互补,赢得更广泛的市场和利润,但涉及跨领域,有着比较大的整合难度,给并购企业间的发展带来了不确定性。

比起原始的内部资源积累方式,并购可以帮助出版企业高效、快速地获取和利用更多资源,不仅有被并购方的材料和设备等有形资产,还包括

---

❶ BANOU C,PHILLIPS A. TheGreekPublishingIndustryandProfessionalDevelopment[J]. Publishingresearchquarterly,2008(24):98-110.

❷ ALVAREZ J L,MAZZA C,MUR J. ThemanagementpublishingindustryinEurope[J]. OccasionalPaper,1999(99).

❸ 王军,翟旭瑾.五大国际大众出版商的经营概况与发展策略分析[J].出版发行研究,2020(1):93-98.

❹ 周斌.出版企业跨国并购模式及风险控制浅析:以凤凰传媒并购美国 PIL 项目为例[J].中国出版,2015(14):3-8.

品牌、专利、人力资源、客户资源和运营经验等无形资源。同时通过并购，出版企业可以实现企业业务结构的优化升级，不断扩大市场份额，并获得更多进军新行业的机会，实现资本增值。

企业并购作为市场经济的产物，在西方工业的早期阶段就已经出现。自19世纪末至今，美国已经引领了六次并购浪潮。前两次并购浪潮多为企业间的横向并购，而之后随着全球经济的发展，多元并购在市场上占据了很大的规模，跨国并购开始出现，企业的经营模式朝着多元化不断发展。❶总体上来看，并购浪潮多发生在美国经济快速增长，且股市欣欣向荣的时期。发生在出版业内的并购行为实际上是"资本市场战略投资者的资本运作行为"。19世纪末开始，出版业开始尝试用并购的方式来扩大自己的商业版图，到了20世纪中叶，欧美发达国家的图书出版企业对市场化的探索已取得了一定的实践经验。到了20世纪50年代，业外资本开始大规模进军图书出版行业，图书出版业的结构发生巨大改变；20世纪90年代，有线网络等企业的产业建设与数字传播技术的发展，使得"内容产业"开始崛起，信息传播商开始尝试内容生产等上游产业链发展；此后全球化兴起，各产业向着全球市场迈进，出版传媒业的并购活动更为兴盛，出版产业规模快速扩大，出版大集团涌现。❷

欧美出版业的并购行为在20世纪中下叶达到顶峰，并购的优势对于出版企业来说有着莫大的吸引力。但是，作为一种投资行为，并购决策仍有着巨大的风险。据学者研究统计，并购最终获得成功的企业在全部实施并购决定的企业中不超过半数。❸还有学者推测，1909年以来签订的净书价协议（NetBook Agreement，NBA）于1995年暂停，其原因是20世纪图书市场大规模的收购和兼并所带来的高成本导致了图书消费市场的低迷和出版业的盈利压力。许多出版企业无利可图，才选择放弃NBA。

美国福特汉姆大学商学研究院教授阿尔伯特·格莱科（Albert Greco）认为，并购活动对于出版业既有积极意义也有负面影响。积极意义表现在

---

❶ 肖新兵.出版企业并购分析[D].武汉:武汉理工大学,2004.

❷ 梁小建,于春生.国外传媒集团的并购经营及对我国出版业的启示[J].中国出版,2011(2):13-16.

❸ 莫林虎,何骏.从业外企业并购案例看中国出版企业并购策略[J].中国出版,2010(1):42-44.

对出版业发展的促进、市场主体的优化、市场规模的扩大等；负面影响则体现为资本市场的风险及跨国并购所带来的经济安全和文化安全问题等方面。许多学者认为并购对欧美出版业带来的影响总体而言优大于劣。总体来说，19世纪末开始欧美出版业的并购活动是当时社会发展下的必然产物，是出版企业走出故步自封的发展历程，从安逸的小圈子迈向广阔市场的踊跃尝试。并购切实提升了欧美出版企业在市场上的地位，为他们下一阶段发展成大集团甚至跨国大集团打下了坚实的基础。

培生集团是一个运用并购促进转型的成功案例。培生集团（Pearson）总部设立在英国伦敦，是国际著名的出版与传媒集团。旗下朗文品牌（Longman）历史悠久，1724年，托马斯·朗文（Thomastongman）于伦敦成立朗文出版社。1968年，朗文出版社加入培生集团，成为培生教育出版业务的明星品牌。朗文出版了世界首部英语辞典，在辞典、英语读物、英语测评等诸多领域均占据一定的全球市场份额。在中国，朗文在20世纪80年代引进了《新概念英语》《跟我学》等经典教材，深刻影响了我国的英语教育领域。2022年，培生营收38.41亿英镑，首席执行官安迪·伯德（Andy Bird）在财报中表示"我们的财务表现连续两年超出预期"。

实际上，培生集团最初是由威特曼·培生（Weetman Pearson）于1844年创立的一家小型建筑公司发展起来的。在由建筑商向出版商的转型中，并购起到了强大的推动作用。20世纪60年代培生集团并购朗文出版社就是培生开始向出版行业进军的重要标志。20世纪70年代，培生集团并购企鹅出版社，通过这一举措，培生不仅获得了企鹅出版社全部的出版资源，更是扩展了其不断布局出版行业的平台。朗文出版公司与企鹅出版社齐头并行，培生在出版行业的发展如虎添翼。20世纪末，培生并购数学和科学出版商爱迪生·韦斯利（Addison Wesley），不断延伸企业的教育出版产品线。❶

培生集团旗下曾有全球领先的教育集团培生教育（Pearson Education）、企鹅出版集团（Penquin Group）和著名金融时报集团（FT Group），业务版块分别为教育出版、图书出版和提供金融信息。但在新时代环境下，培生集团对自身结构进行了大刀阔斧的战略重组。这家全球教育巨头

---

❶ 谢清风.培生集团的并购发展战略分析[J].现代出版,2011(6):72-75.

也早已摘掉传统出版商的头衔。截至 2019 年年底，培生先后出售《金融时报》《经济学人》、环球雅思及企鹅兰登书屋等多项新闻出版业务。并着眼于考试培训、职业技能培训等业务的扩展，先后收购了澳大利亚劳动力 AI 预测分析平台 Faethm 和美国数字证书平台 Credly。❶ 目前，培生集团的主要业务有考试和资格认证、虚拟学习、高等教育、英语学习和职业技能五项。

（二）20 世纪 60 年代—90 年代：大规模集团化发展时期

20 世纪 60—90 年代，伴随着欧美主要国家由垄断资本主义向金融资本主义过渡，战后欧美国家进入"世界经济的黄金时代"，世界出版传媒业也步入了黄金时期。❷

1960 年代，录像带的问世带来了家庭电影的新时代。电视机普及，人们可以在家里观看电影和电视节目。这促使电影、电视和电视出版商开始合作，将电视节目和电影改编成图书，实现了跨媒体内容的融合。1970 年—1980 年，音乐产业也迎来了关键的变革。发明了音乐录像带和音乐 CD，使得音乐可以在不同媒体平台上使用。音乐视频成为流行文化的重要组成部分，并与音乐录音相结合，形成了媒体的融合。在这期间，电视新闻节目开始兴起。电视台拥有自己的新闻记者和制片人，他们创造了自己的新闻内容，而不仅仅是转播其他媒体的新闻。这种新闻节目的崛起推动了电视和印刷媒体的融合发展。1980—1990 年，计算机和互联网技术的快速发展引发了数字媒体的兴起。印刷媒体开始面临挑战，而数字出版和在线媒体成为新的发展方向。出版商开始将内容转化为数字格式，并通过互联网进行传播和销售。

全球经济复苏、科技发展迅速的时代背景之下，欧美国家的出版传媒

---

❶ 陈琼烨. 战略重组两年后，培生教育集团营收、利润双增[EB/OL]. (2023-3-16)[2023-10-29]. https://www.jiemian.com/article/9080583.html.

❷ 欧美出版传媒集团研究课题组, 魏玉山, 姜晓娟. 欧美重点出版传媒集团发展研究[J]. 出版发行研究, 2014(9): 10-15.

产业快速扩张，到了20世纪四五十年代，出版传媒集团进入了快速发展阶段，特别是20世纪90年代以来，出版传媒集团的发展呈现出前所未有的兴旺态势，超级出版集团也开始陆续出现，出现诸如以兰登书屋、阿歇特、哈珀—柯林斯、企鹅等为代表的大众类出版集团，以及培生、圣智、麦格劳—希尔、励德—爱思唯尔、施普林格等欧美主要的教育、科技类出版集团。

大规模集团化发展成为20世纪60年代—90年代出版融合的主流趋势。这一时期融合发展主要特征为多元化经营发展，如美国纽约时报集团在1980—1990年，涉足报纸、杂志、广播、电视等多个领域，成为多平台、多产业布局的超级大型出版传媒集团。出版企业开始意识到以集团为单位进行整合和组织的重要性，并通过并购、合资和跨界整合等方式扩大规模，提高效率，增强竞争力。在全球经济的发展和国际市场竞争加剧的背景下，国外出版企业集团化发展取得了长足的进展，并为行业带来了巨大的变革。

首先，集团化经营成为出版企业的重要策略。20世纪60年代，出版业面临的竞争压力不断增加，出版企业意识到以单一企业形态难以应对市场挑战，因此开始寻求整合资源、提高经营效率的方式。通过集团化，企业可以整合原有的出版、发行、销售等环节，形成统一的经营体系，提高运营效率，降低成本。同时，集团化还有助于企业在多个市场领域展开业务，提供更多样化的内容和服务，满足不同读者的需求。这种集团化经营策略在随后的几十年中逐渐普及，并成为行业的主导模式。

其次，媒体跨界整合成为集团化发展的重要趋势。在集团化的过程中，出版企业开始与其他媒体领域的企业展开合作，形成跨媒体、跨平台的合作模式。比如贝塔斯曼，除在图书俱乐部领域发力外，还涉足图书出版、杂志出版，以及电影、电视、电台等业务。媒体跨界整合的主要动力之一是媒体技术的迅速发展，电视、电影、音乐、互联网等媒体形式的融合为跨媒体整合提供了机会。媒体企业之间的合作可以在内容生产、发行渠道、品牌推广等方面实现互补，提高市场竞争力。同时，这种跨界整合也有助于提供更多元化的内容和服务，满足读者日益增长的多样化需求。

此外，并购和合资也是出版企业集团化发展的重要途径。在这一时期，许多大型出版集团通过收购其他出版企业、合并等方式扩大规模，实现多元化经营。比如，1968年培生收购教育出版商朗文出版社（Longman），与《金融时报》和威斯敏斯特报社一起组成培生的出版业务板块；1970年，购买平装书出版商企鹅出版社；1975年收购维京出版社（VikingPress）；1988年并购科技出版社艾迪生-韦斯利（Addison-Wesley），与朗文出版社合并为艾迪生-韦斯利·朗文出版公司（Addison-Wesley-Longman）。1996年培生以4.7亿美元出售拥有60余份地方报纸的威斯敏斯特报社，3.6亿美元现金收购普特南·伯克利图书集团（The Putnam-BerkleyGroup），与美国企鹅出版公司合并为企鹅-普特南出版公司，该公司仅次于兰登书屋，在全球大众出版排名第二。同年，培生又以5.8亿美元购买哈珀-柯林斯的专业出版和教育出版业务，将教育出版业务并入艾迪生-韦斯利·朗文出版公司。❶ 通过并购，企业可以快速扩大市场份额，获取更多的资源和品牌。通过合资，可以在不同领域的企业之间实现资源共享、优势互补。并购和合资的行为不仅提高了企业的市场竞争力，也加速了出版业的集中度和全球化发展。大型出版集团通过并购和合资来获取更好的市场地位和产业链布局，进一步巩固了自身在行业中的地位。

集团化发展对融合出版产生了多方面的影响。首先，集团化促进了融合出版产业整合：集团化发展使得原本分散的出版领域逐渐形成了大型出版集团。这些集团通过合并和收购等方式，将原本独立运营的出版机构整合到一个统一的组织结构下。这种整合使得资源得到更好的配置和利用，提高了生产效率和市场竞争力。其次，集团化为融合出版带来了规模效应：集团化发展使得出版集团能够利用规模效应带来的经济优势。大型出版集团可以通过集中采购、共享资源和共同开发市场等方式降低成本，提高效益。同时，集团化还可以提高出版企业在谈判和合同中的议价能力，推动整个行业的发展和规范化。最后，增强融合出版品牌影响力：集团化发展使得出版集团能够拥有更多优质品牌和知名作者，扩大了品牌影响力。通过整合资源和市场渠道，集团可以将品牌影响力进一步放大，提升市场竞争力。此外，出版集团还可以通过跨媒体合作和授权等方式，将文学作品进行多平台、多媒体的推广，实现更多的商业价值。集团化发展还可以促进融合出版的创新发展。大型出版集团拥有更多的资源和资金，可

---

❶ 练小川.培生教育集团转型简史[J].中国出版史研究,2016(2):112-124.

以更好地投入研发和技术创新。通过数字化技术的应用、开发新的出版形式和内容呈现方式，集团能够满足读者多样化的需求，提供更加个性化和互动性的阅读体验。

集团化发展也面临着一些挑战和问题。首先，是集团化整合的管理难题。集团化需要整合多个企业之间的资源、人员和文化，需要建立一套高效的管理体系来协调各个部门和企业的运营。管理整合的不顺利可能导致业务运营的混乱和资源浪费。其次，创意和发展的风险。一些担心集团化会导致内容和创意的同质化，使出版业丧失创新性和多样性。此外，集团化还可能导致中小型出版企业被挤出市场，加剧市场垄断，不利于行业的良性竞争和创新。因此，面对这些问题和挑战，出版企业需要寻找合适的平衡，注重创新，保持灵活性，提高市场适应能力。

综上所述，20世纪60年代—90年代是国外出版企业集团化发展的重要时期，出版企业通过集团化整合资源、提高效率，以及与其他媒体企业的合作和跨界整合，实现了多元化经营和全球化发展。集团化带来了重大的变革和挑战，对整个出版行业产生了深远的影响。国外出版企业通过集团化发展，提高了市场竞争力，加速了行业的全球化进程，为今天的出版业奠定了基础。然而，出版企业仍需面对管理难题、创新风险等问题，不断寻求适应时代变化的发展策略，实现可持续发展。

（三）20世纪90年代末—21世纪初：数字转型融合发展时期

20世纪90年代末—21世纪初是国外数字转型融合发展时期的重要阶段。

麦克卢汉曾经说过："一切技术都具有点金术的性质。每当社会开发出使自身延伸的技术时，社会中的其他一切功能都要改变，以适应那种技术的形式。一旦新技术深入社会，它就立刻渗透到社会的一切制度之中。因此，新技术是一种革命的动因。"[1] 进入21世纪后，随着互联网、移动

---

[1] 埃里克·麦克卢汉,弗兰克·秦格龙.麦克卢汉精粹[M].何道宽,译.南京:南京大学出版社,2000.

设备等新媒介技术的飞速发展，传统出版产业面临着前所未有的冲击。在新技术的冲击下，传统出版物的销量逐年下滑，而电子书、网络文学、数字期刊等新型出版形态则迅速崛起。在此背景下，欧美出版传媒集团纷纷开始数字化转型，尝试数字融合发展路径，以适应新的市场变化和读者需求。为了应对数字融合的挑战，欧美出版传媒集团开始进行数字化转型。数字化转型是指将传统出版物转化为数字化形态，利用互联网、移动设备等新媒介技术进行传播。这些集团采取了多种措施进行数字化转型，如建立电子书库、推出网络文学平台和开发数字期刊等。

在这一时期，融合出版的主要特征为跨媒介经营。出版机构跨媒介经营是一种创新的经营模式，它打破了传统出版业单一媒体经营的限制，通过融合多种媒体形态来实现资源共享、协同发展的目标。出版机构跨媒介经营是指企业或组织通过多种媒体形态的融合，实现资源共享、协同发展的经营模式。这种经营模式包括两种类型：横向跨媒体经营和纵向跨媒体经营。

横向跨媒体经营是指将不同类型媒体进行融合，如报纸、杂志、图书和电子书等。这种经营模式可以利用不同类型媒体的优势，扩大出版物的传播范围和影响力。培生教育集团作为提供终生教育产品与服务的出版集团，其在高等教育、中小学教育、英语教育、专业出版、考试测评、网络教育等众多领域位居全球之首，帮助全世界一亿多人接受教育与培训。在过去的5年中，培生教育集团以高于市场平均增长的速度，引领教育出版潮流。该集团通过横向跨媒体经营，将不同类型媒体进行融合，拓展了业务范围。例如，培生教育集团开发了多种教育类电子书和在线课程，同时还将部分纸质教材进行数字化转型，提供给读者更多的选择。这种横向跨媒体经营模式使培生教育集团在教育出版领域具有较高的市场份额。

出版跨媒介经营中的横向模式具有以下优势：首先，横向模式可以扩大市场份额，通过将不同类型媒体进行融合，出版机构可以扩大市场份额，吸引更多读者。例如，将电子书和纸质书籍进行同步发行，可以吸引更多不同需求的读者购买该出版物。其次，横向模式可以提高品牌影响力，通过横向跨媒体经营，出版机构可以在不同类型媒体中扩大品牌影响力，提高品牌知名度。例如，在报纸、杂志和图书等不同类型媒体中同时宣传推广同一本畅销小说，可以吸引更多读者关注和购买。再次，横向模式可以增强用户体验，横向跨媒体经营可以增强用户体验，提高读者的满意度和忠诚度。例如，通过电子书和纸质书籍的相互补充，读者可以根据自己的阅读习惯和需求选择合适的媒介进行阅读，提高阅读体验。最后，横向模式可以提高资源利用效率：横向跨媒体经营可以利用不同类型媒体的优势，提高资源的利用效率。例如，电子书可以提供便捷的阅读和下载方式，而纸质书籍则可以提供更好的阅读舒适度和收藏价值。通过将不同类型媒体进行融合，出版机构可以实现资源的最大化利用。总之，出版跨媒介经营中的横向模式具有扩大市场份额、提高品牌影响力、增强用户体验和提高资源利用效率等优势。这些优势有助于出版机构在数字化时代应对挑战，实现可持续发展。

纵向跨媒体经营是指将同类型媒体进行融合，如报纸、杂志和图书等。这种经营模式可以利用同类媒体之间的协同效应，提高资源的利用效率。哈珀·柯林斯出版集团由詹姆斯·哈珀（James Harper）和约翰·哈珀（John Harper）兄弟俩于1817年创建于纽约，是一家综合性出版集团，涉足小说、非小说、儿童图书等出版领域。哈珀·柯林斯出版集团是第一家将图书内容数字化、创办全球数字书库的出版商，以保护作者的权利、满足消费者的需求，并促成其他商机。该集团通过纵向跨媒体经营，将同类型媒体进行融合，提高了资源的利用效率。例如，哈珀·柯林斯出版集团将旗下的多本畅销小说进行数字化转型，推出电子书版本，并在其官方网站上哈珀·柯林斯出版集团提供在线阅读服务。此外，该集团还利用其较强的编辑力量和作者资源，为不同类型媒体提供内容支持，实现了资源的最大化利用。

出版跨媒介经营中的纵向模式优势主要体现在以下几个方面：首先，资源共享。纵向模式可以更好地实现资源共享，包括内容资源、渠道资源等。例如，对于同一份内容，可以在多个平台上进行共享和发布，提高了资源的利用效率。其次降低了成本，纵向模式可以降低出版成本。由于不同平台之间的用户群体存在重叠，因此可以更好地实现用户资源的共享，减少了针对不同平台所需要投入的宣传、运营等成本。再次，提高用户体验。例如，读者可以在一个平台上完成从内容获取到支付购买的全过程，而不需要在不同的平台之间进行切换，提高了使用的便捷性和舒适度。最后，通过集中力量打造精品内容，提高品牌影响力。由于不同平台之间的用户群体存在重叠，因此可以通过不同的平台共同推广同一份内容，提高内容的曝光度和传播效果。

与横向模式相比，纵向模式的优势主要在于它可以更好地实现资源共享和降低成本，同时可以提高用户体验和增强品牌影响力。横向模式则更注重于扩大市场份额和增强品牌影响力等方面。

总之，横向跨媒体经营和纵向跨媒体经营是出版机构跨媒介经营的两种主要模式。通过这两种模式的融合经营，出版机构可以拓展业务范围，提高资源的利用效率和企业竞争力。同时，也需要注意不同类型媒体之间的特点和优势，制定合适的融合方案，实现不同媒体之间的协同发展。

结合出版产业链具体来说，出版机构跨媒介经营包括以下几个方面。

上游创新内容形式，跨媒体传播：出版机构不再局限于传统的出版方式，而是通过多种媒体形态进行传播，如电子书、网络文学、数字期刊等。这些媒体形态各具特点，能够满足不同读者的多元化需求。

中游依托技术，协同发展：跨媒介经营要求不同媒体之间形成协同发展的关系，相互促进、相互支持。例如，纸质书籍和电子书可以相互宣传推广，纸质书籍可以通过增加电子书下载二维码等方式引导读者购买电子书，而电子书也可以通过增加纸质书籍购买链接等方式进行推广。

下游扩大传播，资源共享：跨媒介经营可以实现不同媒体之间的资源共享，提高资源的利用效率。例如，同一份文字内容可以通过编辑加工后，同时发布在纸质书籍、电子书和网络文学平台上，实现资源的最大化利用。

数字技术的应用为整合图书、视频、游戏等娱乐媒介资源提供了巨大的可能性。[1] 兰登书屋一直致力于开发优质内容，并从多个角度进行利用，整合各种资源，优化配置，以延长企业的价值链。为了满足不断发展的媒体行业的需求，兰登书屋从2010年开始与其他媒体公司合作，为游戏、社交网络、手机平台等创作故事内容。兰登书屋汇聚了一批杰出的科幻小说家，他们为游戏的故事情节设计提供了有力的支持。此外，兰登书屋还加大了对游戏攻略的投入，成功研发出一系列游戏指南，并配以电子书和制

---

[1] 刘骊姗. 德国出版的数字化转型研究：以兰登书屋为例[J]. 今传媒，2015(4)：64-65.

作精良的策略视频，使其在全球范围内广泛传播，积累了一批活跃用户。

兰登书屋拥有自己的电影制作部门，之后又与福克斯电影公司展开合作。尽管如此，兰登书屋始终保持谨慎的态度，计划每年最多推出两部电影作品，每部作品的投资额度适中，约为2000万美元。这些电影作品实际上是将兰登书屋出版的作品改编成电影，通过电影这一媒介进行宣传。尽管与福克斯电影公司合作的影片并未引起轰动，但这种图书与电影的结合是传统出版业巨头跨媒介的创新尝试。在开发多元数字产品方面，有声书可以说是兰登书屋精耕细作的业务。早在1999年，兰登书屋就收购了有声书公司聆听图书馆（Listening Library），并将其打造成为旗下儿童有声书系列出版商。如今，每年出版的有声书超过300种，还有许多珍贵的音像资料都可以下载。

二、国外融合出版发展现状

传媒业的媒体融合理论与实践，影响推动了美国和西方发达国家的出版融合发展。大型出版传媒集团将传统资源与数字出版进行融合，在技术、平台、组织、机制等方面推进出版产业的整体共享、协作、交融。其特征主要表现在出版产权、技术平台、全媒矩阵、商业经营等层面的融合发展。

（一）出版产权融合：多企业协同优化集团资源配置

产权融合包含内部产权融合和外部产权融合，本部分着重介绍关于出版集团的外部产权融合，包括并购、合资合作、资产重组、参股等形式。❶出版产权的融合改革促进了出版传媒产业的融合创新和实践探索。

---

❶ 李亚.民营企业产权融合[M].北京:机械工业出版社,2005.

1. 传统出版企业主导：聚焦本业聚焦核心竞争力

传统出版企业以纸质出版载体及内容为原点，以新兴技术赋能企业发展，呈现出纸电结合等保存原有经营模式的复合经营形式。基于新兴技术生产新载体形式产品的同时，对于原先保有竞争优势的传统出版市场也不断进行技术改革，以保护自身的优势地位。

行星集团：以投资合作开拓新商业模式。

行星集团（Grupo Planeta）是西班牙和拉丁美洲中著名的出版集团，最大的西班牙语图书出版商，旗下包括 70 家相关机构。集团所设立的行星小说奖是西班牙最重要的文学奖项之一，在文学界产生广泛影响。

源头化创新：传统书报刊与书店。

行星集团采取纸电融合的出版模式，以西班牙语、加泰罗尼亚语、葡萄牙语和意大利语出版虚构小说和非虚构小说。每年，以纸质或数字形式出版超过 4000 种新书。例如，旗下 La Razón 是以西班牙政治、社会和经济新闻为内容的参考报纸，纸质版和电子版并行，在西班牙仍保有极高的发行量。旗下 Casa del Libro 连锁书店成立于 1923 年，并于 1992 年被集团收购。业务包含零售和馆配，实体书店线下与线上相结合的经营模式，其中实体书店包含地标性大型书店和购物商场中的小型书店服务于当地消费者，线上书店则分销至五大洲。

传统书报刊的数字化生产与发行，是对出版传统产业链的重塑。行星集团基于已有 IP 内容资源和集团在传统书报刊领域形成的既有优势，发行多语种纸电结合的传统出版内容。

创新主体：媒体视听与在线教育的合作式生产。

行星集团的《纸钞屋》荣获艾美奖，集团旗下 Atresmedia 和 Antena 3 Televisión 分别进行制作和发行的工作，并分别与 Vancouver Media 和 Net-Flix 进行合作，呈现出跨地区合作的特点。良好的社会环境下搭建合作共赢的合作框架，有利于拓展行星集团在非西班牙语地区的影响力，扩展在非西班牙语地区优秀作品的品牌价值。

通过搭建 ATRESMEDIA FORMACIóN 等数字化平台参与在线教育，涵盖大中小学教育及职业教育。建设在线教育平台。一方面，出版机构积极参与产学研合作，以此为创新方式，以新技术新载体重塑与教育科研机构的内容深度合作，重塑出版产业链，进而生产多种形态的融合出版产品。另一方面，通过满足线上与线下不同教学场景的实际需求，集团品牌更广泛地与用户进行接触。

创新环境：设立投资机构自催化。

行星集团成立 Planeta Fabrik Ventures 旨在投资出版传播领域相关的初创项目等，不断为行星集团添加新的创新主体，也通过扶持初创企业和企业家，反哺创新环境，形成良性循环，称为集团"创新的催化剂"，促使集团进一步数字化。集团通过不断在行业中的实践探索，积极接触包括人工智能、区块链、AR/VR 等技术领域内的创新方案，持续优化业务流程，并更加精准地与消费者需求进行对接。创新链是出版融合的动力，Planeta Fabrik Ventures 服务于多样化的初创期创新项目覆盖了源头化创新、产业化创新和商业化创新。

企鹅兰登书屋：深耕大众图书出版市场。

1970 年，艾伦·莱恩（Allen Lane）去世，企鹅被 S. Pearson and Son 收购，是当今 Pearson 的前身。1998 年，英国兰登书屋被贝塔斯曼收购，并与贝塔斯曼的英国子公司合并，创建了兰登书屋集团有限公司。2008 年推出《一间只属于自己的房间》《李尔王》《乌托邦》电子书，是该公司融合出版的标志性节点。2013 年，企鹅和兰登书屋共同组成了一家全球图书出版公司，发挥创新主体优势，生产自有产品。

创新链协同：以收购推进集团变革。

企鹅兰登书屋是英国领先的有声书出版商之一，其有声产品布局可追溯至 1999 年兰登书屋收购有声书公司 Listening Library，为其开拓早期有声书市场产生积极影响。产品目标人群定位精准且总体覆盖面广泛，包括成年人和儿童，也考虑到家庭这样的场景布局。其内容来源包括已有的出版产品如漫画类畅销书，也包括成为 BBC 有声书的出版商。定期制作有声产品深入探讨萨尔曼·鲁西迪和斯蒂芬·弗雷等英国顶级作家的创作过程，通过文艺界名人提高企鹅兰登书屋有声产品的品牌影响力与传播度。

服务链联动：行业协会与政策法律。

企鹅兰登书屋是美国出版商协会（AAP）会员，该协会强调推进版权法不断完善、建设透明的市场和保护思想言论自由。环境不断变化，企业自身能量有限，需要借助外部力量，需要通过与合作关系来抵抗不确定性和相关风险。其目标均为维护美国书商在国际市场中的经济利益，强调法律和协议中需要明确对美国的价值，倡导降低进教育、科技和文化出版物相关出口税。AAP拥有百余会员单位，其年度大会的影响力可见一斑，不乏赞助商投资其年会。行业协会为会员单位提供便利与支持，企业不断壮大也反哺于行业协会影响力的提升，进而形成了适于企业不断发展的良性环境。

价值攀升：持续在世界范围产生价值。

数字化时代来临，新的技术手段应用于出版产业使得美国企业在海外的版权利益受到一定程度上损失，保护版权具有正当性和迫切性，也就促使了美国现行版权法的产生。❶ 得益于创新环境及出版融合服务链，通过支持维护出版商在世界范围内的权益进而作用于出版商的创新，企鹅兰登书屋成为全球图书出版公司，畅销书在全世界范围内广为人知，《火车上的女孩》获得全球评论界的好评，并在全球售出1800多万册。

2. 新兴技术企业参与：多元化经营终应回归核心本业

国外出版传媒领域内拥有技术优势的公司，倾向于基于其现有技术通过新兴渠道再拓展业务范围，进而充分利用当前技术优势产生最大限度的效益。

华纳兄弟探索公司，通过传媒公司的协同规模效应，以产权融合的方式不断优化提升。1989年，时代公司（Times）合并华纳公司（Warner），其中时代公司发行有知名杂志《时代》《财富》等。全球最大的互联网服务商美国在线与时代华纳合并，宣布组成"世界上第一家面向互联网世纪的完全一体化的媒体与传播公司"，这是当时世界上最大的企业合并案例。

产业化创新：传媒企业数字化的规模化与并购。

基于新型技术背景，出版传媒产品在复制发行上相较于传统出版企业，在成本上存在优势，进行更有效率的复制和发行。在收购中增强对于多种发行渠道的控制，有助于企业提高发行量，达到最佳的规模，进而使

---

❶ 张戈平.1976年以来美国版权法的变迁研究[D].上海：华东政法大学，2022.

成本递减。

全球最大的互联网服务商美国在线与时代华纳合并，后于2009年美国在线分离为独立公司，合并期间市值的缩水佐证互联网业务与媒介集团不能形成良好适应，未能巩固企业在行业中的优势地位，未能实现效率与安全的统一，未能实现有机联合，反而不利于美国在线原有互联网业务的拓展。相反，则体现在1990年时代公司和华纳传播公司合并成立时代华纳，形成协同效应，时代华纳成为全球最大的媒介集团，并于1996年完成对特纳广播公司（Turner Broadcasting）的并购，取代迪斯尼再次成为世界最大的媒介集团。

政府服务：政府颁布法律引发行业融合重组。

1996年，美国政府颁布新的《电信法》，将电信和媒体统一立法管理。引发出一场电信、电子、媒体和文化企业的交叉兼并和产业重组的热潮。2000年，美国在线和时代华纳宣布计划合并，成立美国在线—时代华纳公司，"美国在线—时代华纳并购案"被称为出版领域的里程碑式融合发展模式。

试错：重视协同效应进一步提升价值。

《哈利波特》相关知识产权归属于时代华纳的子公司华纳兄弟影业，在IP运营上，网络、影院、杂志等诸多渠道共享信息来源，不断扩大影片在消费者中的影响，充分进行营销活动，进而冲击更高的票房收入。从侧面体现出美国在线和时代华纳，美国在线在价值协同方面存在短板，在2009年完成拆分。并在2022年Discovery探索传媒集团与时代传媒集团合并进而组建新公司华纳兄弟探索（Warner Bros. Discovery）。

（二）技术平台融合：助力构建产业链闭环

人工智能、大数据、区块链、语义分析等技术的蓬勃发展使出版产业发生了深刻变革，出版产业的融合发展成为大势所趋。融合出版能够打破出版产业各环节形态载体的制约❶，正在颠覆传统出版业的内容生产方式、

---

❶ 黄莹.国际视角下融合出版产业实践与人才培养:首届出版教育国际高峰论坛之海外专家谈[J].数字出版研究,2023,2(3):1-5.

存储方式、传播方式和阅读方式,并催生新兴业态的持续涌现。从技术角度来看,当前各种出版新技术已经渗透出版产业链的各个环节,出版融合发展趋势最终将呈现在出版业的载体、渠道和终端融合发展上。❶ 各新兴技术助力出版业搭建起一体化数字出版平台,并借此搭建起出版产业链各环节间的桥梁,促进内容、渠道、平台、管理、营销、服务等各创新要素整合,构建良性的产业链生态圈。技术平台融合的主要特征是融通出版渠道与出版平台,在平台融合的大背景下,覆盖互联网、传统出版平台、数字出版平台、广播电视等多个领域,整合多媒体信息并实现平台共享的出版融合平台出现。

国外出版产业在平台融合建设方面已经颇具成效。融合平台贯穿整个出版产业链,形成相对完整的出版产业上中下游价值闭环,推动出版不断横向发展,推动出版产业打开融合创新局面。在上游形成资源整合平台,打破传统数据库的壁垒,实现不同行业、不同介质、不同功能间资源的聚合;在中游吸纳产业链各方在位置上的优势,连接众多环节,平衡各方利益,实现高效的内容建设、运营和维护;在下游实现机构和用户间的多方位的信息交流和互动,完成营销推广服务一体化传播。

1. 产业链上游:整合内容资源,打破信息孤岛

集成化的内容资源平台创新性地扩大了原有出版资源的规模,节省了平台构建和内容整合等环节的成本,并能够更好地利用和优化内容资源。技术平台融合在内容资源的整合主要体现在两个方面。一方面,编辑资源的整合。例如,《华尔街日报》和道琼斯通讯社共同使用的多渠道编辑和出版平台(Methode),可让两家机构的记者统一采写稿件,编辑则分别为自己的平台编校内容,并通过视频部、图片部、信息图表部、数据部等多部门的协作生产,将新闻、图片发布至传统出版物、网站及社交媒体等多个平台。通过平台融合扩展编辑内容的使用面,提升资源的利用率和传播效率。

另一方面,各产业数据信息的整合。传统的出版各产业间资源流通受

---

❶ 曹继东.基于数字化技术和互联网思维的"融合出版"[J].科技与出版,2014(9):15-18.

限，但在实际情况中往往需要采集多方面的信息。以剑桥大学出版社为例，作为世界上最大的教育和学术出版社之一，剑桥大学出版社以用户为中心，旨在帮助读者和研究人员高效地获取各种有价值的内容资源。剑桥核心是剑桥大学出版社学术期刊、学术图书、工具书等数字学术内容资源发现平台，整合剑桥学术期刊在线（Cambridge Journals Online，CJO）、剑桥学术专著在线（Cambridge Books Online，CBO）、剑桥历史在线（Cambridge Histories Online，CHO）、剑桥指南在线（Cambridge Companions Online，CCO）等学术资源，为用户提供一站式学术服务。无论是图书还是期刊，用户只需通过平台提供的搜索引擎进行检索，即可获取所需内容。❶

2. 产业链中游：搭建平台联动，提升出版效能

数字出版平台融合能够实现作者、编辑、图书馆、出版商、读者等的动态链接，聚集多方信息，在高效互动、相互协作的基础上实现内容价值的生成、检索、转移、使用、增值和创新。进一步促进出版业数字化转型升级，推动出版业高质量发展。

英国出版科技集团（Publishing Technology Plc，PT）是世界最大的出版软件、科技和服务提供商之一，由 Ingenta、VISTA 和 PCG3 三家公司合并而成。目前 PT 已经构建了较为完善的数字化融合技术平台，形成了较完备的产业链体系。在集团内部的业务流程管理方面，PT 自 2014 年起加快了对多平台出版管理系统（Advance）的本地化研发进程。Advance 是世界上首套复合出版业务管理系统，全面覆盖编辑出版、书目管理、内容管理到版权电子商务、发行财务管理、稿费管理等各个环节，还可以覆盖社交媒体工具和渠道商的数据需求。在平台上，企业可随时对各项工作进度进行分析管理，了解各环节需求，从而不断调整和优化运行模式，使生产流程更加可控。

在内容建设和提供方面，"数字出版只有解决了内容的通路和目标市

---

❶ 肖超.英国大学出版社数字学术出版转型探析[J].出版科学，2019，27（1）：99-105.

场的定位，才可能迎来蓬勃发展"❶。PT与国内最大的战略合作伙伴中国图书进出口（集团）总公司（以下简称"中图"）共同规划实施了包括中图易阅通平台在内的数字资源进出口交易平台及业务管理系统、纸质图书文献进口业务管理系统、纸质图书文献出口业务平台及业务管理系统等系列信息化项目。易阅通平台作为聚合性平台，包含图书推荐、期刊推荐、有声书推荐、专题库推荐等多种数字内容，实现了内容分类和目标市场定位，打造了数字出版内容在全球范围内的渠道。

3. 产业链下游：借力新兴技术，提供多元服务

出版业依赖载体和渠道将出版内容传递给用户，随着数字技术逐渐走进人们的生活，用户获得了更高的自主权，不再被动地接受出版业的内容提供。❷ 同时，时代的发展也意味着大众对于出版内容服务的需求不断增高。在此背景下，出版业不断探寻和拓展内容与用户间的联系，为用户建立完善的服务体系和营销推广体系。国外出版业借助先进技术，搭建开放聚合的商业平台，一方面收集、储存、提供和推广优质内容资源，另一方面还能满足用户个性化的需求，并不断拓展新的内容增值服务。

爱思唯尔（Elsevier）是全球领先的科学、技术和医学出版社，同时也是科技医学信息和分析服务提供商，拥有大量的高端数字内容资源。作为全球数字出版领域的佼佼者，爱思唯尔以海量内容为基础，利用新兴技术手段建设、升级和扩充数字平台，对学术资源进行深度挖掘开发和利用，以"开放获取"的方式为出版上中下游产业链的各个环节提供知识服务。同时不断创新产品和运营模式，全方位满足用户需求，不断提升用户和平台间的使用黏度。❸

爱思唯尔面向的用户包括作者和读者。在为用户提供知识服务方面，

---

❶ 王文娟.高科技打造出版业服务典范：访英国出版科技集团中国区副总裁康宁临[J].今传媒,2013,21(11):5-7.
❷ 史广峰.科技创新赋能数字出版服务平台建设[J].中国传媒科技,2023(6):136-140.
❸ 李娟.媒体融合下国外出版机构的科技期刊增值服务现状研究[J].传播与版权,2021(1):84-86.

爱思唯尔始终保持着对新科技的敏感性，以机器学习、语义分析、自然语言处理等技术作为数字基础设施，并将其运用于技术平台构建和融合上，秉承着以用户为中心的发展理念，为不同的用户提供相应的内容和增值服务，目前已初步完成覆盖科研全流程的服务开发。

在作者服务方面，爱思唯尔为科研人员提供全方位的科研工作支持服务。例如，Mendeley 平台既是一款免费的文献管理软件，也是知名在线学术社交网络平台，作为一个高度整合化的数据共享平台，它可以帮助作者存储、组织、记录、分享和引用参考资料及数据❶，其所提供的服务贯穿文章发表从出版到管理的全部流程❷，在论文评价方面，PlumAnalytics 平台收纳了论文的各种评价指标，帮助作者更好地把握行业热点和对论文进行价值评判。

在读者服务方面，爱思唯尔拥有较高的市场眼光，借助各种新兴技术进行平台整合和平台创新。例如，看中"耳朵经济"的发展前景，推出语音阅读应用自动朗读阅读器，满足读者的"听书"需求❸；抓住人工智能的发展机遇，在 Scopus 文摘数据库发布基于 Ghat GPT 的 AI 界面等，帮助读者快速获得他们不熟悉的研究主题的摘要。此外，爱思唯尔拥有较为成熟的技术平台融合实践，如其发布的一站式资源搜索平台 SciVerse，该平台对 Science Direct 全文数据库、Scirus 搜索平台及 Scopus 文摘数据库等工具进行了整合，内容不仅涵盖 Science Direct 上所有的全文文献，还包括几十个学会和研究机构的数据库资源以及网络上的其他相关科研信息内容。SciVerse 为读者带来了更强大的信息检索功能，帮助读者实现"少量搜索，更多信息"。

综上，数字出版产业的发展在很大程度上依托于技术的升级，技术的发展将推动出版产业平台持续融合，让产业链条向更高效、更便捷的方向发展。西方发达国家出版产业在技术平台融合方面已经进行了许多尝试，并且取得了不错的成绩，对我国出版产业的数字化转型和平台融合发展具

---

❶ 肖超,杨龙.服务生态系统视角下爱思唯尔数字出版平台价值共创过程机制研究[J].出版发行研究,2023(2):81-88.

❷ 郝琳.开放获取趋势下爱思唯尔运营策略研究[D].武汉:华东师范大学,2022.

❸ 李娟.媒体融合下国外出版机构的科技期刊增值服务现状[J].传播与版权,2021(1):84-86.

有借鉴意义。

(三) 全媒矩阵融合：打造出版融合生态

"矩阵"原本是一个数学概念，由19世纪英国数学家凯利提出，指一个长方形阵列排列的复数和实数集合，是一个按照长方阵列排列的复数或实数集合，最早来自方程组的系数及常数所构成的方阵。利用矩阵可以使数有的性质，向矩阵空间扩展，提高数据分析计算速度。早在1985年传播学者梅罗维茨就将"矩阵"概念应用于传播学领域，提出"媒介矩阵"概念：不同类型的媒介在矩阵中相互连结、相互作用的网络，以实现媒介矩阵的效果最大化。[1] 目前行业内还没有统一的定义，大部分人都倾向于将它定义为能够触达目标群体的多种新媒体渠道组合。本文构建的全媒体矩阵是一种基于创新生态理论，以产业链为基础，各个主体通过发挥各自的异质性，与其他主体协同创新进行融合的出版运行模式。笔者认为全媒矩阵融合不只是出版业生产流程的数字化改造，也不只是新闻信息的数字化采集、编排、存储、传输，而是以产业链形式推动其从产品形态到盈利方式向融合转变。在产品形态上，出版机构已经不仅提供文字和图片产品，还生产视频、数据、生活服务等产品，也不局限于对新闻产品的一次售卖，而是转变为利用系统化、立体化的多媒体形式进行多次营销，使产品线更加丰富。

在被数字化浪潮裹挟的新时代，国外大型出版企业凭借着雄厚强大的产业基础、综合实力和创新能力，逐步走出媒介融合，数字转型的阵痛，采用全媒体矩阵的出版模式，开拓市场重新赢得先机。国外出版机构通过整合不同形式的媒体平台和技术手段，将内容、品牌、用户、营销等各方面进行深度融合，形成多元化的出版模式和全媒体矩阵。笔者依托产业链的上中下游为基础，从内容生产、技术手段、传播渠道和用户服务三个方面，依托产业链的上中下游为基础，展示国外全媒体矩阵融合出版搭建形式。

---

[1] 梅罗维茨.消失的地域:电子媒介对社会行为的影响[M].肖志军,译.北京:清华大学出版社,2002.

1. 产业链上游：多元化内容生产，创新化表现形式

全媒体矩阵融合的内容生产方式，是指将传统出版物与数字化内容进行深度融合，形成多元化的内容形式和产品线。这一过程不仅需要考虑到不同媒体平台的特性，还需要对内容进行深度加工和整合，以适应不同用户的需求。全媒体矩阵融合的内容生产方式不仅需要打破传统出版物与数字化内容之间的隔阂，实现深度融合，还需要注重多元化的内容形式和产品线的延伸。因此，全媒体矩阵融合的内容生产方式需要将两者的优势结合起来，形成一种新的内容形式。

霍顿米夫林出版公司（HMH）是一家知名的教育出版公司，致力于为全球学生提供高质量的教育资源。该公司推出了多种基于不同学科理念、学生年龄的学习课程，并与多家教育机构合作，以实现全媒体运营。该出版社于2018年根据美国国家研究委员会（NRC）发布的《下一代科学教育标准》（*Next Generation Science Standards*，NGSS），以美国最新的K-12科学教育框架：科学实践、交叉概念、学科核心观念为核心，全新打造了以突出科学、技术、工程、艺术、数学（STEM）之间的相互联系，以及科学技术在社会生产生活中的应用为指导的美国最新小学科学教材《科学的维度》（*Science Dimensions*，SD），旨在帮助教师和学生以全新的方式进行科学教学和学习。[1]

此外，霍顿米夫林出版公司还与一些知名的在线平台和教育机构合作，如2023年7月27日，HMH宣布与总部位于圣何塞的教育科技公司PocketLab建立新的合作伙伴关系，提供PocketLab的在线笔记本与HMH Into Science Texas，K-8。这项新的组合产品可通过HMH的互联教学平台Ed访问，将为教师和学生提供易于使用，可定制的科学活动，这些活动与HMH Into Science Texas的每节课直接相关。

---

[1] 万延岚,王莹洁.美国小学科学教材《科学的维度》分析与启示[J].世界教育信息,2022(5).

2. 产业链中游：借助新技术，实现深度融合

全媒体矩阵融合的技术手段，将各种先进的技术进行深度融合，包括人工智能、大数据、云计算、虚拟现实、增强现实等，以提供更加全面和多样化的阅读体验。

牛津大学出版社（Oxford University Press，OUP）是一家享有全球声誉的大学出版社，自 15 世纪以来，一直是学术出版领域的重要机构。OUP 的数字化转型始于 21 世纪初，并在近年来加速发展，通过深度融合新技术，不断推动学术出版领域的创新。

在数字化转型方面，OUP 采取了多种措施。首先，OUP 利用数字化技术优化了出版流程，实现了从论文提交、审稿、编辑到出版的全流程数字化管理。这不仅提高了出版效率，还降低了出版成本。此外，OUP 还通过建立数字化数据库和检索平台，提高了论文的检索效率和准确性。

其次，OUP 通过数字化渠道提供电子书、在线课程、数字化教材和在线学习平台等数字化产品。这些数字化产品不仅可以在电脑和移动设备上阅读和学习，还可以通过社交媒体和在线论坛等渠道进行互动和讨论。此外，OUP 还与其他学术机构合作，提供跨媒体内容和开放存取服务，进一步扩大了其学术出版领域的影响力。

在学术出版领域，OUP 的数字化转型还体现在数据挖掘和分析技术的运用上。通过收集和分析大量的学术数据，OUP 可以更准确地评估学术论文的质量和影响力，为学术界提供更可靠的学术评估指标和趋势分析。此外，OUP 还利用人工智能技术对学术论文进行智能分类和摘要提取，为学者和研究人员提供更便捷的检索和阅读体验。

3. 产业链下游：拓宽传播渠道，注重用户服务

全媒体矩阵融合的传播渠道，指在传媒内容传播过程中，将传统媒体渠道与新媒体渠道进行整合，形成多元化的传播方式和渠道，以实现更广泛、更有效的传播效果。

以走在数字发展前列的《纽约时报》为例，不仅早早建立了品牌矩阵，还在 MCN 运营的探索中，通过做"加法"和"减法"不断调整自己

的品牌矩阵，在传统的新闻信息服务基础上，不断细分服务和扩展全媒体应用。继 2017 年 2 月推出《每日新闻》(*The Daily*)播客后，《纽约时报》又陆续开发 NYTTravel Show 2020 等应用软件，不断扩充 NYT 系列，覆盖生活、休闲等多个方面。截至 2019 年 10 月，《每日新闻》播客每天约有 200 万听众，在播客数据分析机构 Podtrac 的月度播客排名中位列第一。截至 2020 年 2 月，NYT 系列经典应用软件 The New York Times Crossword 在 Googleplay 上的累积下载用户已经突破 100 万，这些共同形成了品牌矩阵影响合力。

此外，《纽约时报》也通过改革、调适、扩展自身的品牌矩阵，不断覆盖新的用户多元需求。2019 年，《纽约时报》为了拓展用户群体，打造了电视节目《每周新闻》(*The Weekly*)，主要面向"只看有线电视""或许从来不知道纽约时报"的 9000 多万观众推广"纽约时报"这个媒体品牌。而为了覆盖电影渠道，《纽约时报》在 2020 年上半年也有着拍摄纽约时报专题纪录片的计划。通过对自身产品用户群体特点的不断总结及调研新的用户群体，《纽约时报》品牌矩阵的专业性、深入性和多样性正在不断加深，触达的用户更加广泛，为未来的全面协同、整体联动提供可能。将品牌资源全面整合，在生产分发环节融合，实现用户各个智能终端的全覆盖，能够更好地实现用户服务，也能更好地打造品牌特征。[1]

全媒体矩阵融合的用户服务方式，是指通过整合不同媒体平台和资源，提供个性化、多元化、高品质的用户体验，以满足用户需求并提高用户满意度和忠诚度。

首先，全媒体矩阵融合的用户服务方式是基于用户需求和行为进行深入分析。通过数据挖掘和分析技术，对用户的行为、偏好、需求等进行全面了解，为提供个性化服务奠定基础。其次，利用多媒体平台的优势，提供多元化、多渠道的服务，加强与用户的互动和交流。此外，全媒体矩阵融合的用户服务方式注重品质和服务体验。无论是内容生产还是服务提供，都需要保证高品质、专业化的标准。同时，通过优化用户界面、提高响应速度等方式，提升用户的服务体验。

---

[1] 曾祥敏,潘九鸣,王俐然.理念、要素、规律:国际主流媒体融合创新研究[J].新闻与写,2020(4):50-58.

施普林格自然（Springer Nature）由自然出版集团、帕尔格雷夫·麦克米伦、麦克米伦教育、施普林格科学与商业媒体合并而成，是一家全球领先的从事科研、教育和专业出版的机构。施普林格自然出版包括科学、技术、医学等领域的教科书、学术参考书及同行评论性杂志。其中，施普林格集团是世界上最大的学术书籍出版公司，此外还出版全球最具影响力的期刊，在开放研究领域也是先行者。

施普林格自然目前是全球领先的开放获取出版机构。其推出的Open Access（开放获取）模式，通过数字化平台为科研人员提供在线出版、数字化存储、数据共享等服务，同时也为读者提供更加便捷的阅读体验。为了实现更快且有效地过渡到立即开放获取，施普林格自然倡导了转换协议这一解决方案，并于2014年签署了首个转换协议，是目前签署了最多的国家级转换协议的出版机构。❶

总之，国外融合出版中的全媒体矩阵融合体现在内容生产、技术手段、传播渠道和用户服务等方面，通过整合不同形式的媒体平台和技术手段，形成多元化的出版模式和全媒体矩阵，更好地满足受众的需求和提供更加全面和多样化的阅读体验。

（四）商业模式融合：以用户为中心创新融合经营

管理学大师彼得·德鲁克认为，当今企业之间的竞争已非产品和服务之间的竞争，而是商业模式之间的竞争。"商业模式"的概念1957年出现于美国，至20世纪90年代中期随着网络经济的兴起而成为研究热点，人们一般认为价值是一切经济行为的出发点和动机❷，商业模式概念被更多地描述为以价值为基础。Mercer顾问公司著名顾问阿德里安·斯利沃茨基（Adrian Slywotzky）于1998年在《利润区》中第一次指出，随着互联网和

---

❶ JACOBS A.施普林格·自然：以多种出版模式满足研究人员的需求[J].科技导报，2020，38（20）：33-34.

❷ JACOBIDES M G, KNUDSEN T, AUGIER M. BenefitingfromInnovation: ValueCreation, ValueAppropriationandtheRoleofIndustryArchitectures [J]. ResearchPolicy, 2006（8）: 1200-1221.

信息技术的发展，激烈的市场竞争使得企业将传统的供应链转变为价值网，来满足顾客不断增长的需求。这表明商业模式的研究视角从价值链演变成了价值网络，书中的定义为：价值网络是一种新的业务模式，它将顾客日益提高的苛刻要求和灵活、有效率、低成本的制造相连接，采用数字信息快速配送产品，避开了代理高昂的分销层，将合作的提供商连接在一起，以便交付定制的解决方案，将运价提升到战略水平，以适应不断发生的变化。可见，客户、供应商及其合作伙伴、信息、资金都在价值网络这个动态的网络中流动，其动力正是客户的实际需求，而信息技术正是连接这些网络实体的桥梁和保证。因此，商业模式是企业在价值网络中创造并取得价值的核心逻辑[1]，是企业"整合有利资源，形成实现顾客价值和企业价值的有机体系"[2]。

在商业模式概念内涵的基础上，结合融合出版实践和未来趋势，王军提出了融合出版企业商业模式的概念，即指融合出版企业商业模式是基于融合出版企业价值网络，以用户为中心，整合企业内外资源能力以实现用户价值、伙伴价值和企业价值的有机体系。[3]王军还进一步构建出"1-3-4-10"表达模型来描述和展示融合出版企业商业模式的基本构造，该模型由一个核心、三重价值维度、四段价值环节和十个组成要素构成，从深层核心到浅层界面次第呈现为"核心层—汇聚层—接入层"三重结构。[4]其中，用户处于核心位置；用户价值、企业价值和伙伴价值等构成价值系统的三重维度；价值主张、价值创造、价值传递和价值获取等是价值系统的四阶段环节；十大基本组成要素是融合出版企业商业模式及其价值维度和环节的具体展开点和落脚点。十大基本要素可分为四组：第一组是用户定位、价值内容和收入来源；第二组是关键业务、伙伴关系和社群活动；

---

[1] SCTT M S,JEFFSMITH H,JANE C L. The Power of Business Models[J]. Business Horizons,2005(48):199-207.

[2] 詹志方,薛金福. 中国式营销[M]. 广州:世界图书出版广东有限公司,2011:112.

[3] 王军. 融合出版企业商业模式的构造、机理及其创新[J]. 出版发行研究,2021(9):53-58.

[4] 王军. 融合出版企业商业模式的构造、机理及其创新[J]. 出版发行研究,2021(9):53-58.

第三组是营销/传播和 IP/品牌；第四组是赢利模式和成本结构。

由于目前国外图书出版集团大多从教育出版、学术出版和大众出版三个领域开展出版融合，因此本书依据"1-3-4-10"理论框架对上述三种出版领域的商业模式进行了分析。

1. 教育出版的商业模式融合：以约翰·威立出版公司为例

与传统出版的商业模式不同，在融合出版商业模式下，教育出版领域的核心用户是不仅是学生这一单一个体，还扩展到了教师和教育管理者。在价值主张方面，一方面，学生在知识领域的需求呈现丰富性、多样化、个性化、兼容性和场景化的特征；另一方面，学生的需求不再仅仅局限在知识领域，而是相当广泛、丰富并复合的；教师需要满足其对学生的测评；教育管理者的需求则体现为对学生的管理。对应的网上学习平台，软硬件教学系统等就成为价值创造的必要。

OPM 在线课程管理和在线教学平台 Wiley PLUS 是全球科研和教育领域的领导者约翰·威立出版公司推出的两个平台，主要功能是帮助大学教师教学和学生学习，在美国等英语国家已应用多年。这个平台上提供包括在线图书、电子图书在内的很多资源，教师随时可以根据这些资源出考题、定制题库，学生可以自主学习，教师能够在平台上看到学生的学习进展和学习效果，根据学生的测评得分和学习成绩，再对每个学生进行个性化辅导。疫情防控期间该平台非常适合在家上网课的学生和教师使用，取得了很好的业绩。该平台目前正在进一步升级，强化自适应学习的功能。约翰·威立出版公司发布的 2021—2022 财年一季度财报显示，在截至 2021 年 7 月 31 日前的三个月内，威立的收入比上年同期增长 2%，达到 4.31 亿美元。Wiley Education 教育业务方面，纸质图书的出版销售其实是在下降，增长更多来自在线产品和在线教育服务。特别是 OPM 在线课程管理和在线教学平台 WileyPLUS 表现亮眼。

除了开发网上学习平台，约翰·威立出版公司还提供组合类和增值性的产品和服务。比如，在计算机科学类的教材出版方面，约翰·威立出版公司提供多媒体的交互式教材，在教材里的知识点后面会提供一个链接，读者点击这个链接，可以直接做编程练习。

最后，通过变革组织结构，协调价值模块之间的伙伴关系。经过多年的融合出版实践探索，约翰·威立出版公司立从事融合出版业务的团队基本可以分为内容策划团队、内容销售团队、数字技术团队、运营管理团队这四大类；在数字技术团队中，又细分出数字编辑、数据分析、技术保障等不同的专业岗位，以保障线上运营业务的顺利开展。

2. 学术出版的商业模式融合：以泰勒弗朗西斯为例

学术出版正在经历从订阅出版向订阅与 OA 出版混合模式的转变。即原来的以高校图书馆为主的订阅模式，现在拓展为向图书馆、教授、研究生及专业研究人员直销纸电图书的高级学习业务，服务于作者、资助机构和科研机构的 OA 出版业务，以及订阅业务并存的混合模式。这也是学术出版核心用户的转换方向。

2023 年 7 月，各大国际出版传媒集团陆续披露了 2022/2023 财年报告。在学术出版领域，几大学术出版集团均实现总营收、营业利润双增长的佳绩，反映出用户对学术出版的刚性需求。各集团表现呈现三个特点：一是更注重投资于技术和创新。出版机构不断研发新产品和分析决策工具，以更好服务于核心客户群体，为用户提供更有价值的服务，同时通过持续推动流程创新遏制成本涨幅，提高利润空间。二是更注重数据之间的关联性及数据的质量。出版机构通过将丰富的数据集、技术基础设施与专业知识相结合，帮助用户形成决策洞察，为用户提供有效的解决方案。三是更注重维护科研诚信并赢得客户信任。如通过双盲评议、研究数据分享等方式，避免出现操纵同行评议、研究成果不可再现等问题。

早在 2022 年，英富曼集团就推行几大战略，包括剥离非核心业务英富曼情报（Informa Intelligence）、专注于学术出版及 B2B 市场、增强以数据智慧使用为支撑的数据服务，以及重视人才建设与数字化投资。其中，剥离 Informa Intelligence 等 3 项业务获得的 25 亿英镑资金，重新用于集团的增长业务领域，以为投资者（股东）提供更大的资金回报的举措，是通过改变利润获得方式，实现基于价值获得的商业模式创新。

同时，为更好地服务于知识创作者，英富曼集团下集中学术出版和知识服务的泰勒弗朗西斯面对五类核心用户提供差异化服务：一是为高校高年级学生提供纸电图书，便于快速找到需要的内容；二是为初入职场的研究人员提供学术专著和专业类期刊，便于进行原创性研究；三是帮助研究人员顺利发表文章并传播研究成果；四是面对专家学者、教师和专业人员，通过分享数据笔记、会议海报及学术手册，让研究人员对其作品有更丰富的了解，帮助教师获得教学引导和资料等内容；五是为专家型同行评议员提供同行评议指南和培训课程，还与编辑和编委会成员合作，提高期刊水平并为构建编辑社群提供服务。这是通过用户分类，挖掘用户需求，开发符合用户需求的产品，最终实现基于价值主张重构的商业模式创新。

3. 大众出版的商业模式融合：以美国《国家地理》为例

在大众出版领域，核心用户是作者和读者。参与大众出版的企业和协作伙伴都在瞄准大众出版内容这片广阔的天地，进行 IP 开发和品牌建设。因此，国外大众出版的商业模式融合也是变革最为激烈，创新最为频繁，形式最为新颖，技术结合最为紧密，是一片大有可为之地。

2023 年 6 月 29 日，美国《国家地理》（*National Geographic*）杂志表示，公司业务正全面转向新媒体产品，目前还继续在报摊渠道发行各种主题特刊，每个月仍会把印刷品送到已订阅的用户手上，但自 2024 年起，所有纸质版都将在报刊亭停售。在价值传递上，早在 2012 年，《国家地理》就与 Instagram 签订品牌合作，开通官方账号"natgeo"，截至 2023 年，该账号粉丝量已达 2.8 亿，其旅行子账号粉丝数也达 4710 万。在官网上，《国家地理》除提供数字订阅杂志、视频、播客等多媒体内容外，还提供交互式的内容，包括虚拟旅游、地图探索、多媒体互动等，利用虚拟现实技术和 360 度摄影，将传播方式从单向性、平面化转变为互动式与沉浸性。

此外，《国家地理》团队还通过新媒体产品的开发实现营收增长。其与 NFT 平台 Snow Crash 合作发布的"GM：世界各地的黎明"（GM：Daybreak Around the World）系列 NFT 由世界各地的黎明照片组成，这些照片是由 16 位著名的《国家地理》摄影师和数字艺术家拍摄，每位参与的艺术家将盲投118个版本的照片到Polygon区块链上。该系列总计发行1888枚NFT。NFT产品不仅成为《国家地理》新的营收项目，杂志还能通过此种方式避免作品被侵犯版权。新媒体产品的开发是基于新技术的产生和利用，催生了出版业的新业态、新蓝海，此次针对NFT的开发是《国家地理》团队以勇气和基于内容资源的底气积极开展以价值创造重构为基础的商业模式创新之举。

三、国外融合出版发展启示

（一）创新环境：国外来自生存危机，国内面临发展危机

中国与国外的出版融合发展最根本的不同，就是面临的压力不同，一是生存危机，二是发展危机。这个不同，又是由国情、经济状况、出版业发展阶段与社会环境等不同因素所决定的。国外出版业在长期形成的优势下，国际市场中面临版权纠纷与版权保护的现实需求，也促使政府对于著作权法等法律进行不断修订与完善。相关行业组织也需要切实接收并维护会员的诉求。

根据创新生态系统理论中开放式协同的理念，出版机构应主动适应数字化、网络化、智能化等新技术趋势，与新技术趋势融合发展，可以提高出版业的适应能力和创新能力，保持领先地位和竞争优势。出版单位应具备全球化的视野，高质量地稳步推进发展进程。对标于国外出版业，在高质量发展中也应重视新兴技术发展和市场热点，及时了解用户需求，集聚出版资源，借力技术构建出版平台，积极参与到全球数字出版生态的构建中，符合我国现阶段推进文化繁荣的现实使命、建设文化强国的现实需求。

（二）创新主体：国外以市场为主，国内是政治加市场

中外出版融合的差异表现在主体所处话语体系不同。国外主体身份是市场主体，主要关注的是竞争对手和资金来源。国内出版融合则以政治话语加市场话语为主。政治话语与市场话语必须兼顾，这与纯市场运作的国外出版融合不相同。

我国出版产业应积极借鉴国外出版企业已有的实践经验，以新兴技术为工具手段服务于出版产业，关注并支持有利于出版业发展的初创企业，实现社会效益与经济效益相结合相统一。互联网背景下，出版产业应具有时代思维，充分发挥技术平台的作用，探寻如开放获取、人工智能融合等方面的产业创新，推动出版产业与新型技术的融合发展。

（三）创新活动：国外以用户需求为主，国内以社会效益为先

融合出版背景下要求出版产业应用新兴技术构建产业生态圈，深耕出版业上游、中游和下游产业链，借助技术平台实现不同介质、不同领域的相关产业内容资源聚合，群策群力、协同发展，向用户提供更优质的融合产品及服务。技术平台融合可以打破传统出版产业链间信息沟通不完全的局限，聚合传统出版平台的功能，使各产业链主体间的交流更加便捷和多元。

1. 差异化服务消费者的编辑策划

充分利用新技术、新媒体赋能出版，进行内容拓展和产业延长，并通过用户分类，挖掘用户需求以激活其生产力和消费力，实现融合出版的多种价值目标。一是围绕"连接"清楚定位用户需求。融合出版产品的开发不仅要面向用户当前丰富化、多样化、个性化、兼容化、场景化的需求，新技术的日新月异也要求出版企业提前布局，通过大数据、云计算等新技

术，深入挖掘用户潜在的需求，使用户价值实现最大化。二是通过用户分类进行市场细分，在更专业的领域占领高峰。泰勒弗朗西斯面对五类核心用户提供差异化服务，以更好地服务于知识创作者的经验就十分值得借鉴。国内部分出版企业也有基于用户需求进行出版融合产品创新性开发的经验可参考。如上海辞书出版社设计研发的一款智能硬件产品"辞海智能词典笔"，该词典笔专门面向学生群体打造，聚合了最新版的《辞海》《大辞海》《汉语大词典》《英汉大词典》《世纪汉英大词典》等50余部专业工具书的300余万条词条，内容权威全面。一支辞海智能词典笔，集结了扫描查询、百科辞典、汉英词典、翻译笔、录音笔、学习机、记事本等众多功能，字、词、句即扫即得，音、形、义多维呈现，可以帮助用户切实解决在阅读、学习中的知识查检需求。

根据创新生态系统理论中自组织演化的理念，出版机构应注重人才培养和团队建设，通过培养具有专业素养和综合能力的员工，组建具备高度协同和创新能力的工作团队，可以应对不断变化的市场需求和行业挑战。2022年7月24日，全国出版学科共建工作会在北京大学召开，北京印刷学院等5家部校共建的出版学院或研究院自此成立，为出版"政产学研用"多元主体搭建了对话平台。❶ 通过共建活动的推进，业界和学界逐步形成了"你中有我，我中有你"的局面，为出版界源源不断的输入人才。国外出版业基于数字技术人才队伍，在数字技术迅猛发展的今天，发挥着不可比拟的优势，策划适应于数字化生产、数字化传播、数字化营销的产品。我国尚缺乏了解出版流程且掌握数字技术应用并具备自主研发能力的复合型专业出版人才。出版产业应契合时代发展所需，及时更新人才培养理念，着力打造一支兼具出版职业素养和数字技术实践能力的出版人才队伍。

2. 供给消费者的内容生产

根据创新生态系统理论中多样性共生的理念，出版机构应进行跨媒体、多元化开发并举，构建以数字化出版为核心的全媒体出版产业链结

---

❶ 方卿.出版学科共建的要义与进路[J].出版广角,2022(17):12-17.

构，通过产权融合等方式将不同类型的内容和平台进行融合，形成合力，实现多元化和差异化的内容供给，可以满足不同受众的需求，提高市场占有率和竞争力。

在中游的内容生产环节，出版企业应鼓励平台用户参与其中，在提升用户体验的同时增强用户黏性。平台用户生产内容（UGC）良莠不齐，相继产生了审核等相关问题，为消费内容的用户制造了检索障碍，也增加了时间成本。基于我国对于出版内容质量的严格把控，UGC需要满足于社会效益，并不能一味盲目地满足市场的需求。

3. 突出消费者核心的产品服务

在下游的产品服务环节，国外出版企业以消费者为核心，创造、提升和实现用户价值。目前，出版行业已经从内容为王、渠道为王时代进入了用户时代，用户价值是商业模式的核心价值所在，它的创造、提升和实现是融合出版企业商业模式存续和务必解决的首要课题。

国外报业数字化转型以求生存为目的，一切动作都要以能否盈利为目的，不断找寻有效的盈利模式，国内出版产品利润不高，甚至免费。以付费墙为例，《纽约时报》网站对网站浏览内容实行"计量收费"，《人民日报》也曾宣布数字版阅读收费，但仅仅执行了两个月后，又变为数字报前四版内容长期免费。中外出版机构在商业模式的差异甚大，原因很多，有商业环境、网络环境的差异，也有文化传统、阅读习惯的差异。

第四章 融合出版系统模型构建

一、模型构建理论基础

"创新生态系统"这一概念由美国总统科技顾问委员会正式提出后,Iansiti[1]、Adner[2]、Jackson[3]、Vogel[4]、Hienerth[5]、陈健[6]、张贵[7]等学者纷纷对创新生态系统这一概念提出自己的理解。总体来讲,"创新生态系统"具备复杂性、动态性、整体性、共生性、协同性、开放性等特征。已有研究主要集中在以下产业的创新发展研究中。

---

[1] IANSITI M, LEVIEN R. Keystones and dominators: Framing operating and technology strategy in a business ecosystem[J]. Harvard Business School, Boston, 2004(3):1-82.

[2] ADNER R. Match your innovation strategy to your innovation ecosystem. Harvard business review,2006,84(4):98.

[3] JACKSON D. Software Abstractions: logic, language, and analysis. MIT press,2012.

[4] VOGEL L. Marxism and the oppression of women: Toward a unitary theory[J]. Brill, 2013(45).

[5] HIENERTH C., LETTL C., KEINZ P. Synergies among producer firms, lead users, and user communities: The case of the LEGO producer-user ecosystem[J]. Journal of product innovation management,2014,31(4):848-866.

[6] 陈健,高太山,柳卸林,等.创新生态系统:概念、理论基础与治理[J].科技进步与对策,2016,33(17):153-160.

[7] 张贵,刘雪芹.创新生态系统作用机理及演化研究:基于生态场视角的解释[J].软科学,2016,30(12):16-19,42.

一方面，多集中在汽车产业、高新技术产业、战略性新兴产业等产业的创新发展研究上。就汽车产业而言，王俊鹏等❶把汽车产业与创新生态系统相结合，理清我国汽车产业创新生态系统结构，从创新主体、创新资源和创新环境三方面总结归纳影响我国汽车产业创新生态系统演进的因素，并对其中七个维度的因素进行实证研究；胡登峰等就汽车产业内部如何衍生发展新能源汽车产业创新子系统，并成为一个独立系统开展研究，探索创新生态系统自身发展动因及其发展过程。❷ 在高新技术产业方面，尹洁等基于创新生态系统视角，对高新技术产业创新过程进行生态化重构，将其分为三个阶段，并构建高新技术产业创新效率评价体系，分析不同阶段和整体的静态与动态创新效率❸；刘兰剑等从创新政策出发，对创新生态系统评估的思路、方法和指标等问题展开研究，进而构建高新技术产业创新生态系统评估体系，并开展实证评估。❹ 在战略性新兴产业方面，张笑楠从创新生态的视角出发，建立战略性新兴产业创新生态系统共生演化模型，揭示了战略性新兴产业创新生态系统共生演化规律。❺

另一方面，文化创意产业、出版产业的创新发展研究也有涉及。就文化创意产业而言，郑志等在对创新生态系统以及文化创意产业特点梳理总结的基础上，结合现有创新生态系统结构模型，提出了与中国文化创意产业发展相适配的协同创新生态系统结构模型，并就中国文化创意产业创新生态系统构建提出了相关对策建议❻；徐莉等在分析现阶段高校文化创意产业创新创业型人才培养存在的主要问题的基础上，以生态化视角系统构

---

❶ 王俊鹏,石秀.我国汽车产业创新生态系统演进的影响因素研究[J].技术经济,2019,38(12):97-104.

❷ 胡登峰,冯楠,黄紫微,等.新能源汽车产业创新生态系统演进及企业竞争优势构建:以江淮和比亚迪汽车为例[J].中国软科学,2021(11):150-160.

❸ 尹洁,刘玥含,李锋.创新生态系统视角下我国高新技术产业创新效率评价研究[J].软科学,2021,35(9):53-60.

❹ 刘兰剑,张萌,黄天航.政府补贴、税收优惠对专利质量的影响及其门槛效应:基于新能源汽车产业上市公司的实证分析[J].科研管理,2021,42(6):9-16.

❺ 张笑楠.科技创新智库信息生态系统的构建及运行机制研究[J].智库理论与实践,2021,6(4):50-57.

❻ 郑志,冯益.文化创意产业协同创新生态系统构建对策研究[J].科技进步与对策,2014,31(23):62-65.

建高校文化创意产业创新创业型人才培养生态系统。❶ 在出版产业，刘晓莉等（2020）基于创新生态系统理论构建数字出版生态系统，并较为系统地阐释了数字出版生态系统的内涵、结构、特征与功能，提出构建策略。❷

笔者及其团队在对创新生态系统相关研究文献进行梳理、研读后，较为认同基于演化经济学的理论基础，从生态学角度构建创新生态系统的观点。❸ 一来演化经济学的生物学隐喻和从动态视角出发分析经济问题这两大显著特点与事实都处在一个动态的变化状态的现实背景更加符合。❹ 二来创新生态系统和自然生态系统具有多种共性，从生态学视角出发能更加明晰创新生态系统的构成要素和运行机制。

总的来说，创新生态系统是一个类似自然生态的复杂、不断演化和自我超越的系统，由创新主体、创新方式、创新条件和创新环境四大类基本要件构成，是指在一定的环境范围内，各类创新主体将自己的独特之处和优势发挥出来，并与其他创新主体完成协同创新的过程❺，主要是通过物质、能量和信息的流动，促进创新产生与扩散，进而实现创新生态系统的价值增值。按照创新主体的空间差异性，创新生态系统可以被划分为企业、产业、区域和国家创新生态系统四种类型。❻

1. 产业创新生态系统

产业创新生态系统立足于产业创新，是企业聚类和政策体系的运行集

---

❶ 徐莉,邓怡.科技投入对我国高新技术企业科技创新的影响研究[J].科技广场,2018(1):14-21.

❷ 刘晓莉.图书管理员如何提高自己的业务能力来适应数字化时代[J].大众标准化,2020(21):255-256.

❸ 迟婧茹,任孝平,李子愚,等.加快构建具有全球竞争力的开放创新生态,推动更高水平科技创新开放合作[J].中国科学院院刊,2024,39(2):270-281.

❹ 焦豪,张睿,马高雅.国外创新生态系统研究评述与展望[J].北京交通大学学报（社会科学版）,2022,21(4):100-112.

❺ 唐柳,方金.科技企业创新生态的研究进展与评述[J].农村经济与科技,2021,32(24):142-145.

❻ 胡泽民,李刚,王景毅,等.创新生态系统下制度压力对核心企业影响研究[J].价格理论与实践,2021(12):194-198,202.

合，强调产业内物质、能量和信息的交换。❶ 具体来说，是随着大量企业的不断演化和发展，逐渐形成不同产业链；围绕产业链的演化发展形成多种链条（如创新链、服务链、资金链、价值链等），从而促进产业创新生态系统的发展。

2. 其他创新生态系统理论

企业创新生态系统是最小单位的创新生态系统，是其他创新生态系统形成和发展的基石。企业创新生态系统是指企业根据自身未来发展方向，优化和加强资源整合能力，调整组织架构，提升企业竞争优势，具有生态系统特征的系统。区域和国家创新生态系统是企业和产业创新生态系统的空间集成，前者强调从中观层面进行考察，后者则是站在国家高度进行审视。

二、研究设计与案例选择

（一）研究设计与工具介绍

本书采用多案例研究法，根据 Yin 的观点，案例研究指的是对某一真实现象展开调查和探索的一种经验式研究方法。❷ 由于当前融合出版的相关研究仍处于理论构建的初级阶段，尤其从理论层面研究融合出版中的路径问题比较缺乏，已有文献不能充分回答研究问题，所以，回答本书的研究问题属于探索性研究，适合采用探索性案例分析法将案例故事转化成理论，即在创新生态系统理论的指导下，对我国融合出版的优秀实践进行总结归纳，提炼出路径模型。具体来说，本书采用的是多案例研究，相比单

---

❶ 伊辉勇,曾芷墨.高技术产业创新生态系统耗散演化研究:运用 Brusselator 模型对中国省级区域的经验分析[J].西部论坛,2021,31(6):81-95.

❷ YIN R K. Case study research: Design and methods[J]. sage,2009(5).

案例研究可能导致结论的外在效度欠缺，多案例研究可以更有效地收集和对比数据，多案例数据能够更加全面地展示，使研究结论更有说服力。

在研究工具的具体选择上，本书采用Strauss的程序化扎根理论的编码技术对数据进行处理，即开放性编码、主轴性编码和选择性编码的三重编码。❶

（二）案例素材选取

在多案例研究中，案例选择是构建理论的重要一环。在融合出版的大潮中，国家新闻出版署于2019—2021年先后启动了"数字出版精品遴选推荐计划"和"融合出版工程"，先后有181个项目成为"全国数字出版精品项目"，这是对落实习近平总书记关于媒体融合发展重要论述的深入贯彻，也从精品内容建设层面彰显了我国融合出版的先进水平，是融合出版实践领域的优秀成果，其融合路径具有示范和借鉴价值。

笔者采用目的性理论抽样方法，遵循权威性、客观性、差异性的原则选取出50个精品项目（见表4-1）作为研究案例。一是案例权威性。本书的案例均来自2019—2021年的"全国数字出版精品项目"，这些精品项目是按照"导向正确、内容优质、创新突出、双效俱佳"的标准，从1500多个项目中遴选出来的。二是案例客观性。本文案例资料来源于各类官方网站、相关媒体的报告，以及年鉴资料等，数据的收集、获得和整理全面客观。三是案例差异性。本书选取的50个案例，从时间上看，2019—2021年这三年精品项目均有涉及；从项目类型和形态上看，案例涵盖主题出版、专业及学术出版、少儿出版、大众出版、教育出版五大类别，包括单品类、数据库、平台类等多种形态。

---

❶ 徐鹏. 基于扎根理论的蓝色光标商业模式创新研究［D］. 上海：上海师范大学，2021.

表 4-1 案例研究选取的 50 个项目

序号	项目名称	序号	项目名称
1	习近平新时代中国特色社会主义思想概论课程精讲	22	中国共产党思想理论资源数据库
2	"小书童"在线有声阅读平台	23	"壮丽70年——从红色历史走进新时代"系列有声读物
3	中华石刻数据库	24	三联中读
4	中华传统音乐数据库平台	25	中国航天科普融媒体平台
5	《中国诗词小课》	26	科学辟谣平台
6	延安时期文献档案数据库	27	中央党史和文献研究院快手政务号"黄城根下"党史微纪录片播出平台
7	中国航天科学技术知识库	28	中国临床决策辅助系统——"人卫助手"系列知识服务数字平台
8	中科医库 V2.0	29	中国生物志库
9	方圆特教——智障儿童无障碍辅助教学融合出版云平台	30	中国职业培训在线
10	"尼山馆藏"海外推广项目	31	智汇三农——农业专业知识服务平台
11	民法通 App	32	中国思想与文化名家数据库
12	交通教育融合出版服务平台	33	中华经典古籍库
13	农业专业知识服务系统	34	"农技耘"App
14	红色记忆·贵州红色文化公共服务平台	35	本草风物志·中草药数据库
15	每日中华名画	36	丝绸之路历史地理信息开放平台
16	"美育音乐基础课程"数字出版和教育融合平台	37	"法信"（中国法律应用数字网络服务平台）
17	党员教育数据库	38	"智慧职教"综合教育服务生态系统
18	"瓷上世界"文化走出去融合发展与传播平台	39	机工教育数字化服务平台
19	商务印书馆语言资源知识服务平台（涵芬 App）	40	"人教点读"App
20	《习近平用典》系列融媒体出版物	41	《新华字典》App
21	阜外说心脏：科学、靠谱、有温度的健康教育节目	42	敦煌岁时节令

续表

序号	项目名称	序号	项目名称
43	《大中华寻宝记》融合出版项目	47	中少快乐阅读平台
44	"轨道在线"AR数字教育平台	48	"小荷听书"有声读物出版阅读平台
45	"读者·新语文"中小学阅读与写作教育平台	49	悦读中医知识服务平台
46	《现代汉语词典》（第7版）App	50	《你好呀！故宫》

三、资料收集与数据编码

（一）资料收集与处理

本书数据收集过程遵循"三角验证"的要求，以二手资料为主，包括案例所属企业的官方网站及微信公众号相关讯息、相关媒体报道、《中国新闻出版深度融合发展年鉴》等资料；一手资料来自笔者以工作人员的身份参与2021年融合出版专题研讨班，收集其中部分案例负责人关于项目打造路径的口头分享（见表4-2）。截至2022年10月的数据收集情况，共得到45万字的二手资料和一手资料，剔除与研究主题无关及模棱两可的文本后，得到36万字左右的分析文本。

表4-2 案例研究的资料类型及资料来源

资料类型	资料来源
二手资料	光明网"读掌上精品 庆百年华诞——百佳数字出版精品项目献礼建党百年专栏"
	案例公司的微信公众号
	精品项目平台
	各类新闻媒体报道文章
	《中国新闻出版深度融合发展年鉴》（2021年卷）
一手资料	以工作人员的身份参与2021年融合出版专题研讨班，收集其中部分案例负责人关于项目打造路径的口头分享

（二）数据编码与分析

在数据分析过程中注意数据展示方法，且更多关注田野调查与编码等方法是案例研究领域优秀研究者的惯常做法之一，因此本书采用 Strauss 的程序化扎根理论的编码技术对数据进行处理。此外，因本书从创新生态系统视角探索融合出版路径，还须在编码过程中遵循与创新生态系统视角下融合出版内涵相匹配的研究逻辑。在开始编码之前，笔者将案例打散，从中随机选出 40 个案例用于编码分析，其余 10 个案例用于理论饱和度检验。

开放式编码是三重编码的第一步，是指没有预设观点，将资料打散，赋予概念化标签，然后再以新的方式重新组合起来进而界定概念、发现范畴的操作化过程❶，可分为贴标签、概念化和范畴化三个步骤。首先，在对案例分析文本进行逐词、逐句、逐段研读的同时进行贴标签操作，建立原始语料记录；其次，对标签化的内容进行提炼得到初始概念，在对初始概念进一步提炼的基础上得到概念；最后，基于概念的性质和维度，将概念进行归类，抽象成为范畴。最终，从资料中整理和分析得出 734 个标签，在标签化的基础上得到 563 个初始概念，其中重复频次 3 以上的初始概念 287 个（N1……N287）。在重复频次 3 以上的 287 个初始概念的基础上，得到 12 个概念（A1……A12）和 6 个范畴（B1……B12）。

作为第二大步骤，主轴编码是对开放编码中获得的概念或范畴加以类聚。❷ 本书采用了类属分析的方法，笔者在编码过程中不断地进行比较与反思，在开放编码的基础上形成类属，发展并检验各类属之间的关系，得到创新链协同、服务链联动、价值链攀升 3 个主范畴。

选择性编码在资料分析的层次上更为抽象，因为是以范畴为单位出发来进一步发展理论架构。❸ 笔者对创新链协同、服务链联动、价值链攀升 3 个主范畴进行不断地比较研究和深入分析，提炼出"创新生态系统视角下

---

❶ 周晨露.基于开放式编码的大学生微信打卡学习研究[D].宁波:宁波大学,2019.

❷ 刘鲁川,刘承林.电商直播对消费者购买意向的影响:基于扎根理论的研究[J].管理评论,2023,35(12):182-189.

❸ 李芊,杨希莹.新闻个性化推荐下用户接收行为的影响机制研究:基于扎根理论[J].新闻论坛,2023,37(6):60-62,99.

我国融合出版路径"这一核心范畴。

理论的饱和度检验是扎根理论研究的最后一步，它能够有效地检验出一个理论是否满足研究要求。[1] 本书将剩余10个案例样本用来进行饱和度检验，以检验数据的有效性。经过检验，没有发现新的概念或范畴形成，只有扎根理论得出的3个主范畴和1个核心范畴，且没有发现有可能形成新范畴或新关系。因此，本书所发展的"创新生态系统视角下我国融合出版路径"在理论上是饱和的。

四、我国融合出版系统模型阐释

本书从资料中整理和分析得出重复频次3以上的初始概念287个、概念12个、副范畴6个、主范畴3个、核心范畴1个，在此基础上使用创新生态系统理论作为理论遵循，结合创新生态系统视角下我国出版融合的内涵，构建出了创新生态系统视角下我国融合出版路径模型（见图4-1）。

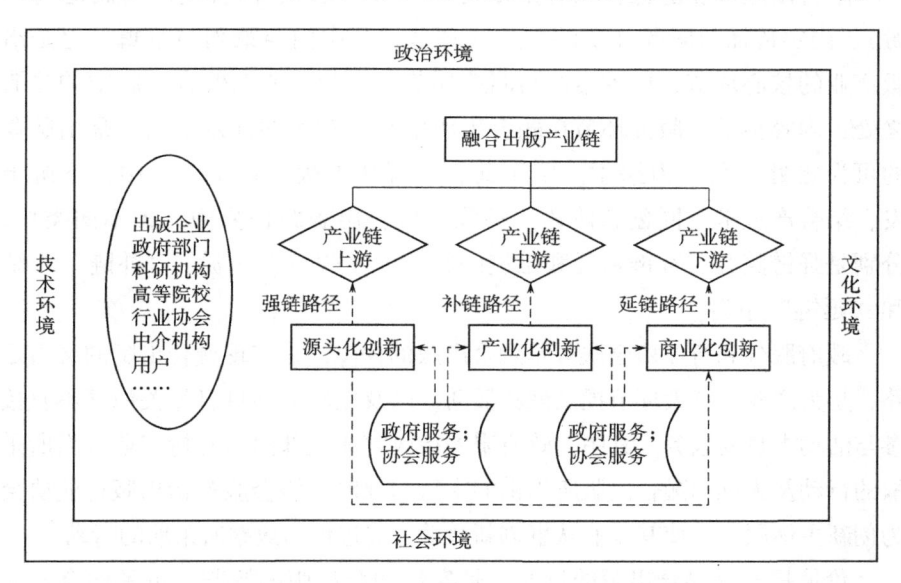

图4-1　创新生态系统视角下我国融合出版路径模型

---

[1] 张之剑.大学生创业实践的创业导师素质研究:基于扎根理论的研究[J].创新与创业教育,2023,14(6):131-140.

产业链是我国融合出版的基础。从前文核心概念界定可知，融合出版在一定的产业基础和创新环境下，政、产、学、研、协、用等创新主体围绕产业链的不同创新阶段所形成的不同链条之间相互联系的、不断演化和自我超越的复杂系统。在这一概念中，产业链是核心，是依托，是基础。创新活动都是以产业链为基础的，围绕产业链的不同创新阶段形成的，为产业链服务，提升产业链水平。

创新是融合出版的动力，是实现融合出版的关键一环。出版融合创新活动是指各类创新主体充分运用先进技术、新型传播手段等紧密围绕产业链的上、中、下游环节的缺失或劣势展开的，在多创新主体及创新要素共同参与下实现全链条价值创造并获得可持续竞争优势的动态过程，包括源头化创新、产业化创新和商业化创新。其中，源头化创新是解决在产品或服务在策划与编辑环节所出现的问题，推进策划与编辑环节改进甚至是变革的创新；产业化创新是针对产品产业化的生产与制造过程中所涉及的创新环节；商业化创新则是针对产品在推广和服务保障上的创新。

融合出版产业链包含内容策划与编辑（上游）、内容生产与制造（中游）、内容传播与服务（下游）三大环节，其中内容策划与编辑一直是出版产业的核心环节，内容生产与制造环节是出版产业在融合出版中的薄弱之处，内容传播与服务环节在融合出版中存在较大的开发空间，是出版业的可为之处，须发力探索。鉴于此，笔者从出版产业链上、中、下游出发，结合产业链不同创新阶段，将我国融合出版路径分为三种不同类型，分别是强链路径、补链路径和延链路径，即"强链"上游，"补链"中游和"延链"下游。

政府服务和行业协会服务是融合出版的保障，是实现融合出版的必由之路，是为产业链三大环节提供创新活动，以及创新活动息息相关但又不直接参与活动本身的服务。其中，政府服务指政府相关部门为支持产业创新所采取的行动及为推动融合出版所提供的支持与保障；协会服务指出版行业协会为创新主体服务，使其专业从事创新活动，促进创新效率所采取的行动。

价值提升是融合出版的目的，是实现融合出版的旨归，也是融合发展的必然结果。创造价值或形成增值，是产业发展的最终目的，同时价值提升又能反哺产业链，进而拉动产业发展。

创新主体是融合出版的内部演化动力，多元创新主体协同是实现融合出版的关键。激活多元创新主体的活力，能有效对接融合出版需求，促进各类创新要素整合集聚，推动出版融合在创新的浪潮里行稳致远。

　　创新环境是融合出版的外部演化动力，营造良好的创新环境是实现融合出版的重要前提。良好的政治环境、社会环境、文化环境、技术环境有利于助推融合出版，同时通过赋能机制，出版融合深度推进也能够"反哺"环境，从而形成一种良性的、可持续的发展。

第五章 我国融合出版路径类型归纳

我国融合出版路径分为强链路径、补链路径和延链路径三种不同类型,下面对其特征进行归纳分析。

一、融合出版强链路径

融合出版的强链路径是围绕产业链上游内容策划与编辑环节展开的,目的是将内容优势切实转化为融合出版优势,进一步将自身的核心竞争力最大化地加以利用,增强发展主动权。内容资源是出版业生存发展的根本,也是出版业的优势和强项,强化内容建设是出版业有效、持续传承的生命力所在。具体来说,强链路径即围绕内容策划与编辑环节部署创新链,做好内容建设、人才培养等源头化创新工作;围绕源头化创新工作完善服务链,为内容建设、人才培养提供服务,加速源头化创新;最终实现出版产业链上游价值链提升的过程。

(一) 强化融合出版内容策划,构筑特色优势

党的二十大报告指出,增强文化自信,围绕举旗帜、聚民心、育新人、兴文化、展形象建设社会主义文化强国。在新时代背景下,出版不仅要利用技术手段促进融合出版的发展,推动出版传播体系的不断完善,更承担着社会主义文化建设和传播的使命任务,以新时代要求强调出版内容。基于出版相关内容策划要求,发挥融合出版的文化创意价值,推进国

家数字化战略的实施。

互联网思维下的融合出版产品,包含电子书、有声书、广播剧、知识库、数字藏品等多种产品形态,类型分为主题出版、专业及学术出版、少儿出版、大众出版和教育出版五个类别。在内容策划的过程中,出版单位需要深入了解大众需求并借助自身优势,以此为依据为大众推出合适的高质量出版融合产品,进而满足融媒体时代大众对数字内容和服务的需求。

1. 挖掘特色内容资源

挖掘特色内容资源是融合出版产品内容策划一种非常重要的内容策略,通过挖掘产品深度和广度,使精品内容多元开发,从而加大产品研发力度,构筑内容资源"护城河"。立足现有资源进行开发,推动文化产品设计专业化、垂直化、体系化、深度化,从而打造出具有独特性和差异化竞争优势的产品体系。

一方面,挖掘产品深度需要开发者深入了解产品的特点、优势、目标群体等方面,借助媒体传播宣传产品特色,这样可以让消费者更加全面地了解产品,增强他们的体验信心。另一方面,挖掘产品广度,需要了解产品在不同空间、时间中的应用情况,以便让用户更好地了解产品的适用范围和价值,提高产品的市场竞争力。

挖掘产品特色是指深入了解产品的独特之处,并将这些信息整合到产品的介绍、宣传材料等内容中,以突出产品的优势和特点,吸引潜在客户的关注并提高市场竞争力。在融合出版发展中,挖掘产品特色就是增加内容密度,细化内容粒度,其表现形式之一就是形成独具特色的原创 IP 文化产业链,实现"一个内容多种创意、一个创意多次开发、一次开发多种产品、一种产品多个形态、一次销售多条渠道、一次投入多次产出、一次产出多次增值"❶。文化形态的深度衍化通过多种媒介的广泛传播,在"双效统一"的前提下,创造出最大化的商业价值。

首都经济贸易大学出版社所出版的反映现实题材的财经小说《决战金融街》,通过 IP 运作,与北京新闻广播电台合作,制作播出了80集同名小

---

❶ 关于推动传统出版和新兴融合出版的指导意见[R].中华人民共和国国务院公报,2015(19):81-84.

说连播节目，受到广大听众的好评。"小屁孩日记"系列融合项目，自2018年融媒体拓展项目启动以来，从有声书、电子书到跨界艺术展，再到微信公众号、微信表情包，突破传统图书出版的思维定式，深入挖掘"小屁孩"IP的潜能，将其打造成多媒体融合的经典童书品牌。中经录音录像有限公司策划了"他们正在改变中国"主题IP出版计划，用图书、系列纪录片和主题论坛等方式讲述中华人民共和国成立以来，特别是改革开放以来我国优秀企业和优秀企业家，展示他们及其企业给中国带来的巨大改变。

新时代下，媒体融合是必然趋势。要想突出自身优势、提高效率，需要积极转变发展思路，把品牌传播与融媒体思维落实在融合发展的过程中。《秋光》在深入开展期刊媒体融合发展的过程中，积极进行流程优化，打通传统媒体与新媒体之间的业务环节，成立多个项目小组，让采编、经营、管理等人员深度融合，各编辑部门在工作中保持实时对接，在热点内容等资源上积极共享，各自发挥优势，形成了"一次采集，多次加工，多次传播"的复合效益，在提高期刊数字化进程的同时，实现高效产出。《幼儿园》杂志现代纸书项目是在充分考虑幼儿阅读习惯、阅读体验的基础上，以二维码作为多元化内容的延伸入口，结合多媒体、AR、微信公众号等新技术、新媒体，为纸书配套各种线上数字化资源和增值服务的出版融合项目。该项目有效解决了传统纸质期刊篇幅固定、单向输出、缺乏灵活阅读体验等一系列问题。在做到内容增量、产品提质的同时，打破了传统出版中从编辑到读者的单向内容服务模式，建立了编辑与读者之间长期而持续的双向互动关系。

"老照片丛书"基于自身独特的优质内容资源形成了品牌影响力，开启了中国出版业的"读图时代"，是出版业界的一个标志性品牌。"《老照片》融合出版项目"是山东画报出版社有限公司基于"老照片丛书"打造的融合出版产品。"老照片丛书"迄今已出版单行本135辑，收录了来自各领域的老照片1.4万余张，照片故事1万余个，字数达1300万字，这些优质资源和品牌影响力为《老照片》融合发展奠定了坚实的内容基础和市场基础，实现了社会效益与经济效益双丰收。提前确定出版物的品牌定位和目标受众，可以更好地制定其融合产品的品牌策略和推广计划，提升品牌价值。通过网站内故事汇、编读感言、照片库等专题建设，增强用户体验，深入了解品牌故事，从而加强品牌形象的塑造，提高读者对品牌的认知度和好感度。

《当代党员》杂志打造"习近平新时代中国特色社会主义思想系列""社会主义核心价值观系列""党史故事100部""中国故事100部""微党课100部""党建小课堂"等品牌产品，把有意义、有意蕴的思想价值的作品创制为有意思、有特点的全媒体特色产品。2021年，重庆市委党建全媒体创制的重大主题、重点作品传播量超13.6亿。《南方》杂志以南方党建视频为重要抓手，以技术赋能推进视频优化，以精品栏目牵动内容提质，党建专题视频、动画、漫画、长图、H5、VR展馆等全面开花，《南方》杂志已形成极具党建特色的全媒体产品矩阵，阅读流量稳居全国地方党刊前三名，党建新媒体入选全国报刊媒体融合创新100佳优秀案例。其全媒体产品包括以文献政论片《党刊百年鉴初心》为代表的系列原创视频产品、《吾土吾乡·红色村VR巡礼》《杨阿洋快评》《梦享时分》《时节广东》《党知部》《小南探展》等一批精品特色专栏，以技术赋能推动深融智转的党刊转型路径逐渐清晰。

总之，拓宽内容资源的获取渠道，挖掘产品深度和广度，丰富内容资源，打造多粒度内容是丰富内容的有效策略，可以帮助融合出版产品设计走向专业化、垂直化、体系化、深度化，从而打造出具有独特性和差异化竞争优势的产品体系。

2. 以特色资源为根本，策划多粒度内容产品

出版的本质属性是内容属性。图书内容一般有一个明确的主题，且具有系统性和稳定性的特点，恰好可以充分发挥数字技术在IP运作、数据库检索和多媒体服务等方面的优势作用，以实现内容增值。在出版深度融合发展时代，"内容为王"依旧是出版的重要理念。技术带来的数据为融合出版的内容策划提供了大量的数字资源，而传统出版社基于本社优质图书资源，一同打造特色出版融合产业链，使精品内容建设是出版深度融合发展的必然要求。

在融合出版的发展过程中，需要整合各种内容资源，以达到资源充分利用的效果，提高文化资源配置效率，实现出版融合集约化发展。在数字

环境下,传统出版要推进深度融合发展,应结合内容资源特征,加大产品研发力度。同时,出版单位必须对管理机制进行改革,积极更新经营与管理理念,打破旧模式,建立新机制体制,以实现新媒体环境下的可持续发展。出版单位在自我研发创新的同时还应与其他企业进行产业融合,挖掘产品深度和广度。

在融合发展过程中,电子书是出版发行、数字化等高新技术相融合的产物,是数字出版产业发展最早、成熟度最高的业态形式。电子书可以通过多层次开发特色资源,着力打造具有竞争力的融合产品矩阵,为用户提供更智能的产品与服务。整合内容资源是指将不同来源的内容资源进行整合和优化,以满足用户需求和提升用户体验的过程,需要以下几步操作。其一,收集和整理计划开发融合出版产品的各类已完成版权沟通的数字内容资源,并按相应的文件目录进行分类存储。通过收集和整理的内容资源,确保内容资源的完整性和版权的专有性。其二,进行内容资源的优化和加工:通过优化和加工内容资源,提高内容的质量和可读性,增强用户体验和满意度。译林出版社充分聚集出版融合精品的内容版权,早在2009年,译林出版社就开始同步购买"纸质书+电子书"版权,引入一系列重磅电子书,近年更是储备了数千种数字版权,纸质书与电子书同步上市比例近100%(少数权利人不授权除外)。[1]

随着有声书市场规模的快速扩大,出版社基于自身资源优势将本社特色内容资源进行有声书的开发、制作,通过与有声书平台合作,打造有声书品牌。有声书市场的发展空间较大,长期以来形成的专业优势延伸到有声书市场,《三体》有声书自上线以来受到粉丝关注,截至2023年8月,在喜马拉雅平台有5.51亿的播放量。

互联网期刊坚持以精品内容建设为导向,开发优质融合出版物。例如,上海中医药杂志社为吸引更多优秀作者向期刊投稿高质量的稿件,杂志社期刊编辑部追踪学术热点,主动约稿策划具有显著时效性、容易引发业内热点话题关注讨论的相关选题稿件,努力打造专题、专栏、专刊效应。《上海中医药杂志》敏锐追踪现代中医药研究领域的临床及科研创新

---

[1] 郑丹,季钰.以精品内容打造为核心,推动出版融合高质量发展[J].出版广角,2023(12):44-47.

热点，近年来的代表性栏目"学科新探"专栏刊载论文在获得2019年第四届中国科协评选的"优秀科技论文遴选计划优秀论文奖"之后，该栏目又在2020年获得"华东地区优秀栏目"的荣誉。该专栏为期刊最早重点打造OSID融媒体论文的学术专栏。2020年2月，《上海中医药杂志》编辑部全体人员面对疫情迎难而上、主动请战，新开辟的"新冠肺炎专栏"基于融合发展理念，优化编审流程及传播策略，注重多媒体平台融合联动及科普、学术相辅相成；最终，该新冠肺炎专栏论文发文量、学术质量均位于同类期刊前列，取得显著的社会效应，期刊品牌影响力得到显著提升。

专题数据库的内容是围绕某一专题而展开的，其产品特点具有内容多、检索手段多、检索速度快等特点。作为某一专业领域的精品资源，其更注重内容的精品化建设，通过优化资源配置找准优质内容发展方向，针对专业受众群体，实现出版内容的持续更新与供给。在数据库制作上，往往是专业性传统出版社联合技术公司对内容资源进行选择、抽取，其中抽取内容资源要遵守完整性、有效性和准确性的原则，再入库与组装，从而转化为一个完整的数据库体系，最后根据市场和用户不断更新的要求对产品进行更新。

例如，"籍合网"是由中华书局下属古联（北京）数字传媒科技有限公司负责建设和运营的国内首款古籍整理与数字化综合服务平台，整合了多种古籍类数字产品，为用户提供智能整理、纪年换算、在线选购等服务。

"《马克思主义大辞典》融媒体资源库"是崇文书局以《马克思主义大辞典》数字化、网络化、智能化为起点，集专业度、体系化、服务性为一体的数字出版项目，以微信小程序为平台，方便用户随时随地进行检索。

"皮书数据库"是社会科学文献出版社以大型连续性学术出版物——"皮书"系列中以中国经济发展的研究资料为基础，全面整合国内外有关中国经济发展的统计数据、深度分析报告、专家解读和资讯。其中包括12个子库，可为用户实时了解经济运行态势、把握经济发展规律、洞察经济形势、做出经济决策提供参考和依据。

"中国政法教育资源服务平台"是中国政法大学出版社基于海量法学

出版内容及专业作者资源，将传统的图书阅读、多媒体应用、在线教育等服务融为一体，为用户提供便捷的智能化服务平台。其中主要包含电子图书资源，多媒体资源，课程资源等，资源包括法学研究、法学教材、司法考试、法律读物、法律实务、考试辅导和其他七个大类。

"文泉学堂"系列专业知识和教学服务平台矩阵是清华大学出版社联合多家大学出版社，聚合高等教育专业内容资源，形成以电子书和配套的多媒体附件为基础，涵盖特色课程资源，内含教师服务功能的专业知识服务平台。自有版权保护阅读技术，智能搜索引擎结合多维度筛选、排序功能，师生用户可以快捷、精准查找知识内容，高效率阅读、学习和辅助教学工作。

整合优秀传统文化资源，赋予文化技术手段。"'诗词中国'融媒体出版传播平台"是中国出版集团中版文化传播有限公司与"中华诗词网"合作的融合出版项目产品，联合打造为中国最全的古诗词资讯社交平台。其中包含古诗、宋词、元曲、文言文、古代诗人、中华典籍、历史故事等专题，共同致力于以传统诗文为核心的中华优秀传统文化的普及和传播。

在向新媒体转型期间，期刊针对不同阶段的市场背景与发展特点，尝试对组织架构进行重新搭建。2017 年，《知音》以纸媒三刊原有的结构为主体，进行初级新媒体转型尝试，保持调整幅度小、震动小，最大限度地保留了纸媒三刊原有结构没有大的变动。2019 年，经过两年的转型尝试阶段后，三刊都不同程度地形成了各自的新媒体产业链，但存在产业链集中程度低的缺点。基于此，《知音》迅速将三刊的转型项目和资源重新整合，以"互联网+"的思维成立了"内容原创及新媒体运营中心"，实现了对三刊编辑力量统一调配，优势互补的新格局。2020 年初，为保证新媒体部门依托线上平台实现正常销售，公司再次推动人力资源力量向新媒体倾斜，建立了以新媒体为核心的全新组织构架。

在出版融合的过程中，部分期刊单位仍停留在单纯将纸质内容进行数字化加工后上传网络平台的阶段。即使有些单位已采用 XML 技术提升出版效率，也仅仅是将该技术用于编校排版过程，以生成多元化出版物为目的，没有对在此过程中生产的资源以及期刊单位积累的出版资源进行深度整合与加工，造成了数字内容资源集成程度低、规模小，且细粒度不足，大大降低了用户满意度和持续使用意愿。极少数期刊出版单位注重利用技术开发内容资源，以发挥内容价值。以学术期刊出版单位为例，以数字技术见长的中国知网、维普资讯、万方数据等数字内容集成商掌握了大量的学术内容资源，并开展深度知识加工等业务工作，进行规模化集成发展，取得良好的市场反响。

总之，整合内容资源可以充分发挥特色内容资源优势，是提高用户体验和提升企业竞争力的重要手段，需要企业具备良好的资源整合能力和内容管理能力，积极探索新渠道，针对资源新特色对其进行深入挖掘利用，同时在开发过程中注重用户需求和反馈，不断优化和改进整合内容资源的策略和方法。

综上所述，以特色资源为根本，打造专业化、垂直化、体系化的出版融合产品是推动出版融合深度发展和不断丰富人民精神文化世界的有效途径。致力打造内容优质、双效俱佳的融合出版产品，需要出版单位具备整合优势资源的能力、挖掘品牌特色的能力和专业化的运营能力，同时也要注重产品的创新和质量，不断提高用户满意度和市场竞争力。

（二）以高质量发展为目标，打造融合出版精品

高质量发展是全面建设社会主义现代化国家的首要任务。高质量发展是时代之趋，是出版业生存与发展的必要条件，应立足于高质量强国要求，坚持高质量发展，加快构建融合出版产品质量管理机制，不断夯实高质量内容基础，探索出一条顺应时代之变的实践之路。

1. 创新出版供给，强化知识深度加工

推动新时代融合出版高质量发展，必须创新出版供给内容，支持原创内容，这是出版业遵循行业规范的时代要求，是产业永葆活力持续发展的必要条件，也是每一位出版工作人员的出版使命。

出版业的高质量发展离不开主题出版的高质量发展，要想在融媒体时代持续唱响主旋律，主题出版就必须紧跟时代发展潮流，与大数据、人工智能紧密联系，将技术融入主题出版的创新发展之中，从而持续加强话语权，发挥主流舆论阵地的功能。以技术手段不断巩固党的理论创新成果，

以融媒体形式向群众传播党的理论,以全媒体方式拓宽宣传思想的平台,使党的理论更加深入人心。为此,主题融合出版是高质量发展的题中应有之义和有机组成部分,同时也为高质量发展提供更有效的精神动力和舆论保障。❶

"党员教育数据库"是人民出版社充分利用了媒体融合的技术优势,所构建的一个面向新时代党员教育培训的信息服务平台。数据库包括资料库、知识库、案例库和素材库四大模块,下分电子书、有声书、视频、课件、问答和试题等子库,主要从知识获取、知识理解和知识应用三个方面进行知识挖掘和二次加工,通过知识图谱、人工智能、大数据分析等先进技术手段向用户提供多维度的知识服务。数据库满足了日常开展党员教育培训活动的资源需求,推动了党员教育现代化进程,同时,也是群众深入学习了解党的最新理论成果的平台。

"中国共产党思想理论资源数据库",在中央领导同志的亲切关怀和中宣部、新闻出版广电总局的有力指导下,由人民出版社开发建成,被党政干部和专家学者称为"用科学技术传播中国化马克思主义的重大创新工程"。目前收入图书分为 12 个子库,13 000 多册、7000 多万个知识点。

"聚典数据开放平台"是上海辞书出版社有限公司聚合 100 余种工具书,逾 320 万条词条释义,为数字阅读平台提供专业、权威、准确、系统的一站式工具书数据服务。读者划词搜索释义,数字阅读平台实时调用"聚典"数据。高效解决读者的知识查检需求,提高读者阅读效率,提升平台用户体验。提供持续更新、扩充新词新语的专业服务,为阅读赋能,有效降低数字阅读平台运营成本。

2. 坚持打造精品内容,在选题上做到"人无我有,人有我新"

"法信·民法典小程序"是由人民法院电子音像出版社法信团队依托"法信"法律知识资源和大数据技术,自主研发、设计、开发、编辑的一款即时查询、研习《民法典》的精准、快捷在线工具,是法律人和法律知

---

❶ 黄先蓉,陈馨怡.高质量发展背景下主题融合出版路径探究[J].出版科学,2022,30(4):14-24.

识爱好者学习《民法典》的首选工具。

国家对推动出版深度融合的实施提出了新的发展要求，作为出版产业链的上游部分，内容策划要顺应时代之需，积极主动探索新可能、新变化，不断推进融合出版高质量发展。

针对当前融合出版中强链的不足之处，出版行业需借助科技力量优势，积极促进产品突出内容优势，建设复合型人才培养体系，以内容策划与编辑环节的优化，推进我国出版深度融合发展。

二、融合出版补链路径

产业链的补链指的是在一个完整的产业链中，通过添加新的环节、业务或者合作伙伴，以弥补原有产业链中的缺陷或者提供增值服务。补链的目的是增强产业链的竞争力、完善价值链条，以满足市场需求并获得更多的利润。补链可以通过不同方式实现，如引入新的技术、增加新的环节和创新业务模式等。

出版融合产业链补链是指通过融合不同产业和环节，完善出版发行产业链，实现全产业链的协同发展。通过整合产业链，加强出版发行产业链上下游之间的合作与交流，实现资源共享、优势互补和协同发展推动跨界合作；通过跨界合作，实现不同产业之间的资源整合和优化配置，拓宽出版发行产业链的领域和范围；通过加强与相关产业的融合，如教育、文化、科技等，共同开发新的产品和服务，完善出版发行产业链；通过建立产业联盟，实现产业间的资源共享、优势互补和协同发展，促进产业链的完善和发展。完善出版发行产业链可以补足出版发行产业链的各个环节，实现全产业链的协同发展，提高出版产品的竞争力和市场占有率。除此之外，还可以推动相关产业的发展，提高整个社会的文化水平和科技水平。

技术基础是实现融合出版的一条重要补链路径。与传统出版相比，在数字出版过程中，出版企业需要应用诸多技术，包括图像处理技术、文本处理技术、多模态语言技术等，这些技术需要获得算法和大规模数据的支持，才能更好地应用于数字出版中。❶ 技术的进步为融合出版提供了强大的支持。例如，大数据技术可以帮助出版从业者更好地理解读者的需求和行为，以此为基础进行精准的内容创作和推广；云计算技术可以提高出版行业的资源管理和服务效率，实现资源的最大化利用；人工智能技术则可以助推出版行业的自动化和智能化，减少人工操作，提高生产效率。但技术应用并非一蹴而就，需要在实践中不断摸索和调整。在应用新技术的过程中，出版业需要关注技术的实际效果，及时发现并解决出现的问题，以确保技术真正发挥出其应有的作用。然而，在实际的发展过程中，我国的融合出版产业链的中链部分仍然存在着一些问题，主要涉及技术基础和体制机制两个方面。虽然我国的出版业已经取得了长足的发展，数字技术的应用也在不断推进，但与发达国家相比，我国仍然存在一些差距和短板。

第一，技术创新能力不足。虽然我国的出版企业普遍认识到了技术创新的重要性，但在实际操作中，很多企业的技术创新能力还是相对较弱。一方面，由于缺乏专门的研发部门和研发人才，很多企业无法进行系统性、长期性的技术创新；另一方面，由于技术创新需要大量资金投入，而出版企业的盈利能力相对较弱，因此，很多企业在技术创新上的投入不足。在出版行业，技术创新能力不足也要从多个方面入手。首先，对于缺乏专门的研发部门和研发人才的企业，可以通过多种途径来弥补这一短板。例如，可以与高校、科研机构建立紧密的合作关系，借助外部力量进行技术创新；可以引进优秀的技术人才，通过内部培养和外部引进相结合的方式，提升企业的技术创新能力。其次，对于技术创新的投入，可以寻求更多的资金支持。政府可以加大对出版行业的支持力度，提供更多的财政资金和政策优惠，鼓励企业进行技术创新；企业也可以通过多种方式筹集资金，如通过与金融机构合作、发行债券等方式，为技术创新提供资金保障。

第二，技术应用能力欠佳。当前，我国出版业的数字化、网络化、智能化水平总体上还比较低。很多企业在技术应用上存在着观念滞后、技术陈旧、设备落后等问题，这不仅影响了企业的运营效率，也影响了产品的

---

❶ 谭利彬.传统出版与数字出版融合共赢发展之路径探析[J].传播与版权，2023(15)：73-75.

质量和竞争力。为了丰富融合出版，提高技术应用能力是关键之一。出版企业需要更新观念，加强对数字化、网络化、智能化技术的认识和重视，积极引进先进的技术和设备，提高企业的技术应用水平。同时企业还需要加强对员工的培训，提高员工的技术素质和创新能力，推动企业内部的技术创新氛围。其次，政府可以加大对出版行业的支持力度，提供更多的政策优惠和资金支持，鼓励企业进行技术创新和数字化转型。同时，政府还可以加强对出版行业的监管，推动行业标准的制定和实施，提高行业的整体技术应用水平。

第三，技术人才短缺。传统出版行业缺乏复合型人才，融合发展部门的人员构成很多时候并不合理❶，当前我国出版业的发展和技术创新日新月异，对技术人才的需求也越来越高。尽管我国的高校和职业学院每年都培养出大量的出版专业毕业生，但在实际工作中，企业往往发现这些毕业生的技术素质和实践能力无法满足企业的需求。很多高校和职业学院的出版专业课程设置相对传统，注重理论知识的传授，而缺乏对实际操作的培养，导致毕业生在实际工作中往往缺乏实践经验和技术应用的能力。尤其是在新媒体、大数据、人工智能等领域，我国的出版业普遍存在着技术人才短缺的问题。

（一）加强先进技术与出版产品生产的融合

区块链、人工智能、语音识别和语义识别等技术的快速发展，为出版业带来了很多机遇与挑战，但也为出版业数字化转型提供了新的思路和解决方案。根据调研数据，各期刊单位在产品开发上虽掌握并应用了一定的核心技术，但在区块链、人工智能、语音识别和语义识别等新兴技术方面，还存在应用较少、开发不足的情况，新技术与出版业融合不深的问题日益凸显。

区块链技术的本质是去中心化的数据库，可以实现不可篡改的信息记录和数据交互。目前，区块链技术在出版业中的应用主要是数字版权保护、出版物防伪、数字化版权交易等方面。例如，出版单位可以使用区块

---

❶ 刘文捷.推动传统出版与新兴融合出版[J].中国外资,2023(13):102-104.

链技术为数字出版物添加数字签名或哈希值，来保证版权归属，或者使用区块链技术为读者提供数字版权购买和交易服务。但是，由于目前区块链技术仍存在安全性、可扩展性、交易速度等诸多问题，而且区块链技术的使用成本较高，许多出版单位无法负担此项技术的投入成本。

人工智能技术对出版行业而言，虽然在文章编辑、语言翻译、内容推荐等方面得到了广泛应用，但是其应用领域仍较为单一，尚未充分发挥其潜力。例如，在编辑方面，人工智能技术可以用于语法纠错、风格调整、文章重构等方面，但是对于文学创作等需要人类创意和思考的领域，人工智能技术的应用还比较有限。语音识别技术可以帮助实现自动语音转文字、声音辨识、说话人识别等，帮助人工智能更好地理解语言。在出版业中，这些技术可以应用在有声读物、自动翻译、内容自动分类、自然语言问答等领域。目前，出版业中常见的语音识别应用主要是在有声读物等方面，但是这些应用的市场规模相对较小，技术的应用范围较为单一。

融合出版既是大势所趋，也是新发展阶段出版业实现转型升级的必经之路。❶ 由于出版企业对技术与内容融合创新及研发等环节的认识还不够充分，对前沿技术的探索应用能力还不够强的问题，出版企业在发展过程中应更加重视前沿技术的探索，促进技术融合。以区块链和人工智能等先进技术为例。出版单位需要加大对技术研发和创新的投入力度，扩大他们在技术领域的投资。这可能包括聘请专门的技术人员，或者与技术公司建立合作关系，并为他们提供更多的资源和工具进行研究和开发。必要的话，出版企业还可以考虑与外部的技术公司建立合作关系，通过合作开发新的技术或应用，或者通过技术转让和许可来获取新的技术。此外，出版单位需要提高对新技术的理解和接受度。这需要出版单位进行更多的培训和教育，以便出版企业员工能够更好地理解新技术的工作原理和潜在应用。这样，他们才能更有效地利用这些技术，提高工作效率和工作质量。

在发展战略层面，出版单位要更加重视技术与内容的融合。出版单位需要将技术融入他们的内容生产和分发过程中。这可能需要出版企业改变

---

❶ 黄楚新，曹月娟. 以融合出版高质量发展推进全媒体传播体系建设[J]. 中国编辑，2023(6):80-84.

业务模式，如将原本以内容为主的业务模式转变为以技术和内容并重的模式。这种改变可能包括使用新的技术来生产和分发内容，如使用人工智能来自动化内容的生产，或者使用大数据和机器学习来个性化内容的分发。

尽管出版业中存在一些以技术为驱动的创新项目，如数字出版平台、数字化出版物等，但这些项目的推广和普及面临许多挑战。一方面，由于技术门槛较高，许多传统出版商并没有充分利用新技术的认知基础，缺乏数字化转型的意识和能力。另一方面，版权问题是数字出版面临的重要难题之一，出版单位需要采取相应的措施保护版权。因此，要加快技术与出版业的深度融合，推进数字化出版，需要出版业积极探索新技术的应用，提高数字出版的效率与质量，推动出版业的数字化转型。

1. 技术赋能出版工作模式，重构出版流程

我国传统出版企业对媒介技术的运用还处于探索阶段，技术创新仍有待加强，企业大数据等思维有待形成，企业投资成本增加等问题亟待解决。❶数字技术的发展进步促进了媒介之间的互联互通，降低了信息传播的时间与空间成本，为产业融合和业务融合提供了基础保障❷，推动出版行业转型升级。出版业正借助数字技术不断革新生产方式、产品形态、发行营销等环节，互联网技术与计算机数字处理技术实现了出版内容的数字化统一与互联网传播，技术主导下的数字出版重塑了出版行业的参与主体及生产流程❸，以满足读者在文化消费领域的全方位需求。

要实现出版高质量发展，全流程数字出版是重要途径。本书对50家出版单位在生产流程中运用数字技术的调查结果统计，其中，62%的单位建立了数字采编投稿系统（见图5-1），26%的单位建立了移动采编系统（见图5-2），70%的单位实现了内容的多屏分发（见图5-3）。可见，基

---

❶ 刘喆.出版深度融合背景下传统出版业的创新发展模式初探[J].传播与版权，2023(11)：70-72.

❷ 张晓华.浅析数字技术对我国出版业的影响[J].文化产业，2022(29)：22-24.

❸ 陈洁，吴书棋.泛在阅读与富媒体应用催动全民阅读趋向数字化变革[J].中国出版，2022(8)：9-14.

于云端可定制的出版全流程数字化生产、发布与传播已经成为出版单位普遍的发展方向。

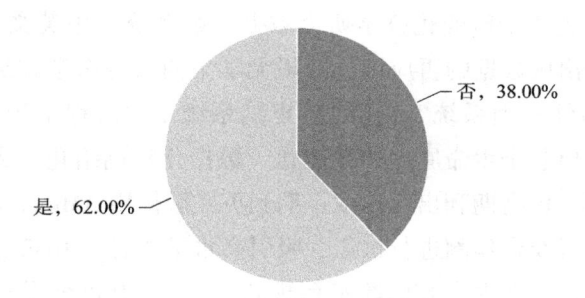

图 5-1　已建成数字采编投稿系统情况

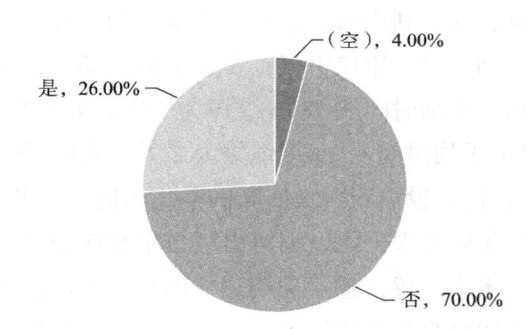

（否，38.00%；是，62.00%）

图 5-2　已建设移动采编系统情况

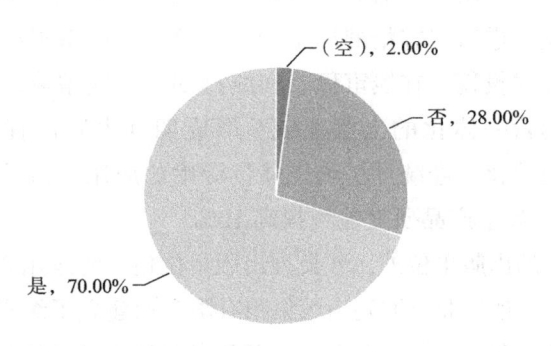

（（空），4.00%；是，26.00%；否，70.00%）

图 5-3　已实现内容的多屏分发情况

（（空），2.00%；否，28.00%；是，70.00%）

各出版单位根据单位自身发展特点，改造生产流程，重构内容生产方式，实现全流程数字出版。在学术出版领域，出版时滞过长一直是学术期刊被诟病的原因之一。随着数字技术在学术出版领域的应用，很多国内外优秀出版物，已经大幅缩短出版周期，创新出版工作模式，优化出版流程。例如《地理学报》以数据出版为突破口，探索学术期刊数据融合出版的新路径，上线"全球变化科学研究数据出版系统（中英文）"，确保数据质量与实现出版数据的再应用。四川大学华西口腔医学院编辑部采用局域版"期刊稿件管理系统"、在线投审稿系统，全流程基于 XML 文件生产，实现学术出版全生命周期的智能化、数据化和网络化，大幅缩短文献生产发布周期，提高期刊出版速度；期刊英文版使用 AMiner 学术推广平台对相关论文作者及合作圈进行推送，吸引高水平作者向 IJOS 投稿，并应用 TrendMD 平台进行学术内容的跨平台推荐。《中国有色金属学报》自建审稿专家库，细分审稿专家专业领域，增强稿件和审稿人的匹配度，专家外审实行差额送审；同时利用网络技术推进审稿的公开，并打造用户学术服务平台，开展培训、学术用户引流；在技术的推动下，实现了出版各环节的全面优化，初审平均时间从 18 天缩短为 2 天，外审平均时间从 36 天缩短为 11 天，终审平均时间从 19 天缩短为 2 天，修后录用平均时间从 35 天缩短为 10 天，稿件从投稿到网络出版的平均时间从 1 年缩短为 2 个月。辽宁北方期刊出版集团有限公司以编辑出版数字化改造项目和国家数字复合出版系统工程技术为支撑，建立了期刊集团数字化出版全流程系统。这一系统根据期刊集团自身业务的特点，对编辑出版流程进行优化，实现作者投稿、编辑加工、出版传播的全链条数字化出版流程，引导纸刊出版向智能化方向发展，进行内容精准加工和快速分发，使编辑出版各流程无障碍衔接，形成在线投稿、在线审稿、在线排期、在线编纂、资源管理、资源发布、资源运营一体化的出版系统，形成期刊出版流程集约化、规范化，工作效率便捷化。经统计，全媒体资源库的应用，帮助存量资源应用效率提高 10%，数字产品研发能力提高 10%。

除学术领域的出版单位外，各类型出版单位也纷纷运用先进技术，赋能出版融合全流程。辽宁北方期刊出版集团有限公司建立了编辑出版的数字化生产平台、产品发布平台、运营平台，以及资源加工开发和利用系统；运用"内容+技术"的模式，利用人工智能语音，将纸质刊物上的故事录制为音频，并在喜马拉雅、慧谷阅读等客户端投放；此外，将期刊的邮箱投稿迁移到投稿系统，并与协同编纂平台打通，杂志社稿件回复效率提高 10%。

中共重庆市委《当代党员》杂志社实现"三刊"编辑部和全媒体中心

跨部门合作采编，形成"统一组织、统一指挥、一体策划、一次采集、集团创制、多种生成、多维发布"的全媒体内容生产模式。全媒体原创作品在"七一"客户端首推，并根据作品传播情况，对作品进行精、深加工，择优精编上刊，突出党刊典藏价值，充分利用"互联网+出版"的发展趋势。2022年以来，传播量超过10万的全媒体作品有100余个，播放量超过100万的近20个。

贵州日报报刊社建立"新闻宣传管理办公室（融媒体中心）+融媒体指挥中心、采访中心、编辑中心、技术中心"的"1+4"指挥调度体系，形成集约高效的内容生产体系和传播链条。

出版流程中对数字技术的运用，不仅帮助出版单位缩短了出版周期，提升了出版质量，提高了纸质内容向数字内容的转化效率，还为其建立融媒体资源数据库、构筑数字内容发布渠道、出版融合转型发展奠定了基础。

为了推动全流程数字出版，出版单位还需要申请相关出版许可证办理。要创立多元化平台，聚合优势资源，拓展互联网出版产业链，出版单位就必须拥有丰富的出版许可证，建立集内容生产、经营管理和服务提供于一体的出版产业链条，提升期刊单位的品牌价值，获得最大的盈利空间。

对50家出版单位相关资质的调查结果显示（见图5-4），出版单位所拥有的互联网信息类资质主要集中在网络出版服务许可证（44%）、ICP互联网信息服务许可证（28%）和互联网新闻信息服务许可证（22%）上；而在出版广电类资质中，50家出版单位中拥有广告经营许可证的占56%，拥有出版物经营许可证的占52%，拥有广播电视节目制作经营许可证占18%。

2. 加强对外合作，提升信息技术应用水平

加强对外合作是指出版企业与其他行业或机构进行合作，共同开展创新项目和推动融合出版的发展。这种合作可以包括与科技公司、互联网企业、数字媒体机构等的合作，共同研发和推广新技术、新产品。此外，还可以与高校、研究机构等开展合作，共同研究和探索融合出版的新模式和

新思路。通过对外合作，出版企业可以借鉴其他行业的经验和技术，提升自身的信息技术应用水平。例如，可以学习互联网企业的数据分析和营销技巧，将其应用到出版业中，提高内容推广的效果。同时，还可以学习数字媒体机构的创新思维和技术手段，推动出版业的数字化转型和创新发展。

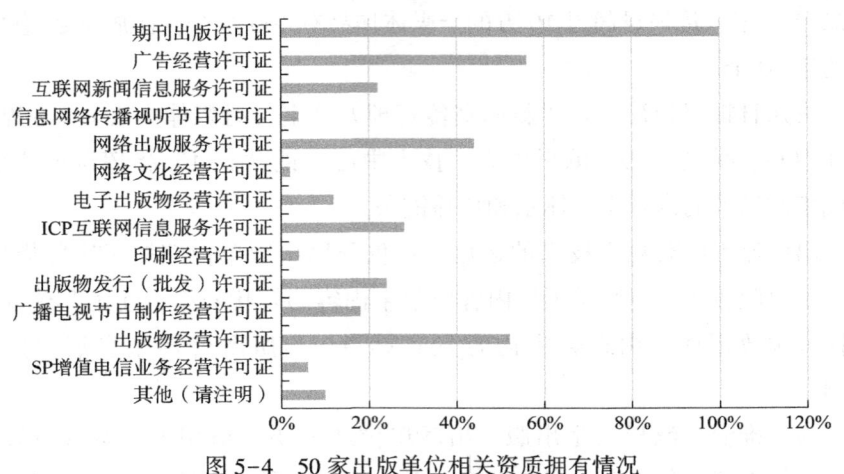

图 5-4　50家出版单位相关资质拥有情况

（二）建立有效的融合出版技术应用模式

融合出版技术并应用于出版业，有利于行业整合信息与资源，推动产业发展，提升出版品质，创新业务模式，融合出版技术应用模式对于融合出版推进非常重要，应积极推动其在出版业及其他相关领域的应用和发展，以下是整理出来的集中技术应用模式。

1. 以用户体验为导向的技术应用模式

有的出版单位依然停留在传统互联网阶段和"以我为中心"的传统出版工作思维上，在推进融合出版过程中忽略了用户体验。❶ 大众期刊的融合发展，没有只停留在开设"两微一端"或入驻更多平台等搭建数字化平台层面，而是利用数字化技术，更加精准地瞄准目标受众在某些方面的刚

---

❶ 宋永刚.推进出版融合深度发展的关键点和着力点[J].中国出版,2018(18):17-20.

性信息服务需求，针对这些细分需求，聚合已有资源，收集竞品信息，评估采编团队能否持续生产有相对优势的内容；采取互联网内容产品开发的迭代升级模式，持续优化，最终形成稳定的风格，实现大众期刊在数字化时代的蓬勃发展。

多年来积累的优质内容资源，也为出版单位获取读者信息、精准判断市场前景提供基础。数字化技术的精准运用，有利于及时准确地采集、传输相关数据信息，为融合出版提供助力。《读者》杂志多维度获取用户行为数据、交易数据及用户反馈等，利用数字技术将各类信息高效传递到数据加工、存储环节，实现数据的全面采集；依托算法等技术分析工具，以"标签"为核心应用，构建用户画像体系；挖掘每一个用户的人口属性、行为属性、社交网络、心理特征、兴趣爱好等数据，经过不断叠加、更新，抽象出完整的信息标签，组合并搭建出一个立体的用户虚拟模型，即用户画像，最终实现智能推送，在增强用户体验的同时，维护用户稳定性，奠定坚实的用户基础。

相较于学术类出版物，如清华大学出版社有限公司等积极采用大数据、人工智能等先进技术，支持数字化出版模式，大众类期刊受限于数字化技术开发投入不足等因素，缺乏对于人工智能、大数据、区块链、元宇宙等新技术的运用。基于此，未来大众期刊单位应把技术作为转型的驱动力量，重视平台建设，提高数字化经营能力；建立基于移动互联、大数据、虚拟现实、人机交互等新技术的生态系统，实现信息、产品与用户需求的智能匹配，形成新的商业模式和盈利模式。

2. 融合化内容生产与分发模式

中国教育报刊社遵循从纸媒到全媒、从报刊到智库的融合路径，搭建起"中央编辑部"常态化运转、"报刊网端微"各媒体平台统筹协调、"舆、策、采、编、发、传、评"七位一体的新闻生产流程，基本实现了"统一采集、多种生成、多元发布、个性推荐、融合传播"的全媒体生产和传播格局，向纸媒、新媒体和媒体智库"三驾马车"融合发展的方向迈进。

辽宁北方期刊集团以编辑出版数字化改造项目和国家数字复合出版系

统工程技术为支撑，搭建数字化出版全流程系统。根据集团业务特点，优化编辑出版流程，实现作者投稿、编辑加工、出版传播的全链条数字化出版流程，形成在线投稿、在线审稿、在线排期、在线编纂、资源管理、资源发布、资源运营一体化的出版系统，引导纸刊出版向智能化方向发展。其中，依托编辑数字化转型项目，推动期刊编辑从传统编辑，向能够运用新技术、具有创新能力的复合型编辑转型，实现了编辑的自编自排版流程。

浙江教育报刊总社被教育部列为教育融媒体建设试点单位，重点建设浙江省教育融媒体中心。浙江教育融媒体中心建设"一库四平台"，即教育媒体大数据库，以及教育舆情监测、选题策划分析、采编发协同指挥、传播分析评测等四个平台；相关教育部门及部分高校入驻融媒体中心，搭建教育信息数据的聚合分析发布平台。总社以旗下《中学生天地》作为推进期刊深度融合工作的"领头羊"，探索建立一套适应全媒体环境、创新融合发展的内容生产机制和传播流程。

北京出版集团有限责任公司旗下《父母必读》杂志，积极探索数字化转型，建立了从选题内审、立项、主题确定、多形态产品制作到后期包装、运营推广全方位的系统化流程管理体系。

3. 元宇宙等前沿科技导向的技术应用模式

中国教育报刊社以大数据、人工智能等技术为支撑，研发教育行业信息服务、智囊服务等智库型产品。

辽宁北方期刊出版集团《中国数学教育》杂志社利用集团引入的武汉理工数字传播工程有限公司开发的融媒体云平台——RAYS系统，为融合生产提供技术支持，成立了探索融合出版新模式的《中国数学教育》数字出版融合实验室，旗下数学小灵通杂志社将当下最热的元宇宙技术与期刊结合，制作了《数学小灵通》元宇宙期刊；旗下《数学周报》推出了交互式学习报纸——数学周报 Web3.0。

其中，《中国数学教育》数字出版融合实验室整合了全国青年数学教师课例展示活动、在纸刊内植入二维码的融合期刊、培训和活动直播等资源，将参与活动的读者引流至杂志社群，将内容和资源加工成数字产品，上架到数学学科教育科研服务平台，为用户提供专业化服务。

《数学小灵通》元宇宙期刊项目，由杂志社和武汉数传集团采用"内容+技术+运营"的合作模式进行运作，杂志社提供内容资源、数传集团提供技术和运营，共同开发元宇宙端的内容、交互、呈现并链接到发行渠道；借助虚拟现实技术，打造期刊专属虚拟场景，通过外接设备使读者进入虚拟期刊世界，沉浸式体验数学游戏、观看三维数学模型，以生动、形象的方式帮助用户提高数学思维。

少儿期刊关注新媒体技术发展，积极将新媒体技术与期刊内容融合。例如，自2015年起，广西期刊传媒集团有限公司便开始探索AR技术与期刊的融合，积极寻求与优秀AR技术公司的合作，借助成熟的技术平台展示AR内容。多年来AR技术的不断进步，使得下载与阅读方式更便捷、技术更纯熟精湛、呈现效果更精美逼真，交互效果更好，极大地丰富了刊物的内容选题与呈现形式。少年儿童出版社旗下的《十万个为什么》杂志利用AR技术开发内容产品，提供各种形式的AR交互内容，如视频、图片、探究项目答案、互动小游戏等。《小朋友》杂志期刊内页引入"二维码"技术，达到纸质媒体与电子网络的连接与互动。《少年科学画报》构建音视频数据库，通过云计算、大数据等新兴技术整合专家、内容和用户资源，以版权内容（IP）为核心、以专家及机构资源（PGC）为土壤与养分，通过生产大量的音视频节目，重构品牌价值。

《金属加工》利用数字媒体的优势为纸媒赋能，运用二维码技术嵌入多媒体内容；2020年10月，成功应用AI虚拟技术陆续制作了"金属加工每周要闻""金粉小讲堂""金属加工快讯"等栏目，引起了行业的广泛关注，品牌影响力持续提升。

2022年，卓众出版与上级单位共建的融媒体中心建设完成并于10月28日正式揭牌运行。中心总面积近1000平方米，其中室内区域近300平方米，分为XR虚拟拍摄区、4K高清全场景直播区（绿箱拍摄区）、VIP访谈区和沉浸式体验展示区，以先进的硬件设施和虚拟技术应用为依托，将虚拟制作、直播服务、视频制作、大数据应用、沉浸式体验等功能融为一体，构建起数字传媒时代新型融合传播体系，开启数字时代高质量发展新征程。

三、融合出版延链路径

融合出版的延链路径是围绕产业链下游内容传播与服务环节展开的,目的是延长产业链的长度,放大产业链价值。出版产业链下游的内容传播与服务环节,是围绕产品推广或服务保障部署商业化创新环节。随着融合出版的深入推进,融合出版产品或服务的样式和种类越来越多,用户的需求也越来越丰富,这就要求创新主体不断改变、创新营销和服务模式,构建营销矩阵,关注用户,并为用户提供个性化的精准服务。延链路径就是围绕内容传播与服务环节部署创新链,做好用户服务、品牌传播等商业化创新工作;围绕商业化创新工作完善服务链,为用户服务、品牌传播提供服务,加速商业化创新;最终实现出版产业链下游的价值提升的过程。

(一)关注用户需求,提供个性化服务

新媒体技术允许内容创造和受众参与两者的同时进行,用户(受众)正逐渐成为传播者。鉴于信息化媒体不断深入日常生活,受众分析的理论空间充满了交叉领域学者们急需研究的主题、例子和问题。[1] 研究人员对年轻人进行调查后发现,"数字一代"作为互联网中的代表性群体已不容忽视。"年轻专家"对传统意义上的"权威专家"产生了强烈的质疑。因此,出版融合作为一个传统出版与新技术相交融的阶段,越来越需要出版单位分析用户的核心需求,并根据其需求打造个性化产品与服务,以期提高用户忠诚度,实现产业链的延长。

可以说,针对性满足用户需求,提供个性化服务,不仅可以提升用户满意度、增加用户参与和互动、增加出版单位盈利机会,还能够增强读者对出版品牌价值的认知度,助力出版单位在市场中获得竞争优势。这对于

---

[1] DAS R, YTRE-ARNE B. Critical, Agentic and Trans-media: Frameworks and Findings from a Foresight Analysis Exercise on Audiences[J]. European Journal of Communication, 2017(32):535-551.

出版单位实现可持续发展和持久成功来说至关重要。

1. 深耕垂直领域，创新服务形式

新时代数字出版在保持高速度、大规模发展的同时，更加追求优质量、稳效益的目标，提供更优质的服务，从而转变服务理念，扩展服务业务，创新服务类型，搭建服务平台。❶ 深耕垂直领域意味着出版单位将专注于特定领域或主题，为读者提供更为专业和深入的内容。这可以提高内容的质量和专业度，满足读者对于精准、权威信息的需求。同时，出版单位利用数字化手段，创造全新的服务形式，如虚拟现实、增强现实、互动式阅读体验等，为读者提供更具创新性和互动性的阅读体验。两种方式的结合，有助于出版单位在特定领域内打造知名度和权威性，为开拓新的读者市场蓄力。

（1）精品化服务模式。

在互联网时代下，传统出版的限制性被打破，出版行业向着服务型方向转变，群众也对出版物提出了更多要求，出版精品化不再局限于内容。因此，在延链阶段，出版单位不仅需要对内容进行丰富与调整，还应结合不同平台的推动机制及用户使用特征，以差异化、个性化的形式推动出版物的宣传与推广，打造精品化产品与服务，吸引更多群众的关注与支持，充分发挥精品出版物的价值引导作用以及文化传播作用。❷

主题出版作为既能反映社会主流意识、传播时代价值，又具社会影响力、能满足市场需求的中国特色出版形态，在精品主题图书创作出版方面，取得了国内外的广泛关注与认可。外文出版社的《习近平谈治国理政》（一、二卷）截至2020年年底，已累计出版20多个语种，覆盖160多个国家和地区；上海人民出版社的《中国震撼》推出7个语种，其英文版被美国华盛顿大学选为国际关系课程的参考教材；"红色记忆"系列丛书的《梦想的力量》《信仰的力量》目前已经签了英语、尼泊尔语、僧伽罗语、阿拉伯语等4个语种的版权输出合同，将输出到英国、尼泊尔、斯

---

❶ 林泽瑞.人工智能时代的数字出版创新探析：内容场景应用与服务能力提升[J].出版与印刷,2022(5):8-16.

❷ 李文慧.出版精品化战略趋势分析[J].中国报业,2023(9):212-213.

里兰卡等国。精品化的主题图书不仅带动国内人民对社会主流文化的认识与学习,还成功实现海外的广泛传播,在一定程度上引领了中国图书走出去的潮流。❶

2022年中国知网《学术精要数据库》(https://xsjy.cnki.net/)基于中国知网资源总库遴选出2011年至2022年10月期间各学科代表性、高影响力论文。上海中医药杂志社两刊共有1023篇论文入库,其中188篇学术论文入选中医药学科高影响力论文。

中国社会科学杂志社坚持精品内容建设。在信息过载的时代,坚持以人民为中心,以服务国家社会发展、哲学社会科学研究为目的,密切结合党和国家重大理论和现实问题的需要、哲学社会科学界的前沿动态,以"提炼标识性概念""设置创新性议题"为抓手,推进内容生产供给侧结构性改革,扩大优质内容产能,以学术精品不断引领中国学术发展。为更好地推出精品力作,推动理论和学术创新,中国社会科学杂志社开展《中国社会科学》年度好文章评选活动。评选标准为:坚持政治性、思想性、学术性的高度统一;有原创性的思想、理论和观点;问题和方法具有前沿性;有厚重的学术分析。评选的开展更有利于精品理论文章的发表,将政治话语转化为学术话语。

在数字技术赋能背景下,出版深度融合发展需要深耕内容、增强内容传播力,这有利于推动创作者深度挖掘呈现高光内容,满足读者对于优质内容的需求,使读者能够更加形象、直观地理解核心内容,更好地提升优质内容的显示度与影响力。❷ 新形势下,出版单位已经不仅局限于纸质出版物的生产,而是基于纸质图书的特点开发新媒体平台和融媒体产品,如两微一端、小程序、开放获取(OA)平台、内容产品、服务产品等,基于多平台提供内容和服务。

出版单位针对自身出版物特性与目标用户,以先进技术为支撑,推进媒体深度融合发展。浙江大学出版社面向读者用户需求,除为作者提供印

---

❶ 魏玉山. 主题出版:向精品化行进[EB/OL].(2020-11-26)[2023-8-29]. https://media.people.com.cn/n1/2020/1126/c40606-31944917.html.

❷ 高映月. 数字技术赋能背景下学术期刊影响力的转向探索[J]. 黄冈师范学院学报,2022,42(6):57-59,111.

刷版、电子版等服务，还提供个人抽印本服务；通过微信公众号内嵌小程序，为作者提供稿件快速状态查询及外语写作润色服务等；利用二维码实现出版内容的延伸服务，可获取论文相关视频、PPT、实验数据、支撑材料等；利用电子书制作工具，为虚拟专刊、主题出版制作电子期刊，期刊内嵌音频、视频及数据库资源。

党刊《当代贵州》杂志社自主研发"天眼云"，通过技术赋能提供内容共享、技术共建、服务赋能等方式，构建网络体系建设，实现媒体行业融合；运用"自动生成+自适应+H5"技术，推出移动新闻产品"贵州日报微报纸"；突出倡导创新运用 VR、AR、MR、AI、H5 等融媒技术手段，坚持"虚拟软件、架构设计、消化吸收、集成创新"，把技术创新革命作为推动媒体融合发展的重中之重，突出数据"聚、通、用"主线，打造智能媒体、智慧媒体、智库媒体，构建更加完善的全媒体形态。上海少年儿童出版有限公司在期刊内页引入"二维码"，实现纸质媒体与电子网络的链接与互动；利用新技术对纸质内容进行创新与多元利用，实现 H5 可视化互动呈现。中国社会科学杂志社将中国社会科学网全流程传播平台作为落脚点，借助云计算、大数据、流媒体等新技术，充分发挥优质学术资源禀赋特点，对纸媒产品资源进行二次创新，加强纸媒产品内容价值的挖掘。清华大学出版社有限公司采用大数据、人工智能等先进技术，支持增强出版、数据出版、虚拟出版、连续出版等出版模式，提供智能推荐、学术画像、知识图谱、科研趋势分析等知识服务功能。

出版单位依靠技术优势，持续内容深耕，提升全媒体环境下的内容整合能力，拓展内容传播领域，不断提升数字出版产品的质量和服务水平。❶《新周刊》杂志通过自主开发的 App、H5、小程序等多种用户端，实现对用户的触达，用户可以在新周刊 App 上与作者和其他用户进行沟通交流，参与讨论。服务端通过架设在阿里云服务器上的后端服务，可以支撑起用户端数万计的并发请求，并根据情况实时增加服务器数量，以满足用户需求。同时，服务端建立了一套内容安全机制，对用户生产内容进行审核和筛选，保证内容安全。原创内容通过内部后台上传后，不仅可以在 App、

---

❶ 郑志亮,连叶燹.技术赋能：数字教育出版新路径探索[J].中国编辑,2022(11)：68-71,85.

H5等场景进行分发，也可以同步到外部平台，大大提高了内容的传播效率。

（2）专业化知识服务模式。

不同经营类别的出版单位，在各自的垂直领域深入挖掘为读者提供创新服务，打造专业性、权威性出版产品与服务。这些出版单位将专业领域的深度知识和专业技能提供给客户，提供专家咨询、训练营和交流会等服务。

专业出版是与职业或专业有关的出版。❶ 专业出版与行业密切相关，行业出版单位充分发挥行业优势，依托数字平台，为读者提供全方位、高质量的内容与服务，打造专业领域的知识数据服务平台。

《金属加工》作为中华人民共和国成立以来率先面向金属加工工艺及装备领域出版的科技期刊，不断利用数字技术，打造专业化业界领先出版品牌。《金属加工》通过搭建产学研交流平台，利用作者资源优势，策划特色图书，形成了"实用、选用、禁忌"3大重点系列图书类产品，逐步完善"五位一体"的全媒体产品体系。持续推进栏目化建设，深度挖掘内容价值，形成了"技术方程式""金属加工史话""数控刀具选用指南"等持续更新的原创栏目，以及年度回顾和拜年主题等固定的专题化、系列化的内容选题。在视频产品方面，《金属加工》按照"产品化、体系化、品牌化"的总战略思路，进一步细化为"栏目化、节目化"的思路，从满足用户不同需求、实现不同功能入手进行布局，打造了以金粉讲堂、在线论坛、会展直播、企业云直播、金属加工每周要闻、金属加工快讯等为代表的视频类产品。《质量与认证》推出了首档TIC行业播报类视频节目——TIC晨报，聚焦TIC行业的政策、机构重大新闻，以视频播报的模式服务于广大TIC从业人员。

卓众出版自主开发了第一工程机械网、农机新闻网、知谷App、修车帮平台、农机产品大数据平台等，为面向专业领域的知识数据服务平台的打造和运营起到了强大的保障作用。卓众自主研发的数字出版平台和营销服务云平台等系统，可复制性强，是平台化的数字营销工具集，以此来满

---

❶ 张金柱.编辑学人丛书 编辑创新论纲[M].太原:山西教育出版社,2016:356.

足各业务部门自身新媒体传播和客户的互联网营销需求，持续为数字业务赋能。从2017年开始，卓众出版依托旗下《农业机械》杂志的行业资源，采集、整合行业数据，设产品经理跟进系统搭建工作，着力建设自有的农机行业产品数据库。截至目前，大数据平台收录我国农机企业4250个，产品型号超2.5万个，农机经销商超2.8万个，超过800万个用户的成交信息。形成农机购机查询系统、农机行业大数据分析系统、农业机械CMS系统、农机企业管理系统等产品。2022年，农机媒体大数据平台实现了底层数据一体化，形成新闻信息、行业决策参考、用户购机行为辅助等功能集成的行业大数据平台，为政府、企业、行业提供精准数据分析服务和解决方案，也为农业机械杂志社打开全新的发展之路。

中华医学会杂志社通过多样化的知识交互平台建设，在大数据、云计算、人工智能等技术的加持下，促进内容表达和传播方式的创新优化，思想的提升与系统化，实现可持续的循环发展。以其累积的专业的内容资源，打造多样化数字内容服务平台，为用户提供全面、专业的医学服务，满足不同用户的个性化需求。杂志社通过整合加工数字资源，建立起了医学专业资源数据库等产品，研发与建设众多数字专业内容服务平台：搭建运营"中国临床案例成果数据库"，以开放获取方式公开展示收录案例的全部内容，平台发表的所有文章均可在公共网络领域里免费获取，允许任何用户不以营利为目的的阅读、下载、打印、检索、超链接该文献。新冠肺炎疫情暴发后，杂志社整合内外部资源，搭建"新型冠状病毒肺炎科研成果学术交流平台（中英文）"，为国内外的抗疫发挥了重要的学术支撑作用。基于新兴出版机构的期刊OA模式的规模化发展，杂志社将全系列英文期刊作为开放获取期刊出版，同时，打造独立运营的医学英文期刊出版传播平台（MedNexus.org），通过在线开放获取方式展示，使发表在国内的英文内容国际化程度及国际显示度、影响力逐步提高。该平台也将逐步向其他中文医学期刊开放平台发布和传播服务，提供全流程国际化出版服务，增加平台信息量和影响力。截至2022年11月，平台浏览量超过106万次，读者来自美国、印度、中国、加拿大、英国等220个国家/地区。

中国社会科学杂志社积极探索并推进由传统学术纸媒向新型学术全媒体平台建设的深度融合发展道路，将中国社会科学网全流程传播平台作为落脚点，借助云计算、大数据、流媒体等新技术，充分发挥优质学术资源禀赋特点，推动体制机制有效整合、采编发网络和新媒体技术应用，不断对纸媒产品资源进行二次创新、再次传播，以加强纸媒产品内容价值的挖掘，扩大刊物、报纸的学术影响力，推出融媒体学术产品，提升主流媒体传播力，打造具有持久影响力的融媒体品牌，培养适应新时代发展需求的全媒人才，更好地推动纸媒行业转型发展，朝着建设世界级名刊名社的目标不断前进。

除了专业出版，教育出版作为与学生教育与教师教学育人有着密切关联的出版类型，也在不断加速出版融合进程，在国家课程标准的约束下，进行内容的创新制作，提供丰富多样的数字教育出版产品与服务。教育类期刊《父母必读》以儿童为中心，按照主题模块提供场景式成长解决方案，通过实用贴心的系统课程、电子刊物、会员活动等于一体的综合式知识服务，为父母和儿童成长赋能。现已汇聚超 200 多位跨领域顶级专家，1000 多集在线精品音视频课程，1000 多篇电子专题文章，超 10 000 多分钟精细解读，通过文字、图像、音视频等多媒体形态，实现"听、看、问、聊"一体化，为父母提供丰富的关于少年儿童成长的知识体系，并通过系列直播、沉浸式读书会、针对性训练营、跟踪式家庭教育咨询等多种形式的线上线下服务活动，调动多感官体验和友好交互。

2. 确定目标受众，注重与读者互动

出版的受众即为读者，互联网的受众一般称为用户。传统出版对读者资源的开发不够，忽略读者需求。在数字媒体冲击和期刊媒介变革形势下，出版单位必须以读者细分和定位为基础，通过提供丰富且具有特色的信息内容保持其核心竞争力。❶ 在新媒体平台建设过程中，各单位立足优质内容建设，创新呈现传播方式，加强与读者的互动性，从而设计针对读者的内容以满足其信息需求。

（1）精准化用户运营模式。

精准营销是通过构建大数据体系平台，提高差异化运营用户的能力，

---

❶ 宋凤红. 基于读者细分和定位的杂志栏目策划[J]. 北方传媒研究, 2018(5): 90-92, 96.

个性化地提供业务服务能力，能够最大程度上降低企业对用户的营销成本，提高公司的投入产出比。❶ 出版单位在出版融合过程中，利用数字技术确定目标受众，分析读者的阅读行为和反馈，根据读者的兴趣和需求提供定制化的推荐、内容筛选和个性化的用户体验，从而精准化地定位用户并满足目标受众的需求。

各种数据分析技术为把握用户需求提供了手段支持。中国科学院西北生态环境资源研究院运用用户画像、大数据分析等数字技术，把握数字时代不同受众群体的新型阅读需求，以文字、图片、语音、视频等不同形式在不同的渠道进行分众化、差异化传播。借助于智慧媒体的大数据分析，中国科学院西北生态环境资源研究院根据用户在使用过程中对不同内容和话题的检索次数、点击量、阅读时长、转发率等数据，分析单个用户特有的阅读偏好和习惯，为受众进行人物画像后进行内容推送，实现目标人群精准定位，从而实现出版社内不同微信公众平台的个性化服务，拓宽传播群体的覆盖面，提升公众号受众黏性和内容传播效果。

在渠道运营的过程中，出版单位致力于针对各类型群众，提供精准服务。在融媒体转型过程中，少儿期刊秉持"内容为重、服务读者"的理念，衍生出多样态的融媒体产品、多元化的读者服务与互动模式。广西期刊传媒集团有限公司注重读者互动和品牌宣传，基于期刊定位，打造读者群体针对性更明确、服务更精准、更具有影响力的微信公众号矩阵。广西期刊传媒集团自主研发的线上阅读平台——"小书童"在线有声阅读平台，围绕用户需求设计产品和提供服务，基于微信群等社交平台组织线上阅读社群，进行精细化社群运营。"小书童"将具有同样阅读需求的用户整合起来，以社群为单位，提供多样的阅读素材，通过音频、视频互动，实现交互式阅读体验，增加少儿读者的阅读兴趣，培养良好的阅读习惯。

大数据技术在出版产品内容推广层面发挥了重要作用，《中国国家地理》根据用户在网站中留下的各种痕迹，分析用户的个人兴趣和内容偏好，进行个性化内容推荐和广告推送；同时，对用户忠诚度进行分类，确定广告投放的频率和力度。在渠道推广方面，按照用户的媒体使用习惯确定广告投放渠道和广告策略之后，进行试投放。再利用大数据技术快速分

---

❶ 徐海亮.论精准营销理论[M].北京:机械工业出版社,2006.

析广告试投放的效果，按照分析结果及时做出调整，进行广告的正式投放，并不断收集反馈信息进行调整完善。

（2）以用户为中心的互动营销模式。

确定目标受众以及其需求后，出版单位运用数字技术与目标受众进行更紧密的互动和参与。用户为中心的互动营销模式关注用户的需求和体验，通过与用户的积极互动建立稳定关系，促进用户参与度和忠诚度的提升。并根据用户的反馈和数据进行调整和改进，以实现长期的营销。例如，出版单位通过社交媒体平台与读者进行直接互动，收集他们的反馈、意见和建议。这种互动能够增强读者与出版单位之间的联系，帮助出版单位深入了解目标受众的特征和需求，增强读者的参与度和满意度，提高用户黏性。

众多出版单位利用数字与出版的融合，开通了用户的互动与服务业务，提升产品服务效能的同时，与用户建立良性的互动关系，推动出版深度、可持续融合发展。其中，直播互动服务是近两年来发展迅速的一项数字服务业务。2020年，卓众出版依托自有直播技术服务平台支持，大力开展线上直播业务，及时满足因疫情迸发出的大量的线上需求，开拓出新的发展机遇。2021年公司组织的各种直播活动达近500场，在线观看总人数有数千万人次，经济效益显著。

在读者服务和互动方面，少儿出版单位探索通过新媒体服务模式加强与读者的沟通与互动。广西期刊传媒集团线上公益课堂"教师论文实操与投稿技巧"课程，以直播形式传播，广受好评。2014年9月，集团开通集合品牌宣传、读者服务、读者互动和产品零售于一体的公司官方新媒体账号"广西期刊传媒集团"，目前粉丝量为48 950，公众号提供了多样服务，是公司活动宣传、读编互动的主要新媒体渠道。《少年科学画报》也借势构建了多样的读者服务模式，例如针对学校群体，打造课后内容服务包，以"杂志+直播讲座+在线视听"等形式，提供优质科普服务；针对广大读者群体，融媒体产品为读者服务增值，以订阅赠送的形式，便于读者视听多渠道汲取科普知识；同时，针对不同内容产品，打造细分人群的科普社群，通过读者分享讨论，形成科普传播的闭环，并反哺内容。

大众类期刊《第一财经》从商业信息、商业逻辑到生活方式、价值观，全方位影响读者，运用新技术手段衍生出未来预想图、新一线、金字招牌、未来商业秀、播客等优质IP；深入开发数据研究智库、付费数据平台、海外商业视野、音频等全方位的产品，服务读者，增强读者与杂志的黏合度。《女友》杂志持续增强媒体与受众的联系，如借助明星效应，造势传播，依托"女友融媒体矩阵"，通过高黏度粉丝进行宣传互动、建立用户数据库、提升服务等，在期刊运营流程中的每一个环节上都充分形成话题，通过内容的传播，在新媒体平台扩大话题影响力，吸引用户参与。

进入融媒体时代，公众有了更大的选择权。出版单位更应树立用户意识，让信息有效抵达用户，除了保证期刊内容的质量好、主旨好、主题好，还需保证用户乐于接受，与用户建立良性互动关系，从而提升用户黏性，打造出更好的融媒体产品与服务。

南方杂志社根据自身特色和传统优势，以正刊的权威性，增强网端的影响力，以网端的强互动，扩大正刊的覆盖面，从而增强读者的参与度、关注度和满意度，进一步推进媒体融合。将正刊的权威性与网端的丰富性结合，成为杂志社媒体融合的关键，也是增强读者黏性的关键。如杂志社针对扶贫工作推出的系列报道，"寻找最美第一书记"系列报道，平均单期阅读量超过8000，最高近40 000，平均单期留言超过400条，最高近1000条，获得了良好的社会效益，增强了与读者的互动。

为了留住用户、增进用户互动，在众多公众号追求"短平快"快餐式、碎片化阅读的背景下，《人民教育》杂志的微信公众号坚持每天推送有深度的专业类教育文章，拒绝向读者提供千篇一律的"鸡汤"文，大部分推文成为很多公众号竞相转载的原创来源；通过设立每周一问等栏目，以热点话题聚集用户人气，形成互动。《中国高等教育》期刊坚持通过各种微信群和读者进行深入交流，增强相互的信任度和依赖度，逐年扩大用户订阅量。《神州学人》网站加强来自一线的原创内容，并新增站内原创内容搜索功能。

其他出版单位也纷纷通过推出多种活动吸引读者参与，将优质内容与丰富的活动相结合，与用户建立稳定的互动关系。如上海教育报刊总社旗下《上海托幼》杂志，将"亲子LIFE"微信公众号作为运营主体，2020年，推出"快乐育儿——幼儿家庭教育资源平台"项目，搭载小鹅通直播平台，与读者建立连接，推出"2020亲子学堂"在线直播项目；依托

"上海学前教育年会"微信公众号，策划召开"2021上海学前教育年会"，举办"云上亲子嘉年华"活动。行业类期刊《金属加工》策划优质内容，通过在文章中添加调查、开设有奖互动、创建粉丝互动社群、进行征文大赛、优秀读者作者评选等方式，增加用户参与度和满意度，提升用户黏性。

（二）构建全媒体营销矩阵，提高品牌能见度

随着互联网和移动设备的普及，用户获取信息的途径越来越多元化，出版单位需要推进媒体融合发展，打开新思路，运用好互联网思维，更好地服务用户、服务行业❶，同时加强营销矩阵建设，树立品牌意识，扩大影响力与市场份额。

1. 利用新媒体，形成多平台立体传播格局

数字技术高速发展，媒体和企业高度合作，提高出版效率的同时，也导致环节混乱的问题发生，为了整合各方面的资源，充分发挥每一个参与个体的作用，必须建构完善有效的出版产业链。出版单位在对自身优劣势进行分析的基础上，探索特色运营模式，寻求合适的合作者，实现资源融合，合力打造一体化的运营模式，优化融合出版流程，形成从生产端到消费端的内容服务融合的融合出版体系。❷

多元化平台传播模式是指出版单位同时利用多种不同的销售渠道推广和销售产品或服务的策略。这种模式可以使出版单位达到更广泛的目标市场，提供多样化的产品与服务。多媒介、跨媒体、跨终端的多元化传播是期刊发展的必然趋势。目前，浙大期刊集群在微信公众号平台、新浪微博以及学习强国等新媒体平台上建立约25个传播端口。其中"浙大学术期刊"强国号、"浙大学报英文版"微信公众号、"浙江大学学报-社科版"

---

❶ 唐名威. 对我国专业领域科技期刊集群运营的认识和思考[J]. 新闻研究导刊, 2023,14(1):198-201.

❷ 金强, 马燕玲. 全媒体背景下数字出版运营模式探究[J]. 编辑学刊, 2021(2): 115-120.

新浪微博号三个平台，以前沿的学术资讯、高品质的内容，聚集了较多关注用户。同时，集群下属各专业期刊开设有多个新媒体，如，"食品品质与安全 FQS"微信公众号、"生物设计与制造 BDM"微信公众号、"浙大学报农业与生命科学版"微信公众号等，各媒体之间相互呼应、联动，提升了整体传播效果。

新媒体传播具有方便、快捷等特性，可以在第一时间将出版成果推送给公众，拉近与读者的时空距离，带给读者良好的阅读体验。浙江大学出版社在期刊新媒体融合发展方面采取了多个策略：其一，强化新媒体内容建设。除了日常刊发论文的推送外，还将内容拓展至学者感兴趣的相关资讯，如基金项目、论文写作技巧等，从而增加了内容的广度，提升了媒体的用户黏性。其二，创新用户分类管理。率先在国内实施了按学科方向分类建立了几十个微信学术社群的做法，并但依此建立了学术内容二次精准传播服务机制。其三，自主开发小工具与程序。如，开发微信端的稿件状态实时查询功能等，以方便作者群体，提升新媒体的实用性。其四，丰富表现形式。如"信息与电子工程前沿 FITEE 微信公众号"开辟了作者解读、评论文章的新形式，辅以视频、PPT 等丰富载体呈现。其五，拓展服务外延。如为学科学者提供学术招聘、语言润色、科研团队宣传等，服务范围也从期刊作者延伸至更广泛的学者群体，这些服务也为期刊提供了额外的营收。

浙大学术期刊在媒体融合方面的探索目前已产生了积极的影响，如，关于微信学术社群运营的经验已被国内相关学术类公众号媒体采用；公众号"浙大学报英文版"微信公众号，目前订阅用户已超过 14 万，荣获"2021 年度中国期刊公众号 TOP 10"称号；"浙大学术期刊"强国号年均阅读量超百万，及时为读者推送了一大批高水平、高质量的学术科研成果。

清华出版社采取传播渠道多样化、传播形态多元化、传播受众精准化的策略，构建起具有融合发展特色的全媒体联动传播体系。以《纳米研究（英文版）》（*Nano Research*）的新媒体矩阵为例。其一，*Nano Research* 的微信公众号粉丝高达 3.1 万、累计发文量超过 2100 篇、总阅读量 230 万。在确保每天推送高质量内容的同时，*Nano Research* 还与相关公众号建立合作关系，互相转载优质内容，如纳米人、研之成理、X-MOL 等，可覆盖粉丝总量达50万以上。其二，*Nano Research* 还通过视频号、B站，对常规文本进行视频化的二次创作，提升互动性、丰富用户体验。其三，充分利用清华社的资源，实现跨平台引流，包括清华社官网、微信公众号、百家号、头条号，期刊中心官网、微信公众号、科学网博客，SciOpen平台官网、微信公众号等。其四，对于海外新闻与社交媒体，*Nano Research* 会定期在EurekAlert、Facebook、Twitter账号发布推文，使用相关性较高的帖子，进一步扩大海外影响力。其五，通过B站和SciOpen平台对学术会议、会议进行线上直播，突破地域限制，适应了互联网传播的移动化、社交化趋势。

出版单位利用品牌优势和原创独家内容基础，依凭优质的纸媒内容，向网站、电子刊、移动阅读及视听、影视等融媒体转化。《知音》期刊成立了知音全媒体公司，打造了"沃知音""听知音""知音微刊""知音短视频"等一系列新媒体、融媒体产品，依托新媒体产品，成立"知音故事源动力学院"，推出网课训练营等，于2020年成立知识付费产品中心，积极向知识付费领域进行转型发展，市场反响强烈。《第一财经》杂志 YiMagazine 旗下的新媒体产品体系，由《第一财经》杂志官网、《第一财经》杂志 iOS 版、《第一财经》杂志 iPad 版、《第一财经》杂志 Android 版及《第一财经》杂志小程序、微信公众号第一财经 YiMagazine、微博号第一财经 YiMagazine 组成。《第一财经》杂志 App、cbnweek.com 整合了杂志制作中心所有的数字化阅读、课程 & 音频节目内容，实现网站与 iPad、iPhone 和 Android 平台多个移动媒体应用内容及用户数据的对接。其中，《第一财经》杂志推出每周一期的播客——《商业就是这样》，用简单易懂的语言解读商业现象，自2022年2月上线以来，成为中文商业类播客内容中领先节目，目前已上线多个平台。

广东秋光杂志社有限公司以服务老干部工作和老年人精神文化生活为定位，依托自身优势，整合多种资源，不仅开发多种集办刊、运营新媒体平台、举办老年文体活动、学术研究、培训及与涉老产业合作等于一体的产品服务，还立足于地理优势，开设微店，结合"广东名产""追梦田园"等期刊栏目，联合企业向读者推荐广东名优特产，助力乡村振兴，助力农村创业青年培训；尝试开发文创产品，设计制作了秋光应急手册笔记本等；与涉老企业合作互助，加强与有关职能部门、基层单位、老年产业的联系，在人口老龄化、大健康领域寻找合作机会，努力使"秋光"成为广东省老年群体和老年领域中最具影响力和商业价值的老年媒体。

通过特定的媒体渠道进行宣传和推广，这样可以让用户及时接触到产品信息，提高产品的知名度和影响力。出版企业对内部资源进行优化配置，推出网站、App、微信公众号、微信小程序等多种媒体形式，从而形成全媒体产业链。同时，将多个媒体平台（如微博、微信公众号、抖音、知乎等）作为单一账号发布，从而形成全媒体矩阵。

（1）系统化渠道布局模式。

出版机构利用数字技术，结合自身优势，系统布局营销渠道，有效地传达产品与服务，实现更好的市场覆盖和销售结果。

中国教育报刊社搭建起包括《中国教育报》《中国教师报》两报，《人民教育》《中国高等教育》《神州学人》《中国民族教育》四刊，中国教育新闻网、神州学人网、蒲公英评论网等三网和中国教育报客户端，以及100个移动端平台号的传播体系。通过聚合报、刊、网、端、微的合力，整体推进新媒体内容和产品开发，2021年，中国教育报刊社综合覆盖用户超过8000万，总流量约40亿，10万+的文章8700余篇次，达到历史新高度。在党的二十大宣传报道中，报网端微统一开设"二十大时光"专题专栏，形成规模和声势，截至2022年10月底，共计发稿3200余篇次，其中10万+的文章约500篇，总阅读量达8300万。

在打造全媒体矩阵过程中，各出版单位根据自身类别，选择合适的平台，收获可观的粉丝数量，为打造粉丝经济，提高品牌影响力与知名度奠定了基础。《中国国家地理》杂志社有限公司坚持"内容为王"的主方向，打造一系列全媒体账号，形成了涵盖各业务板块的自媒体矩阵。目前，中国国家地理旗下拥有官方认证的自媒体账号四十余个，粉丝量最多的已过千万，具有强大的粉丝基础及号召力，形成了被市场所认可的科普IP——"地理君""博物君"等。截至2022年11月，中国国家地理微博粉丝1145.1万，中国国家地理融媒体抖音粉丝319万，哔哩哔哩粉丝280.6万。中国国家地理景观抖音粉丝154.9万，中国国家地理景观小红书粉丝120.7万。中国国家地理频道哔哩哔哩粉丝121.6万。博物微博粉丝1295万、微信订阅号&视频号粉丝125万、博物文创"博物小馆"微博粉丝 110 万、抖音 & 快手平台粉丝 100 万。

  中信出版集团于 2018 年 1 月推出《人类简史（绘本版）：给孩子的世界历史超图解》（简称"《人类简史》"）一书，当天销量即超 4000 本，仅到 2018 年 5 月，该书就已经加印 12 次，销量近 40 万册。该书的营销发行团队通过"线下+线上"双线渠道并进，进行内容推广、期刊宣传和销售，积极探索全媒体矩阵运营模式。一方面将书籍上架多个线上销售平台：京东、亚马逊、当当网等，另一方面，在全国的新华书店开始集中推广。营销团队联手开卷在全国重点城市选取了 50 余家 A 类门店进行沟通，除了保证在店面的重点陈列展示之外，在书城自己的官方微信公众号上也做了发文推荐，保证了更精准的定向推广。同时，在全国的各大机场的中信书店也做了全面的覆盖，中信集团开办的中信书店也将《人类简史》选进了重点单品，进行联合线下门店和线上网店的有力推荐。除此之外，《人类简史》的营销也做了新的尝试和拓展：如与中信国安合作：在全国选取 20 个重点的国安社区，提供整套的资源：海报、宣传页、TV 视频，店员的直接介绍等。《人类简史》成为首次入驻国安社区的图书产品，是中信集团内部合作与资源整合的又一次尝试。2018 年 5 月中上旬开始，中信童书开始联合全国方所、钟书阁、诚品书店做重点推广，在全国的重点书店进行故事姐姐讲书活动，并在北京重点小学、国际学校开展进校园分享活动，借此让更多的孩子们了解这一图书。在原版优质内容的基础上，经过策划团队的深度挖掘和创意赋能，编辑团队的精心打磨和规范，营销发行团队的精准定位和助推，合力完成，使《人类简史》成为读者心中经久不衰的"口碑书"。

  不仅大众类出版单位的全媒体矩阵聚集大量的粉丝与关注，收获良好的社会效益与经济效益，党刊类别的期刊也根据自身的资源优势进行全媒体营销渠道的布局，收获了较高的粉丝数量。四川党的建设杂志社依托杂志社所属的全国第一家藏汉双语全媒体中心——藏地阳光全媒体中心内藏文化资源，利用技术优势，对独有内容资源进行数字化整合与加工，建立专业资源库。经过平台研发与建设，打造出基于四川党建网、"今日四川"学习强国号（粉丝量已突破 2700 万）、"党建视点"微信公众号、涉藏全媒宣传和产品四位一体的数字内容服务平台，有针对性地向用户推广产品与服务。杂志社开发"四川党建融媒云"融媒体平台，积极引入封面智媒技术，以视频制作和虚拟技术应用为依托，为搭建集"策采编审发"于一体的党刊融媒生产系统、一体化运行机制、党刊全媒体产品数字生产线流程、提升全媒生产能力，提供技术服务支持。在具有地方服务特色的全媒体平台开发方面，四川党的建设杂志社建设"藏地阳光"网站、微信、客户端、小程序等涉藏宣传平台，拓宽涉藏全媒传播渠道；打造藏文期刊数字阅读平台，集纳全国范围内的藏文期刊，推进藏文期刊数字化阅读；打造汉藏翻译流程，建立汉藏文词库，实现汉藏双向机译、藏文机器校对、藏文图片文字识别等多重功能，推动国家通用语言文字普及。杂志社还与四川日报报业集团信息技术中心、四川封面传媒科技公司、四川国际传播中心、看四川杂志社等兄弟单位联合，打造藏汉文字语音互译研究中心。

中共重庆市委当代党员杂志社全面贯彻"导向为魂、移动为先、内容为王、创新为要"的顶层设计，通过"智能化智慧化智库化"深度融合，构建以七一客户端为支点的"4+3+N"重庆市委党建全媒体传播体系。杂志社推动"一支队伍服务多个平台"，总编会每月组织召开七一客户端暨市委党建全媒体新媒体产品暨期刊质量（重大主题）研讨会，班子成员集体把关、策划全媒体重大选题，实现"三刊"编辑部和全媒体中心跨部门合作采编。

当代党员杂志社充分挖掘《当代党员》《党员文摘》《党课参考》3本品牌党刊在深度解读、及时评论等方面的突出优势，向市委党建门户七一客户端延伸，构建权威、专业、便捷、智慧"党建党务一机通"信息平台，吸引500余位知名专家学者和200余位作家入驻七一客户端。

（2）立体化销售模式。

立体化出版的本质和内涵是出版服务的立体化，要实现产品内容上、传播形式上、销售渠道上、售后服务上的立体化。出版单位不仅要立足于文化内涵，还要依托先进的出版技术和各类适宜的科技手段开展立体化出版。❶

辽宁北方期刊出版集团于2017年引进武汉数传集团RAYS系统，来提升数字产品资源的变现能力；通过系统植入可获取文章配套的音、视频等

---

❶ 曹薇.文创产品立体化出版的价值创造及传播模式研究：以故宫文创出版为例[J].视听,2020(8):215-216.

拓展资源二维码，为读者提供多终端的展示阅读服务以及专业化、个性化、知识化的增值服务。集团内部各编辑部开设官网微店，编辑开设个人微店，对本编辑部微店商品和集团商品进行分销，编辑本人担任客服了解一线读者需求，实现了编辑队伍的"全员营销"。其中，《中国数学教育》数字出版融合实验室已建立社群61个，粉丝2万多人，为杂志社进行精准营销奠定了客户基础。

北京出版集团有限责任公司旗下《父母必读》杂志，围绕儿童成长的重要场景，展开深度运营和全渠道互动，通过知识提供、在线答疑、直播互动、社群活动等多种方式为用户提供服务；同时开展全渠道合作，建立自营店铺和分销渠道，和喜马拉雅、三联中读、得到等大流量平台合作，和全国20多个精准渠道进行课程分销，扩大品牌影响力和产品销售量。《父母必读》立足家庭教育领域，建立两微一端新媒体平台，开发育朵App，建立场景式育儿数据库，形成了集杂志、图书、绘本、音视频课程、系列直播、数据库、社群服务于一体的产品系列，以服务包的形式为用户提供不同场景下的儿童成长服务。杂志于2020年联手喜马拉雅，推出100节音频课《绘本大师课》及系列直播活动和课程，2021年推出通过小鹅通后台和育朵App上线的《父母必读》数字听刊。

浙江教育报刊总社旗下《中学生天地》，积极探索新的内容经营模式，开发专题或专栏配套的课程项目，并依托小鹅通平台在纸质发行过程中实现"捆绑式"知识付费；该刊将改版前的"语文课"资源进行线上转化，依托"锐角写作课"微信号，建立特级教师、大咖作家等智库，通过活动、新媒体产品形式，开发流量价值新增点。除此之外，《中学生天地》开办锐角网和幼儿教育网，探索新媒体运营，开展"浙江省十大校园新锐写手评选"等各类品牌活动；引导全体编辑树立以用户为中心、以产品为导向的互联网思维，用"产品经理"思维为各自负责的内容制定产品规划，推进优质内容的IP化；每月的专题策划，都会聚合杂志、新媒体和活动资源，合力拓展和开发用户。

此外，辽宁北方期刊出版集团大力推进编辑向产品经理转型，每个编辑部都建立了新媒体官方账号和社群运营，开通视频平台账号、制作上传数字产品。中国教育报刊社以媒体凝聚的高校、科研院所高端专家资源为依托，研发教育行业信息服务、智囊服务等智库型产品，为各级教育部门、大中小学校、地方教育媒体提供教育舆情、教育数据、决策参考、智慧政务、教育咨询等多元服务。其中,《人民教育》杂志汇聚高端行业资源,联合社大数据研究院,开发思想库栏目、中国基础教育年度报告等高质量内容;人民教育智库成功获得江苏常州钟楼区、浙江海宁高中服务项目,举办"新时代发展素质教育"高层论坛,探索智库服务新路。下一步,中国教育报刊社将集聚资源打造"中教智融云"平台,建设"行媒云"生态圈,全面提升行业服务能力。

2. 技术助力产品营销,提高品牌竞争力

伴随着图书市场的发展和媒体技术的崛起,如何打造出版品牌,成为众多出版单位的发展课题。随着出版的繁荣及全民阅读活动的开展,国家和行业层面也不断出台相关政策和指导意见推动出版品牌建设,在此背景下,运用数字技术推动产品营销,强化出版品牌体系化建设,其意义也更为凸显。在营销过程中,出版单位将出版产品或服务与品牌理念相结合,借助互联网和移动设备的便利性与广泛传播的特点,通过品牌化的策略和活动,建立和巩固出版品牌的形象,以提高出版单位的影响力,增强竞争优势。

(1)品牌化产品经营与服务模式。

读者个性阅读需求的凸显以及消费选择的多样,如何打造有影响力的品牌,占领市场份额,获取读者信任,在激烈的竞争中站稳脚跟,是目前出版社面临的重要挑战。多数期刊社纷纷搭建起了能够实现快速传播和分发的新媒体矩阵,重视品牌推广,打造自身出版品牌。

《少年科学画报》形成集杂志、科普图书、科普活动(研学)动漫、短视频、系列直播、在线音视频课程、数据库、社群服务于一体的产品系列,以及"草丛日记"抖音号、"一起发现"品牌、"漫虫记"动画等品牌产品。广西期刊传媒集团有限公司立足优质内容建设,通过多部门合作,在有声阅读、游戏教学、视频平台等方面自主研发了"小书童"在线有声阅读平台、全国数独挑战赛、大王TV等新媒体产品。其中,"小书童"在线有声阅读平台以5~12岁少年儿童为主要服务对象,以经典阅读、亲子阅读、辅助课堂阅读为抓手,精选优质少儿图书,配合学校语文课堂

教学要求，拓展课外阅读，保障少年儿童良好阅读习惯的养成，围绕用户需求设计产品和提供服务，获得良好的用户反馈。

广西师范大学出版社集团聚力"深耕教育"和"提升学术"两方面，构建重大项目出版体系和出版品牌矩阵，促进出版主业高质量发展。为此制定了"三步走"战略。一是进一步加强集团现有的"新民说""魔法象""神秘岛"等图书品牌和《出版广角》《规划师》等期刊品牌的建设和推广，优化产品结构，提升经营效益，扩大品牌影响力；二是加大对学术出版、大众出版新设品牌的建设和支持力度。以主题出版类、教育类和艺术类图书为重点，有序推进品牌孵化，补齐品牌短板，丰富品牌层次，以集团企业品牌为核心，多个文化子品牌为旗帜，统摄若干个产品线品牌，形成层次分明、定位清晰、布局合理、互促互进的品牌矩阵；三是加大出版资源整合力度，脚踏实地做好学术类精品图书出版工作。积极围绕敦煌文献等重大项目实施，加大古籍出版产品研发和推广力度，保持集团在珍稀文献出版等领域的品牌影响力。着力提升资源整合、产品加工、营销传播、数字出版、国际出版传播等学术出版综合能力。在出版融合的背景下，广西师大社集团思索数字赋能，持续推进"融延发展"，探索形成围绕出版主业的文化产业集群。❶

一些民营出版单位在打造出版品牌的过程中能够迅速掌握新兴数字技术的发展方向，从而进行多元化、系统化的运营渠道布局，拓展商业版图，不断延长产业链，为出版品牌建设提供了优秀借鉴。北京磨铁文化集团股份有限公司从 2007 年成立至今，其产品形态从最初单一的图书逐渐发展成为集图书、网络文学、电影、电视剧、动画、漫画等多种形态于一体的综合性产品，已成为中国民营书业的一支重要力量。

磨铁成立伊始，以针对青少年读者所出版的一系列网络言情小说，在读者群中广为人知，并在市场中立下了坚实的基本立足点。2008 年磨铁完成 A 轮融资 5000 万元，形成规模化经营，到 2018 年图书发行码洋已经超过 16 亿元。2010 年磨铁完成 1 亿元 B 轮融资，开始进军网络文学领域，推出磨铁中文网，成立磨铁文学。2013 年磨铁进入影视行业，成立磨铁娱

---

❶ 中国新闻出版广电报.访黄轩庄："三步走"战略加速构建出版品牌矩阵[EB/OL].（2022-3-10）[2023-8-29]. www.bbtpress.com/newsview/2112.html.

乐，2016年磨铁娱乐出品电影《从你的全世界路过》，2017年出品电影《悟空传》，2018年出品电视剧《单恋大作战》《天意》。2016年优酷斥资3亿元收购部分老投资人股份，成为磨铁的股东，磨铁与优酷达成战略合作，2017年磨铁完成C轮融资3亿元，投后估值45亿元。2018年磨铁动漫在杭州成立，拓展磨铁在动画、漫画领域的市场份额，培养孵化国产优秀漫画家和漫画作品，运营优质漫画IP，为国漫发展赋能。除子品牌模式外，磨铁还尝试更多的合作模式以巩固自身出版品牌。如磨铁与专注于青春读物的出版商聚星天华达成了合作，通过磨铁的平台来运营和销售，双方按合同约定从销售额中分成获益；2018年，磨铁图书开始拓展少儿童书产品线，成立"磨铁星球"童书品牌，专做少儿图书；2020年，磨铁图书与喜马拉雅推出"千本精品图书有声化"项目，其中包括《明朝那些事儿》《自控力》《天才在左疯子在右》《法医秦明》、东野圭吾系列等。充分利用了融合出版的东风，让自身的内容优势全面赋能电子书、有声书、付费课程等领域，打造更加优质的内容产品。

除了打造品牌产品，众多出版单位还积极打造品牌作家、品牌出版人、品牌项目等，突显自身品牌效益。如新经典文化股份有限公司先后与1400多位国内外知名作家，包括多位诺贝尔文学奖得主建立起合作关系，打造品牌作家群。利用丰富的作者资源，新经典共推出了4000多部作品，塑造了一批百万级畅销作品，积累了2亿人次以上的读者，成功打造出具有影响力，读者认可的出版品牌。

（2）合作共赢的品牌运营模式。

"互联网+"时代，出版单位基于共同价值，通过建设数据库、分享优势资源等方式，寻求与科研机构、图书馆等组织的合作共赢，与融合发展生态圈中的各个主体携手共创价值。

《中国国家地理》坚持走市场化道路，与国内外知名企业长期合作，开展了众多成功的整合营销活动，通过商业合作创造经济与社会效益，提升《中国国家地理》的品牌价值和产品价值，实现从"卖版面"向"策划型销售"的转变。2015—2021年，《中国国家地理》和梅赛德斯-奔驰品牌持续开展合作，连续七年踏上"天地即征途之旅"，开展定制路线、路书、手账、手袋、明信片、首日封、手绘地图等活动，吸引用户参与；

同时，以"大师 TED+孤品复刻+摄影联展"的方式，开启"礼遇天地文化周"，为梅赛德斯-迈巴赫定制拍摄微电影《天地家书》，将科学与艺术相结合，让用户在参与各种轻松的活动中收获理性认知，扩大期刊的内容传播力。通过整合营销，中国国家地理跨界成为涵盖公关、策划、执行、影视制作与全媒体营销的融合型媒体。

一些出版单位围绕自身定位，特别是在细分市场积累的用户基础与品牌优势，创新媒介手段，进一步形成强大的传播力。《女友》杂志坚持"内容为魂"，发挥女性媒体的特色和优势，围绕广大女性关心的话题和热衷参与的活动，全频联动、全网覆盖，携手大V、大号助攻，引发"爆款"内容；同时，激活明星粉丝经济，利用最有市场号召力的明星来吸引受众的眼球，通过开设专访的方式，充分开发已经被物化符号化的明星的商品价值，吸引众多女性读者。《女友》杂志实施互联网发行营销模式，采取全方位网络销售。2022年，不仅发行量逆势大增，还在全网实现了3亿+的话题阅读点击量，取得了良好的社会效益和经济效益。

融合发展为部分出版单位带来了比较理想的收益，内容生产、传播介质的变化，推动传媒公司向内容公司转化，营收构成也相应发生了改变。从部分出版单位的营收状况可以看出，数字化收入已经占据了总收入的大部分份额。三联生活传媒公司拥有的微信公众号《三联生活周刊》，2021年共生产1011个10万+的作品，平均每天产出近3个，当年，微信公众号和有赞店铺产生的总流水首次超过1亿元，营收来源主要包括广告、文创产品、熊猫茶园、纸质杂志、中读课程销售等；该刊来自新媒体的营收比例逐年增长，从2017年的不到40%，2018年为48%、2019年为61%、2020年为74%、2021年为78%。

各出版机构利用自身优势，探索集群化运营机制和可持续发展路径，实现多方的合作共赢。北京信通传媒有限责任公司坚持开放合作和市场化运营，针对已建成的国内信息通信领域最大的科技期刊集群优势，实施数字化转型发展战略，通过积累合作资源，采取内生裂变和外延扩张相结合的方式，提升集群运营能力。一方面坚持系统布局，实施品牌化发展战略，形成"学术+技术+产业+科普"的纵向发展模式和"传统领域+新兴交叉领域+科普领域"的横向拓宽格局；另一方面多维发力，推动学术期刊数字化转型，经过多年的发展，集群的学术期刊经历了办公自动化、出版数字化，并尝试建设了一些出版智能化功能，为信息通信学术期刊在全媒体传播体系下的深度融合发展积累了宝贵经验。

出版单位互相合作共赢的过程中，注重品牌的打造与产业链的延伸发展，不断探索新的路径。浙江教育报刊总社将内容为王与品牌打造相结合，为适应儿童阅读模式的转变，积极尝试M豆IP开发，优化资源结构，促进媒体融合。其主管主办的《小学生时代》将杂志策划和M豆IP运营相融合，发起"漂流的绘本馆"公益悦读服务项目，向全社会募捐绘本。除此之外，浙江教育报刊总社还基于M豆的版权合作，推出衍生品、对外开展合作等，如从二维走向三维，亮相第15届中国国际动漫节，上演M豆嘉年华；在咔嗒App上线M豆IP故事电子绘本，给低龄段读者提供便利，一上线订阅量就近3万，实现期刊价值和品牌传播力的双重转化。

总的来说，补链、强链和延链三种路径并不是孤立推进的，强链是巩固优势，补链是补齐短板，延链是放大优势，三者环环相扣、相辅相成，推动出版产业链协同发展，促进出版产业链的完善升级，推动价值链整体攀升。

第六章 我国融合出版发展建议

2023年10月，习近平总书记在全国宣传思想文化工作会议上提出了"七个着力"的重大要求，出版业具有显著的意识形态属性和产业属性，对照要求，秉承"发展是第一要务，人才是第一资源，创新是第一动力"的指导思想，抓住核心环节和关键所在，融合出版要向发展要潜能、向管理要效能、向创新要动能。

一、发展是第一要务，向发展要潜能

科技革命和产业变革带给出版业的不只是数字化的革新，更是产业链的重构和发展模式的变革。传统出版着力于编印发，融合出版主要有四个环节：内容、集成、运营、用户。融合出版产业链见图6-1。

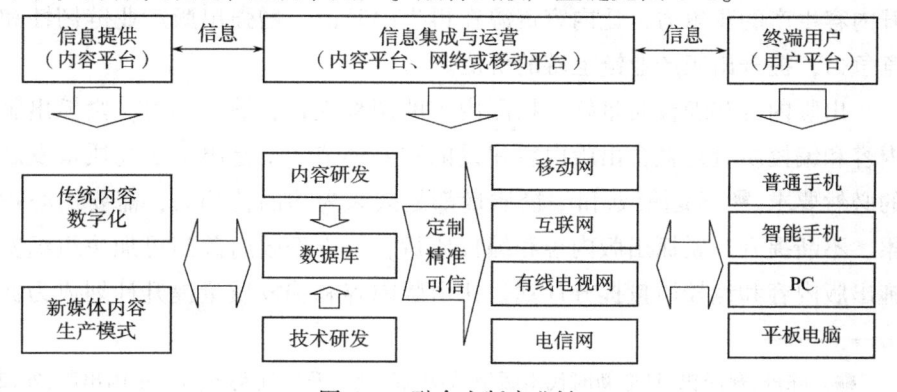

图6-1 融合出版产业链

产业链强则产业强，完整的产业链具有强大的可持续发展能力与竞争力，能够应对众多不确定风险的冲击。扩优势、补短板、延链条是对产业链进行调整和完善的过程。促进出版深度融合发展须以"强链、补链、延链"建设为重点，落实强链、补链和延链三种路径，以打造更强创新力、更高附加值、更安全可靠的出版产业链，提升出版产业韧性，把出版产业做大做强，提升出版产业的价值，助力融合出版迈上新台阶。

（一）强链发展，不忘本来

做大做强主流舆论，凝聚思想共识，建设具有强大凝聚力和引领力的社会主义意识形态，内容建设是根本。强链路径是围绕产业链上游的内容策划与编辑环节部署创新链、完善服务链，提升出版产业链上游价值的过程。具体来说，创新链应做好源头化创新工作，打造数字出版精品。

优质内容、精品生产，是强化出版融合内容建设应有之义。融合出版的起点和基础就是传统出版的内容优势，要与其紧密关联，并从那里自然延伸、生长起来。强化内容优势，关键在"精"。出版企业等创新主体要把"内容为王"落到实处，就必须牢牢把握数字化、网络化、智能化方向，紧紧围绕数字精品战略，坚持精品引领、精品带动，专注细分领域，充分发挥内容优势，盘活现有资源，深挖优势资源价值，提高资源整合水平，提升内容产品的人文价值及社会效益，打造更多导向正确、内容优质、创新突出、双效俱佳的出版融合精品力作，占据产业竞争制高点，提升内容生产的竞争力，让内容资源在再生中升值，增强出版产业链韧性和竞争力，提升出版产业链上游的价值。

出版内容和编校质量好比精品内容的两根支柱，缺一不可。紧抓出版内容和编校质量是融合出版内容建设的重要环节，也是出版业高质量发展的必然要求。❶ 选题策划和编校质量都是久久为功的苦功夫，需要用心积累、不断提升。紧抓出版内容和编校质量，一方面政府部门可加快组织实施出版内容和编校质量提升计划，让出版内容和编校质量提升计划成为促

---

❶ 陈丹,郑泽钒.打造新时代出版精品:内涵、意义及实施路径[J].中国出版,2022(15):5-9.

进出版工作者成长、出版单位发展的基础性工程；另一方面出版行业协会可通过定期组织资深专家授课，开展经验分享交流、业务培训等方式，让广大出版工作者进一步系统地掌握编辑出版业务知识，增强把关意识和创新意识，提高编辑业务能力，以适应融合出版新阶段编辑出版工作新要求，筑牢出版融合内容生命线。

（二）补链发展，吸收外来

补链路径是围绕产业链中游的内容生产与制造环节部署创新链、完善服务链，提升出版产业链中游的价值的过程。具体来说，创新链应做好产业化创新工作，探索技术与出版的有机结合，搭建高质量平台；服务链应联动政府、行业协会，为技术赋能营造良好生态，为流程优化提供沃土，加速产业化创新。

1. 科学赋能是支撑

科学技术是第一生产力，技术赋能是融合出版的支撑力。2022年6月，中共中央宣传部印发的《关于推动出版深度融合发展的实施意见》明确指出要"充分发挥技术支撑作用"。一方面要求出版企业等创新主体对与融合出版需求相适应的各种技术进行全面、深入地挖掘，推动出版内容的多媒介、多角度延伸，加快融媒体技术集成，让技术汇聚并融合资源、深入了解用户和提供多种形式的服务，多维度形成合力❶，使之成为价值创造的核心，获得更具生命力的竞争优势，将融合出版的主动权牢牢掌握在自己手中。另一方面，出版企业应积极应用人工智能、云计算、大数据等前沿技术，为内容生产、内容运营、内容管理、用户画像提供更多选择，让产品更精致，让运营更精细，让管理更到位。

2. 平台赋能是保障

过去，传统出版被局限于一个物理空间，未能充分利用时间和空间的

---

❶ 陈丹,郑泽钒,付正兴.智慧出版:内涵特征、生成逻辑及实现路径[J].中国传媒科技,2022(10):12-14.

资源，无法发挥出应有的效能。现今，连接能力强、涉及范围广、运作效率高的数字化平台以空前的力量把人与人、人与物、物与物、服务与服务连接起来，给企业带来效率。平台是企业流程变革实施和成果展现的关键依托。出版业的平台化发展，其核心就是要改变传统的出版产业的生产模式、组织形式、运营模式和商业模式，构建一个基于平台并发挥主导作用的融合出版模式。平台化运营是融合出版的必然要求，出版企业只有顺势而为，搭建平台，并不断创新和优化平台，让平台成为资源整合、技术共享、价值共创、用户消费、参与者交互的基础设施和网络空间，推进出版流程重构与再造，减少重复劳动和浪费，提高生产效率和质量，降低成本和风险，才能在激烈的市场竞争中立于不败之地。

搭建数字化平台是传统出版企业推动出版流程重构、加快融合出版一条既艰难又绕不开的出路。作为一项复杂的系统性工程，单靠出版企业的力量是不够的。搭建数字化平台要从资金投入、人才队伍建设、技术研发等多个角度来保证各项工作的顺利进行。因此，迫切需要政府部门引领，行业协会帮扶。政府相关部门要坚决破除平台建设"各自为政"的桎梏，打破体制性壁垒和机制障碍，牵头建立国家级重点的平台，加大对出版企业建设平台的实质性支持力度。行业协会可为编辑等业务人员提供专业培训，提高其融合发展的认知水平和数字化平台建设的能力，助力数字化平台搭建。

（三）延链发展，面向未来

延链路径是围绕产业链下游的内容传播与服务环节部署创新链、完善服务链，提升出版产业链下游的价值的过程。具体来说，创新链应做好商业化创新工作，注重场景化传播，孵化优质IP；服务链应联动政府、行业协会，为用户服务提供保障，为品牌传播破除阻碍，加速商业化创新。

1. 注重场景化传播，细化用户服务

在数字网络环境下，单向信息需求的"读者"实现了向能够多元互动的"用户"转变。传统出版企业应意识到，在出版业的生产方式和生产关

系中，用户的需求已经开始占据主导地位。场景化传播的核心是基于场景的用户服务思维，强调对具体场景下用户需求的洞察。因此，在出版融合时代，出版企业等创新主体要建立起以场景为基础的用户服务思维，在洞察并分析用户的个性化需求的基础上，让内容与用户深度关联，实现内容与用户间的精准对接，从而在场景传播中占据优势，获得更优的传播效果。一方面针对用户所处的不同场景，提供不同的载体和形式的内容与服务，实现良好的用户体验和高质量用户转化，提高优质内容的到达率、阅读率和影响力；另一方面以技术为支撑，聚焦特定场景，对用户的需求进行精确地挖掘，对用户的痛点进行洞察，从而精确地提供个性化的产品与服务，并及时接收用户反馈。

场景化服务是数据驱动的创新，也是数据治理的结果。数据治理是一种管理和保护数据的过程，旨在确保数据的质量、可靠性、安全性和合规性，可以为场景化服务提供数据支持和保障，确保数据的质量和可靠性，为场景化服务提供更加精准的数据支持。数据治理包括数据采集、存储、处理、分析和共享等方面，需要制定相应的规则、流程和技术支持，确保数据的有效管理和使用。数据治理，安全为先，协同为要。一方面，需要政府相关部门出台相关政策法规，建立安全可控、弹性包容的数据要素治理制度，明确数据治理的目标、原则和规范，为数据治理提供政策支持和指导，健全数据治理体系。另一方面，需要出版行业协会连接政府相关部门和出版企业等多方参与合作，构建多方协同的治理模式，可通过共建数据治理联盟，加强数据共享，促进数据合作，协同推动数据治理的发展和应用，更好发挥数据要素在场景化服务中的积极作用。

2. 孵化优质 IP，强化品牌传播

优质 IP 孵化可以延长出版产业链、拓展业务领域、丰富出版品牌内涵，强化传播效果，给出版企业带来了一系列的经济效益。目前，国内的 IP 驱动型内容产业还处于发展过程中。出版企业应提升以优质 IP 驱动消费的文化长尾效应，用优质的内容去敲开新的行业大门，并塑造文化引导力，推动产业链向影视、动漫、文创等大文化产业延伸，将出版产业链竞争优势不断外溢变现。孵化优质 IP，首先要求出版企业独具慧眼，从众多

图书等产品中识别优质 IP。只有当一项知识产权的能量超越单一的产品形态时，才是值得做深度开发的 IP；其次，由于孵化 IP 会耗费大量的人力、物力、财力，因此，出版企业应积极联合其他创新主体，在将 IP 改编为影视、游戏等出版形式时，与多类创新主体共同合作，实现共赢；最后，还应深度运营 IP，通过深入推动成果多维裂变，实现横向拓展、纵向贯通，立体式推进 IP 品牌稳步建设，多维度提升品牌美誉度，精准把控品牌传播的广度与深度。

在 IP 热持续升温的过程中，版权纠纷也越来越多。由于版权授予中呈现出碎片化趋势，导致监管难以到位，而且缺乏一定的标准，使得出版界出现了大量的重复授权，版权问题日益凸显。要改变这样的困境，在优质 IP 孵化的过程需要政府、行业协会双方联动发力。版权管理部门要积极出台相关政策，不断完善促进知识产权发展的政策法规体系，为 IP 孵化营造一个良好的政策环境，同时加强知识产权的监管，加大整治力度，加强对重点领域的监管，严厉打击各类侵权盗版行为，完善侵权盗版的法律法规，健全法律责任追究机制，严格执行监管措施，加强执法力度，规范出版市场秩序。版权协会要发挥桥梁纽带作用，做版权管理部门好助手，应积极开展版权保护宣传活动，强化版权意识，在出版行业中树立起尊重版权、保护版权、依法经营的基本理念；积极举办 IP 孵化交流活动，为企业间交流学习提供平台，助力优质 IP 健康、有序、高质量孵化，打造品牌传播力。

二、人才是第一资源，向人才要效能

功以才成，业由才广。当下，我国融合出版对创新型、应用型、复合型出版人才的强烈需求，与传统出版人才能力结构过于单一的现状存在矛盾，这些问题亟待解决。作为生产关系的核心要素之一，人才是实现融合出版的核心驱动力。出版企业须培养复合型出版融合人才，以满足融合出版事业的需要。出版企业需发挥人才建设主体作用，可通过建立完善的人才培养体系，包括对专门从事融合发展业务的人员实施专项培训、实践锻炼等，让员工全面提升综合素养；加强与高校、科研机构等人才培养机构的合作，在产品策划、内容编辑、技术开发等方面共同开展出版融合人才的培养和研究；加大力度建设融合出版人才激励机制，通过薪酬、晋升、荣誉等方式，激发员工的积极性和创造力，以适应新时代出版业的发展需求，提高企业的竞争力和创新力。

人才是支撑和推动出版融合良性发展、可持续发展的基础与动力。因此，要让融合出版的内容策划和编辑环节发挥最大优势，必须加强人才队伍建设，打出聚才、育才、用才的"组合拳"，为出版融合高质量发展提供人才保障。扫清融合出版人才培养的障碍，出版相关管理部门要搭建技能人才培养平台，构建多层次的人才培养体系，加强对人才和智力的引进力度，采取多种方式积极引进紧缺人才，为出版企业在人才梯队建设方面给予大力支持。出版行业协会要发挥桥梁作用，积极推广校企合作共同培养复合型出版人才的模式，包括订单教育、集中培训、定向培训或委托培训等方式，对复合型出版人才进行大规模的培养；积极推进建立出版行业人才数据库，为企业提供人才引进服务。

在信息时代，作为出版产业链上游的内容策划和编辑是出版业的优势，但是随着出版融合的发展向纵深发展，对复合型出版人才的需求越来越大。《出版业"十四五"时期发展规划》明确指出，要"深入开展马克思主义新闻出版观教育，推进增强'四力'教育实践工作，发挥文化名家暨'四个一批'人才、宣传思想文化青年英才等高层次人才工程作用，培养造就一批出版领军人物和出版家"。基于融合出版人才培养体系培育优质人才，基于出版企业内部人事制度的优化留住人才，持续为融合出版发展提供稳固、可靠的动力。

（一）建立完善的人才培养体系

基于出版深度融合发展的现状及针对人才所需能力的分析，应对复合型性编辑人才缺乏的问题，建议从以下几方面着手，建立完善的复合型人才培养体系。

1. 深化融合出版人才培养目标

融合出版人才是指具备多种出版技能和知识背景的人才，能够在不同的出版领域中灵活运用所学技能和知识，跨学科、跨岗位、跨媒体，具有较强的适应性和创新能力。新时代背景下，要根据出版行业内对复合型人才的需求，以科学合理的目标为依据来培养融合出版人才，从而保证良好的人才培养效果，达到供给与需求的一致性。

一方面，融合出版人才的培养不在一朝一夕，完善的人才培养体系要求出版行业的融合培养。融合出版，不是精准流程分工下的个人工作，而是相互配合的团队协作，其转型升级的组织构架突破了传统内容与技术之间的局限性。因此，融合出版人才是一个产品经理的角色❶，营销体系一体化要求人才对市场有全面地了解，在产品策划时需提前考虑该如何围绕用户进行产品营销，借助内容优势吸引潜在用户。除具备传统编辑人员的业务能力，如市场分析与预见能力、选择鉴别能力、组织协调能力外，还应具备市场运营、产品维护、综合管理等能力。

另一方面，随着全球化的发展，培养具有国际化视野的复合型人才越来越重要。首先，政府可以制订更加灵活的引进优秀人才计划，引进高质量人才。其次，高校可以加强与国外高校合作，开展海外交流项目，为学生提供更广阔的国际视野和机会。最后，就人才自身，要求具备跨文化沟通和理解能力，了解不同国家和地区，尤其是数字出版发展较快的国家和地区的文化和商业环境，增强国际视野，同时把握国内市场。

融合出版背景下，复合型人才培养目标要从多个方面入手，同时需要多方共同努力，注重个人能力的培养，以满足现代社会对复合型人才的需求。

2. 确立"出版+"人才培养原则

出版业态下的出版专业教育，应当基于"出版+"的人才观，以通识与出版专业并重、理论与实践并重、创新创意与经营管理并重的课程体系，奠定学生未来发展的思想基础和理论基础。❷ 要求人才具备"出版+"

---

❶ 杜永生.新时代融合出版人才培养的思考与探索[J].科技与出版,2018(5):149-152.

❷ 王勇安,杨忠杨."+出版"还是"出版+"：业态变革背景下出版人才培养的思考与实践[J].出版科学,2019,27(1):25-31.

的思维模式，既坚守出版本分，恪守出版职责，又主动适应融媒体时代知识生产方式的变革。

培养复合型出版人才需要综合运用多种技能和知识，以适应出版行业的快速变化和多样化需求。"出版+"的培养原则可以突出基础专业课程的重要地位，坚定人才未来从事出版行业相关工作的信心，行业基础课程学习可以为他们建构专业知识框架和训练扎实的基础能力素养，从此开启出版人员视野。出版行业需要具备多学科知识和技能，因此高校可以开设多个相关专业课程，如编辑出版学、出版市场营销、数字出版技术等，同时也可以开设跨学科课程，如数字媒体设计、信息科学等。

出版行业需要与不同领域的人合作，因此学生可以参加行业协会、研讨会、展览会等活动，与行业内的专家、从业者交流，了解行业最新动态和趋势。出版行业需要不断创新，因此学生需要培养创新思维，例如通过创意写作、设计思维等方式，提高自己的创造力和想象力。

总之，培养复合型出版人才需要综合运用多种技能和知识，同时也需要注重实践经验和行业交流，以适应出版行业的快速变化和多样化的需求。

3. 建构复合型人才培养模式

政府机构的顶层设计发挥着引领性的作用。在政府层面，可以出台更具有指导性的政策，为融合出版人才培养提供有针对性、实用性的培训机会，从而促进出版人才的培养和发展。具体来说，可以从以下几个方面入手。第一，加强政策支持和引导，政府部门可以通过出台具有指导性的政策，为融合出版人才培养提供有针对性、实用性的培训机会，从而促进出版人才的培养和发展。同时，加大对企业人才培养的支持力度，例如，提供培训补贴、设立专项基金等，以帮助企业培养更多的高素质人才。第二，建立融合出版人才评价体系，为出版人才提供评价标准和评价机制，为出版人才的培养和评价提供参考和指导。第三，加强企业人才权益保护。政府可以加强对员工权益的保护，如制定更加完善的劳动法律法规、加强劳动仲裁和调解等，以保障人才的合法权益。第四，发起融合出版人才培训计划。政府部门可以发起融合出版人才培训计划，为人才提供培训基地、实践教学和培训资源，为出版人才提供实践锻炼和培训的机会。

在高校层面，每一次技术变革都会带来出版行业的转型升级，与此同时，我国出版高等教育也面临着新的挑战。媒介融合的大环境下，自上而下的变革预示着未来新的机遇属于复合型人才。为此，高校出版教育必须转变思维，主动求变❶，与时俱进，转变人才培养理念，推动学生全面发展。高校应结合自身的发展情况，设置具有特色的课程，理论与实践并重的教学模式。例如，北京印刷学院面向出版学院本科生的个性化辅修，是学校探索复合应用型人才培养模式的创造性改革举措，它既符合新时代高等教育发展趋势，充分体现了"以学生为中心"的教育理念，又符合学校的办学定位和特色办学，以培养出具备多学科背景和综合能力的复合型人才为目标，更好地满足出版传媒行业发展对复合应用型人才的实际需求。

首先，复合型人才培养模式应该注重多元化的课程设置、实践教学环节、跨学科交叉和个性化培养的培养，以培养具有综合素质和跨学科能力的人才。结合学生职业规划发展逻辑，将市场标准和行业要求引入学生培养方案之中，从而满足数字出版人才需求。人才培养的第一步是打造良好的师资团队，作为教学资源的主要力量，师资团队的整体水平直接影响教学水平，优质的师资力量是人才队伍建设的重要保障。强化教师自身的媒介素养。在媒体环境下，教师要充分认识到自己在教育教学中的重要作用，自觉加强对媒介素养的学习，教学理念与时代背景相结合。

其次，跨学科交叉是培养复合型人才的重要手段，可以通过开设交叉学科课程、组织跨学科研究等方式，促进不同学科领域之间的交流和合作。设置多元化的课程，以培养学生的综合素质和跨学科思维能力。教师可采用案例教学的授课方式，让学生通过了解、深入探究"全国深度融合发展创新案例""全国数字出版精品项目"等优秀实践成果，分小组研究典型案例的融合路径，扩宽学生视野，提升课堂质量。

再次，复合型人才需要具备不同领域的知识和技能，因此个性化培养十分有必要。高校可以根据学生研究方向兴趣点所在，为其提供个性化培养方案，帮助其在多个领域中获得更加全面的发展。高校应加强对学生的

---

❶ 黄先蓉,刘玲武.媒介融合背景下出版人才培养的路径选择[J].出版广角,2015(13):13-15.

职业规划和指导，帮助学生制订职业发展计划，提高就业竞争力。创新是推动经济发展和社会进步的重要力量，也是融合出版产品具有竞争力的重要途径，还是培养复合型人才的重要因素。高校应该加强创新创业教育，培养学生创新意识和创业精神，提高他们的创新创业能力。

最后，实践教学是培养复合型人才的重要环节，可以通过实习、社会实践等方式来获得更多的实践经验和技能，让学生将在课堂上学到的理论知识应用到实际中去，增强学生动手实践能力。学生可以在国内出版社、文化公司、新闻机构等实习，或者参与课题项目等实践活动。与此同时，出版行业需要面对不同文化背景的读者和市场，推动中国文化"走出去"，因此要求人才具备跨文化沟通和理解能力，学校可以通过开设国际化课程、组织国际交流项目等方式，帮助学生了解不同国家和地区文化产业的发展和出版市场环境。人才需要通过学习外语、文化交流等方式，增强自己的多元文化素养。

在出版企业层面，要对传统的编辑开展数字化培训，使他们掌握数字化技术，提高他们的数字出版能力，有朝一日成为复合型人才。传统编辑人才进行数字培训，主动学习数字技术，提升其数字出版能力，使这部分人才转化为复合型人才。高校可以与企业合作培养复合型人才，在校学习基础知识，企业提供岗位实习。出版企业可以开展行业交流和培训活动，邀请业内专家和学者开展讲座和培训，为出版人才提供更多的学习机会和知识资源。

在行业协会层面，出版相关行业协会应该积极参与融合出版人才培养，为出版人才提供更好的培训机会和发展空间。行业协会通过开展人才交流系列讲座、与企业协同培养人才和开展定期培训等方式，为人才搭建学习平台，提高人才综合素质。开设系列讲座是最便捷的培训方式，通过开放自由地与行业内专家交流，促使人才感受到榜样的力量，对其从事行业充满信心；与企业协同培养人才模式应积极探索导师制，发挥出版人的"工匠精神"，引导人才逐步成长；人才需要主动学习不断丰富自身的知识储备，行业协会定期开展培训业务，加强行业内人才与同行或不同行业之间的交流，既能拓宽人才视野，又能促进协会之间的交流与合作。

4. 明确未来人才培养方向

融合出版人才的培养必须与行业未来发展紧密联系，为此，必须坚定出版行业从业人员的职业理想与社会责任，强化融合出版人才基本素养，从而展开专业化分析，在人才培养目标的基础上明确未来人才培养方向。

就人才自身理想信念而言，要坚定职业理想与社会责任感。首先，作为出版行业工作人员，应该始终坚守职业理想，即为读者创造高质量的文化产品、提供优质服务。这包括对出版物内容的严格把控，对读者需求的深入了解，以及对出版技术的不断提升。只有这样，才能真正做到为读者提供高质量的阅读服务和体验，满足他们对于知识和文化的需求。其次，出版人员应该始终坚守社会责任感。出版业是文化产业的重要组成部分，推动文化创新发展是出版人员的使命，积极挖掘和传承优秀的文化遗产，弘扬中华文化的精髓。

就人才自身综合能力而言，要具备以内容建设为根本，先进技术为辅，综合知识运用的基本素养。对于出版行业，优质的内容资源提升产品的竞争力，为此，融合发展人才要坚持以内容为本的专业素养，并借助网络手段进行传播，在信息搜集和内容选择方面了解受众人群所需，认真揣摩大众心理，研发出具有深度价值的融合产品。运用创新思维，发散性为用户考虑。扩展学科范围，除了学习传统出版专业学科知识外，还应加强跨学科、交叉学科和新兴学科的知识，如数字出版基本理论、数字内容加工与产品制作、数字出版产品运营等。

数字出版技术是计算机、通信、网络、云计算、大数据、人工智能等综合信息技术在出版产业的应用❶，一个数字产品的诞生往往借助多种数字技术对其内容进行编辑加工整理，再借助网络传播完成数字产品的出版。在媒体融合的环境下，优化产品深度和广度，实现资源与数字技术、生产要素、内容信息的整合，促进融合产品向软件化、服务化方向转化，人才必须具备良好的技能辅助。数字出版的各个环节对技能要求有所不同，需要人才在掌握技能的同时对传播媒介有所考虑，使传播内容可以更

---

❶ 国家新闻出版署出版专业资格考试办公室.数字出版基础(2020年版)[M].北京:电子工业出版社,中国书籍出版社,2020.

好地适应不同平台。

叶圣陶曾在《人民日报》撰文指出：当编辑、写文章的人"要做杂家"。复合型编辑人才也不例外，既要做专家，又要做"杂家"，即掌握出版专业基础知识、挖掘并发展出版文化的同时要广泛吸收其他学科的优秀文化成果，积极推动数字出版行业的融合发展。综合知识是专业素养和技能素养的延伸，是复合型人才必备的能力素养。高要求、高标准的优质人才培养目标，离不开综合知识的学习与运用。首先，要求人才具有互联网思维，编辑的互联网思维培养应该是整个单位的共识，即整体上强化编辑的互联网思维，从而使该思维具备的能动性得到充分发挥❶；其次，要具有整合资源的能力，整合内容资源可以充分发挥特色内容资源优势，是提高用户体验和提升企业竞争力的重要手段；最后，要求人才具备市场运营能力，借助新媒体手段进行产品的运营与推广。

总之，培养适应融合出版所要求的复合型人才，需要建立完善的人才培养体系，加强培养目标深化、培养原则确立、培养模式建构等方面的工作。这样有利于培养出具备多学科背景和综合能力的融合出版人才，建设出一支行业所需的科学化人才队伍，满足现代出版行业对高素质人才的需求。

（二）优化人才成长环境

人才成长环境包括工作岗位环境、学习提升环境和职场发展环境等，也包括重视人才、爱惜人才的工作氛围。❷ 优化人才成长环境，方能吸引人才、留住人才，持续不断为出版行业输送人才。

1. 针对性政策支持

在出版行业政策方面，国家在新闻出版领域陆续发布了《新闻出版行业"跨世纪人才工程"纲要》（1998年）、《关于推动传统出版和新兴融合

---

❶ 融合出版背景下的编辑人才培养探究[J].传媒论坛,2021,4(9):94-95.
❷ 孙保营.融合出版背景下高校出版社人才队伍建设困局及破解[J].中国出版,2020(16):46-50.

出版的指导意见》（2015年）、《关于推动出版深度融合发展的实施意见》（2022年）等涉及出版融合人才建设的文件。同时，国家和地方出台的新闻出版业五年发展规划，将人才战略规划和人才培养计划列为未来工作的重点。在文化市场改革方面，政府转变职能，进一步简政放权，对部分文化企业采取了融资措施，积极地促进了文化企业的发展，从而减轻企业负担，激发了主体与市场的活力，发挥出社会潜力，为出版业的人才引进和培育创造了良好的环境。

出版人才工程是国家人才战略和人才工程格局下的一个重要分支[1]，是国家和政府加强推动出版人才培养力度，以适应出版行业所需的重要措施，在人才培养工作中有重要地位。《关于推动出版深度融合发展的实施意见》中提到，要围绕夯实人才培养基础、强化高层次人才培养激励、发挥企业人才建设主体作用，建强融合出版人才队伍。《关于组织实施2022年度融合出版工程的通知》中，2022年度融合出版工程优先启动实施子计划之一——"融合出版优秀人才遴选培养计划"，重点遴选培养一批思想政治素质过硬、创新创造能力突出、引领发展表现出色的融合出版复合型人才。《出版业"十四五"时期发展规划》中明确指出，"为推动传统出版单位和数字出版企业加大优秀青年人才培养力度，开展出版领域青年人才能力提升计划，每年遴选30位优秀青年数字出版人才，在学习培训、课题研究、交流锻炼等方面予以支持"。2022年，"出版"进入新版学科专业目录，出版学科建设取得了重要进展，也是出版业在加快建设文化强国方面取得的进步，极大地推动了数字出版相关领域建设进程，为人才培养提供广阔的发展前景。

政府可以制定更加灵活的引进优秀人才计划和留用政策，加强人才引进和留用，如提供人才引进补贴、加强人才服务等，提高人才吸引力，以吸引更多优秀复合型的人才加入出版行业，开创出版业新局面。在融合发展过程中，出版行业不仅要引进专业和高端人才，还要重视和培养优秀管理人才和新媒体运营人才，同时留住已有的人才。

总之，优化人成长环境需要针对性的政策支持，政府可以从政策制定、出版人才工程建设和人才引进留用等方面入手，以提高融合出版人才

---

[1] 李洋,赵宏超.出版人才SWOT试析[J].科技传播,2020,12(12):73-77.

吸引力和竞争力，促进出版的可持续发展。

2. 规范化组织管理模式

规范化组织管理模式是指一套完整、规范、科学的组织管理体系，以提高企业组织管理效率和人才技能水平，从而有效实现组织目标的完成。

加强员工培训和技能考核，为员工提供更多学习机会，让员工不断提升自己的素养和技能，从而更好地为出版单位服务。我国实行出版专业技术人员职业资格制度，作为行业的基本素质和能力认定，近年来发展逐渐完善，但仍需鼓励员工接受继续教育，学习新知识。通过加大对复合型人才员工的培训和力度，鼓励其参加专业竞赛、行业研讨会、职业培训等，提高出版社员工学习的自觉性，鼓励员工关注行业热点，提高员工的能力素养和创新能力，引导员工做好职业规划，积极向上追寻职业目标，定期产出行业研究成果，推动出版业持续发展。

在技能考核方面，RAYS 出版融合云平台是数传集团的核心产品。目前，该平台是我国出版融合领域最大的云平台，被全国 237 家出版社投入应用，拥有强大的内容管理能力、数据分析及处理能力、信息交互能力，帮助编辑精准捕捉及分析读者数据，并反哺内容生产，实现与读者精准交互。在平台上，编辑将线上资源、商品和服务与书刊关联在一起，根据平台所呈现的数据，编辑知道读者的阅读信息，在精准时间提供读者想要购买的资源、商品和服务，从而增加其他收入。编辑学习并使用 RAYS 系统，大大提升了工作效率。

在管理机制和人才保障方面，需要不断创新人才培养机制。人才培养机制既是实践问题，也是理论问题。不同行业和单位都根据自己的实际需要制定了紧密结合的人才培养机制。本书针对传统出版单位开展融合发展业务这一业务方向，以及在发展初期、未形成普遍共识、发展方向千差万别的特点，从以下两个方面进行探讨。

第一，培养融合出版的高质量人才需要时间，相比于传统图书编辑需要三到五年的时间成熟，许多单位在融合发展从业人员培养上显得过于急功近利。一方面是业务增长的压力，另一方面是由于认为融合发展人员的工作与传统图书编辑有所不同，所以需要进行基本能力培训。实际上恰恰相反，业务增长越高，越需要将新人培养成为未来的核心人员，而不是仅机械地执行领导命令的常规人员。因为融合发展业务的来源首先是单位内部传统出版的优势领域、内容、产品，所以融合发展从业人员不仅要熟悉和了解传统出版的工作机制，还要具备传统出版人员所具备的各项能力，如策划能力、审核能力等，并能够从传统出版领域中发现优势，从而为融合发展业务提供支持和帮助。即使是来自其他领域的成熟人才，也需要首先了解传统出版的内容，否则可能会出现"水土不服"，导致优秀人才"人挪死"的情况发生。因此，无论是刚从院校毕业的新人，还是从传统出版岗位或其他行业引入的成熟人才，都需要给予充足的培养时间，避免急于求成。

第二，创新是当前各行各业寻求发展的主要手段，尤其对于成长时间还不长的融合出版业务而言更是如此。传统出版的选题策划从一开始就是创新的应用和发展，现在已经达到高度成熟的阶段。而融合发展是整个行业实现更大发展的创新手段，具体到融合发展业务更需要足够多和广的创新思路才能打开局面，实现传统出版的产业延伸及跨界发展。创新的来源主要来自从事具体业务的人员，尤其是能够深刻理解传统出版与新兴出版关系、能够充分掌握市场规律、能够灵活运用新的技术手段的核心骨干人员。因此，在人才培养过程中，必须给予核心骨干人员足够的创新"空间"，充分发挥每个人的创新思维，鼓励探索和尝试。例如，通过实施不以对错评价的试点项目，让过程和结果来决定新思路和新想法，充分利用试错、改错的机制，培养可能有较好发展前景的新项目。

2014—2015年，广西期刊传媒集团有限公司通过招标完成协同编撰平台建设，并在少儿编辑部投入使用，加速了审校无纸化办公的改革，提高了编辑部工作效率，加强了三审三校工作的规范化，提升了编辑队伍信息化水平。《少年科学画报》期刊深耕少儿科普领域，建立项目制和绩效考核制，精准评估融合发展业态过程中的各项指标。同时，为实现融合创新过程中的双效统一最大化，积极开展多元培训，提供外出学习机会，培养了一批具有创新和数字营销思维的人才队伍，为本单位进一步创新发展储备人才。

3. 个性化激励模式

一般情况下，培养复合型人才需要强化人才激励制度建设，以便更好地发挥人才建设的主体作用。科学合理的薪酬激励制度和绩效考核体系是激励员工、稳定队伍、提高效率的前提，也是解决高校出版社员工高流动性、对公平性的追求、高强度低收入等困境的重要基础。❶ 专业的绩效考核指标可以直接考察出版人员的工作情况，从侧面反映出人才培养质量的高低，同时反映出版单位在某段时间内的发展情况，以此来判断人才的能力是否有所提升。

出版单位应该加强与员工之间的沟通和反馈，及时了解员工的需求和想法，并予以适当的回应和支持，增强员工归属感和满意度。首先，出版单位应建立激励机制。根据员工的发展需求和业务创新进行针对性考核，提供具体的绩效激励计划，通过给予员工奖励，激励员工的积极性和创造力，提高员工的工作效率和贡献率；通过建立公平公正的晋升机制，让员工根据自身能力和表现获得职业发展机会。其次，可以制定更加公平、合理的薪酬制度。根据员工的贡献公司业绩等多方因素综合考，建立科学合理的绩效考核体系，以提高员工的收入水平，使其体现公正性，增强员工的归属感和忠诚度。最后，建立完善的福利制度，根据不同阶级的员工进行个性化的福利，增加员工生活满意度。

全流程数字出版，目标是快速、高效，但实际落实过程中，编辑人员能力水平以及工作态度等诸多因素会直接影响到数字出版工作的推进。数字时代对编辑人才所提出的更高的要求，需要一个知识积累的长期培训和实践过程，各出版单位都制定了相关的机制，在人才选拔、人才评价等方面给予更多的政策激励，提高编辑人员的工作积极性，努力建立一支专职的优秀复合型编辑团队。

与现代企业制度下的多种分配制度的强大激励性相比，当前人才激励作用并不明显。由此导致出版业难以吸引更多优秀人才。事实证明，在同样的政策、法律环境之下，能够做得更好的关键因素是人才。人的问题实

---

❶ 杜筱娜,段勇,杨赛君.新媒体背景下传统图书出版融合发展探析：以专业型出版社为例[J].新闻研究导刊,2023,14(3):186-188.

质上是如何改善改革用人机制的问题。应该有一套能够切实考核选拔其综合素质和能力的方法和机制，既要有充分的激励机制，又要有一定的监督和约束机制。要打造强大的集团化和集约型期刊，首先要建立和健全用人机制，通过激励机制和监督机制，建立起一支素质过硬、经营能力超群、政策掌握全面的出版经营管理队伍。

贵州日报报刊社以制度建设推进采编治理体系和治理能力现代化，围绕内容、渠道、平台、管理等方面制定143项制度，作为报刊社采编工作的四梁八柱。人才激励方面，发挥考核"指挥棒"作用，打破传统采编人员绩效考核以纸媒为主、网端为辅的惯例，在全国党媒中率先实行"以网端传播力发稿费、党报党刊无稿费"的绩效考核新办法，让爆款新闻作品成为常态。为了最大限度地发挥编辑的特长与积极性，期刊社创建激励机制，激发人才队伍的创造与活力。

优化薪资体系，根据员工的工作表现和贡献程度基于相应的薪酬待遇，避免出现薪酬不公、差距过大等问题，从而提高员工的工作积极性和创造力。例如，为鼓励编辑积极向新媒体转型，知音全媒体公司重新制定新媒体编辑的薪酬考核方案，在政策和比例上，对促进参与新媒体工作的编辑有了极大的倾斜，有利于发展的绩效考核措施，坚定了编辑做新媒体的信心。

为了加快推进深度融合，期刊社建立面向编辑等核心人才的激励机制，推动人才向新媒体转型。辽宁北方期刊出版集团通过融合平台上的红榜任务和编辑收入分成形式，调动一线编辑运用新技术、打造新产品的积极性，集团各报刊60余名编辑全部参加该活动。集团旗下《数学小灵通》杂志的每一位编辑都参与数字化产品的创作、数字化产品的运营、数字化产品的销售。

北京出版集团有限责任公司旗下《父母必读》杂志建立了项目制和绩效考核制，用于精准评估融合发展业态过程中的各项指标，完善考核机制。

浙江教育报刊总社打破传统编辑的领地思维，从各归各的内容生产模式，向相加相融形式转变。基于每位编辑的专业能力，杂志进行专题策划或栏目约稿，采取项目制形式，由专题编辑统领策划、运营编辑进行协助，以杂志优质内容为基础运营新媒体和活动，将三者有机聚合成爆款产品和服务。

总之，出版单位有序推进深度融合发展需要加强人力布局，优化管理结构，注重人才的引进和培养，加强人才交流与合作，提高员工的激励机制和福利保障，不断提高出版融合产品的竞争力和影响力。只有这样，才能在融合出版背景下培养出符合时代要求的复合型人才，进而推动出版行业持续稳定发展，为大众提供更多高质量的出版融合产品。

三、创新是第一动力，向创新要动能

党的二十大报告指出，要以创新驱动发展战略，开辟发展新领域新赛道，不断塑造发展新动能新优势。创新要"着力破解深层次体制机制障碍，不断彰显中国特色社会主义制度优势"，在灵活掌握战略主动的同时，又要创新发展策略深度。

体制机制的改革有助于为融合出版搭建良好生态环境。只有基于对现有的体制的深度剖析，找出影响出版产业融合发展的痛点和瓶颈，才能对其进行针对性的改革。融合发展早期，为尽快拓展新业务，很多企业成立相关部门或并购控股公司开展融合项目。但随着出版融合的深入，清晰业务分割就出现了融而不合的现象。❶ 例如，我们可以尝试打破传统的管理模式，实行更加灵活和高效的管理机制，以适应出版融合的需求。同时，还可以在出版行业内部建立起新的合作机制，通过跨界合作，实现资源的共享和互补，提高出版融合的效果。

第一，组织架构僵化。受传统出版模式的影响，我国很多出版企业的组织架构相对僵化，无法适应融合出版的需求。传统的部门划分和职责分工方式，往往导致企业内部的信息流动不畅、协同工作效率低下。此外，由于缺乏对新兴业态的认识和理解，企业在组织架构的调整和优化上也存在困难。

传统出版企业往往按照传统的出版流程和部门划分进行组织，例如，编辑部、制作部、推广部等。这种组织架构在传统出版领域中可能是有效的，但在融合出版的背景下，却难以适应新的需求和挑战。融合出版涉及

---

❶ 李永强. 出版企业媒体融合困境及突围策略[J]. 中国出版,2019(10):19-22.

多个领域和技术的融合，需要各个部门之间的协同合作和信息共享。然而，在传统的组织架构中，部门之间的沟通和协作往往受到限制，导致信息流动不畅，工作效率低下。

由于缺乏对新兴业态的认识和理解，很多出版企业在组织架构的调整和优化上存在困难。融合出版涉及新媒体、大数据、人工智能等新兴技术的应用，需要企业具备相应的技术能力和组织机制。然而，由于对这些新兴技术的认识和理解有限，企业在组织架构的调整和优化往往存在困难。

第二，制度机制不完善。我国的出版企业普遍存在着制度机制不完善的问题。一方面，很多企业缺乏对新业态、新技术的应用指导和管理制度，导致企业在实际操作中无法有效地管理和控制风险；另一方面，企业的激励制度和考核制度往往与融合出版的要求不匹配，导致员工的工作积极性和创新意识不强。

决策机制是一个企业的决策过程及其相关的制度安排。传统的层级式决策模式通常是指决策权力集中在企业的高层管理者手中，决策过程按照一定的层级结构进行。这种决策模式在某些情况下是有效的，比如在需要严格控制和协调的情况下。然而，在融合出版的环境下，市场的变化非常快速，需求也变得多样化，这就需要企业具备快速响应和灵活调整的能力。传统的层级式决策模式可能会因为决策权力过于集中，决策过程过于缓慢，而无法满足这种需求。在这种情况下，出版企业可能会面临对市场变化反应迟缓，无法及时抓住市场机遇的问题。

此外，如果出版企业缺乏对市场变化的敏感性和预测能力，这也会影响其决策的准确性。市场研究、用户调研和数据分析等都是提高企业对市场变化敏感性和预测能力的重要手段。如果企业能够及时获取并准确分析这些信息，就可以更好地预测市场变化，提高决策的准确性。

因此，出版企业需要考虑对其决策机制进行改进，以适应融合出版的快速变化和多样性需求。这可能涉及权力下放，加快决策过程，提高对市场的敏感性和预测能力等方面。

第三，决策机制落后。在我国的出版企业中，很多企业的决策机制仍然停留在传统的层级式决策模式，无法满足融合出版的快速响应和灵活调整的需求。此外，由于缺乏对市场变化的敏感性和预测能力，企业在决策上往往反应迟缓，无法及时抓住市场机遇。

许多出版企业的决策机制仍然停留在传统的层级式决策模式。这种模式的特点是决策权力集中在企业的高层管理者手中，决策过程按照一定的层级结构进行。这种决策模式在某些情况下是有效的，比如在需要严格控制和协调的情况下。然而，在融合出版的环境下，市场的变化非常快速，需求也变得多样化，这就需要企业具备快速响应和灵活调整的能力。传统的层级式决策模式可能会因为决策权力过于集中，决策过程过于缓慢，而无法满足这种需求。

由于缺乏对市场变化的敏感性和预测能力，出版企业在决策上往往反应迟缓，无法及时抓住市场机遇。市场研究、用户调研和数据分析等都是提高企业对市场变化敏感性和预测能力的重要手段。如果企业能够及时获取并准确分析这些信息，就可以更好地预测市场变化，提高决策的准确性。然而，如果企业缺乏这些能力，就会在决策过程中处于被动状态，无法及时应对市场变化，从而错过市场机遇。

决策机制的落后和缺乏对市场变化的敏感性和预测能力是出版企业在融合出版环境下面临的重要问题。出版企业需要考虑对其决策机制进行改进，以适应市场的快速变化和多样性需求，提高企业的竞争力和适应能力。

（一）推进出版体制改革

出版体制改革是出版业高质量发展的关键，通过改革可以优化出版资源配置，提高出版效率和质量，推动出版业向高质量发展，同时可以促进出版与科技、教育、金融等领域的融合发展，推动出版业向数字化、网络化、智能化方向发展，增强出版业竞争力，加强出版业与其他行业之间的合作，提高出版业的市场竞争力和国际影响力。

1. 建立现代企业制度

建立现代企业制度是促进融合出版的重要手段之一。现代企业制度是指以市场经济为基础，以企业法人制度为主体，以公司制度为核心，以产权清晰、权责明确、政企分开、管理科学为条件的新型企业制度。在融合出版中，建立现代企业制度可以推动出版企业实现所有权与经营权分离，明确出资人、董事会、监事会、经理层和职工的职责，构建有效的公司治理结构和内部管理制度，形成科学的决策机制、执行机制和监督机制，促进出版企业明晰产权。在传统出版业中，由于历史原因和行业特点，产权关系复杂，所有权与经营权往往混淆不清。建立现代企业制度可以通过清晰的产权划分，明确出资人、董事会和经理层的权利和责任，实现所有权与经营权的分离，促进出版企业的规范化管理和市场化运作。

建立现代企业制度可以促进出版企业的管理科学。在现代企业制度下，出版企业可以建立科学的企业管理制度，包括人力资源管理、财务管理、市场营销管理、编辑出版管理等方面，形成规范化的内部管理机制，提高企业的管理水平和效率，为融合出版提供良好的管理基础。

针对企业发展战略不够清晰、没有将融合发展提升到企业发展的战略高度导致业务布局不准、执行缺少持续性的问题，首先就要重新制定企业发展策略，企业需要重新审视其发展策略，明确其发展方向和目标。这包括对市场进行深入分析，了解行业趋势和竞争对手情况，以及确定自身的优势和劣势。在此基础上，企业需要将融合发展提升到企业发展的战略高度，明确融合发展的目标和路径，以及相关的业务布局和执行计划。其次要建立融合发展的组织架构和流程为了确保融合发展的有效实施，企业需要建立相应的组织架构和流程。这包括设立专门的融合发展部门或团队，明确其职责和权力，以及建立相应的决策机制和沟通渠道。此外，企业还需要建立融合发展的流程，包括项目立项、研发、测试、推广和评估等环节，确保各项工作的有序进行。此外，还要建立适应融合发展的企业文化。企业文化是企业发展的重要支撑，为了推动融合发展的实施，企业需要建立适应融合发展的企业文化。这包括鼓励创新、开放合作、尊重个性、倡导跨界合作等价值观念，以推动企业的创新和发展。企业需要建立客观的评估方法和标准，以便对融合出版的过程和效果进行定期评估。这包括制定评估指标、建立评估模型、引入第三方评估等。例如，可以制定包含量化指标和定性评估的评估模型，对融合发展的过程和效果进行全面评估；同时，也可以引入第三方评估机构，提供更加客观、专业的评估意见。出版企业需要探索科学有效的考核评价体系，对融合出版的过程及效果进行定期评估。这包括制定考核指标、建立考核流程、设立考核机构等。例如，可以制定包含业务指标、用户满意度、市场份额等考核指标的考核评价体系，对融合发展的过程和效果进行全面评估；同时，也可以设立专门的考核机构或团队，负责考核评价工作的组织和实施。

2. 完善相关出版政策

融合出版是一项重要的趋势，它不仅将传统的出版业与数字技术相结合，同时也涉及不同领域之间的跨界合作。这种跨界融合需要明确的政策法规支持，以推动其发展。

政府要加大财政资金支持力度，对出版相关技术基础前沿研究、关键共性技术攻关、成果转移转化、基地平台建设、创新应用示范等提供支持，为科研机构和出版企业提供更多的研发经费和创新基金，促进技术创新和成果转化。同时，也应优化技术创新和应用的政策环境，制定相关政策和法规，为技术创新和应用提供更好的政策支持和保障。

修订相关法律法规是融合出版的重要法律保障，能够为融合出版提供法律基础。随着数字技术的快速发展，传统出版业面临着数字化转型的挑战和机遇。政策法规的支持也可以鼓励出版企业加快数字化转型步伐，推动数字出版和传统出版业的融合发展。此外，政策法规的支持还可以促进不同领域之间的跨界合作。融合出版需要涉及不同领域的合作，例如文化、科技、教育等领域。政策法规的支持可以鼓励不同领域之间的合作，促进跨界融合发展，推动文化产业的发展和创新。政府还可以建立相关的监管机制，确保出版融合的健康有序发展。政府可以积极推广出版融合的成功案例和经验，鼓励出版企业探索新的融合发展模式，推动出版业实现更高水平的发展。此外，政府还可以加强对出版融合的宣传和教育，提高公众对出版融合的认知和接受度，为出版融合的发展创造更加良好的社会环境。融合出版需要明确的政策法规支持，以推动跨界融合发展。通过建立以法律法规为主体，以部门规章为配套，以规范性文件为补充的法律法规体系，融合出版得以规范、保障和推动，为文化产业的繁荣和发展做出了重要的贡献。

同时，出版企业也需要积极响应政府的政策引导，加强对融合出版的投入和研发力度，探索适合自身发展的融合模式和路径。出版企业还需要加强与相关产业界的合作和交流，共同推动出版融合的创新和发展。针对专业分工为基础的职能型组织结构弊端，出版企业需要重新设计组织结构，以适应融合发展的需要。这可以采取扁平化、网络化、柔性化等组织结构形式，打破原有的部门分割和职能界限，促进跨部门、跨职能、跨专业的合作和协调。例如，可以建立项目组或跨部门团队，赋予其相应的权力和责任，实现灵活管理和决策。除此之外，出版企业还需要优化内部流程，以适应融合发展的需要。这包括优化决策流程、信息流程、物流流程等，实现各部门之间的有效沟通和协作。例如，可以建立统一的信息平台，实现信息的共享和传递，提高信息传递的效率和准确性。引入新的管理机制，以适应融合发展的需要。例如，可以引入敏捷管理、项目管理、知识管理等机制，提高企业的管理水平和效率。此外，还可以引入激励机制、评估机制等，激发员工的积极性和创造力，促进融合出版发展。出版企业还应建立有效的反馈机制，以便及时发现和解决问题。这包括建立反馈渠道、制定反馈流程、建立反馈文化等。例如，可以设立专门的反馈邮箱或反馈热线，鼓励员工和用户提出问题和建议；同时，企业还需要制定相应的反馈处理流程，确保问题和建议能够得到及时、有效的处理。

（二）优化出版机制

优化出版机制可以促进出版业的深度融合发展。在政策引导下，将出版业务与新兴技术融为一体，是数字出版纵向延伸的必经之路，也是出版跨行业横向开拓的新机遇。通过加强顶层设计，制定并实施相关政策，可以有效地推动出版深度融合发展。

在出版业高质量发展进程中，出版融合已成为提升主业竞争力的重要发展战略，优化出版机制可以推动出版业的数字化转型。数字化转型已成为当今时代的重要趋势之一，数字技术的应用和推广为出版业的发展带来了新的机遇和挑战。通过优化出版机制，可以有效地促进数字技术和传统出版的融合发展，推动出版业的数字化转型。

1. 建立行业内长期协作机制

出版行业协会支持技术创新也是非常必要的。出版行业协会可为出版业提供技术支持和培训，包括软件开发、数据分析、数字化处理等方面，帮助企业了解新型出版技术的应用和发展趋势，提升企业的技术水平和竞争力；组织企业之间的技术交流和合作，促进技术创新和成果转化；与出版机构建立长期合作机制，共同研究和推广技术创新和应用，共同推进出版领域的数字化转型和创新。

2. 构建跨界合作机制

出版产业的深度融合是一个复杂的过程，需要综合考虑多种因素。构建跨界合作机制是促进深度融合的重要手段。可以通过增加技术投入、推广数字出版、拓展相关产业链等途径实现。例如，出版企业可以投资研发数字化生产工具，提高数字化制作和编辑的效率和质量，同时也可以探索跨行业合作，将出版业与其他产业进行深度融合，拓展新的市场和商业模式。出版企业需要投资研发数字化生产工具和相关技术，以提高数字化制作和编辑的效率和质量。例如，可以投资开发自动化排版系统、数字化编辑软件等，以提高生产效率和产品质量。出版单位也需要积极推广数字出版，以满足读者的数字化阅读需求。可以开发电子书、数字化报纸杂志、在线教育平台等，为用户提供更加便捷和多样化的阅读体验。除此之外，还可以与其他产业进行深度融合，拓展新的市场和商业模式。例如，可以与影视产业合作，将图书内容转化为电影、电视剧等。

合作是融合出版的核心原则。出版企业之间在合作中实现资源共享、优势互补和风险共担，提高产业集中度和市场竞争力。一方面，出版企业可以通过兼并、重组、资本运作等方式，对出版产业的存量资产进行调整、改组和优化配置，打造我国新闻出版事业的"航母"，并以此改变我国传统出版单位"大而不强"的局面，以及民营出版公司规模过小、力量散乱的局面。通过兼并和重组，可以促进出版企业的规模化、集约化和专业化，提高出版企业的综合实力和市场竞争力。另一方面，出版企业可以与其他产业进行跨界合作，拓展新的市场和商业模式。在融合出版的过程中，构建出版产业的发展链条，将报纸期刊、广播电视和数字多媒体进行整合打通，以不同的媒体形式对媒介资源进行全方位立体化的展示和利用，从而形成相得益彰的文化产品格局。同时，也可以打通出版产业上下游相关的产业链，如造纸行业、图书版权贸易、出版物市场监测分析、印刷发行等，形成产业链的一体化和多元化。此外，可以与教育、文化、科技等产业合作，开发在线教育、文化旅游、科技出版等相关业务，推动出版产业的多元化发展。

新一轮的科技革命和产业变革将带来学习、工作和生活方式的根本性改变，也将带来生产关系、社会网络和商业模式的根本性改变。需要我们对融合出版本质规律的深刻了解，在固本强基的基础上开拓进取。

（1）固本强基，人与人合作与共享的融合业态。

出版业掌握着最核心的大数据资源，其一，出版企业拥有大量的数据，是大数据资源的重要组成部分，但尚未被开发；其二，人的一生，尤其是前20年，都在不断学习中度过，在一定程度上，一个人所看、所听、所学决定一个人的发展，尤其是其前20年所接触的新闻出版物，是一个人的根基。与此同时，互联网、云计算、物联网、知识服务、智能服务的快速发展为个性化制造和服务创新提供了有力工具和环境，个性化制造和规模化协同创新有机结合成为了重要的生产方式。显而易见，出版业掌握的核心资源人及其数据；科技推动经济方式转变，科技提供了工具和环境，但核心也是"人"——"人"是社会不变的旋律，"人"是文明发展的根源，"人"是企业梦寐的终端。著名的思想家荀子说过：力不若牛，走不若马，而牛马为用，何也？曰：人能群，彼不能群也。人何以能群？曰：分。分何以能行？曰：义。故义以分则和，和则一，一则多力，多力则强，强则胜物。

因此，融合出版需要固本强基，构建人与人合作与共享的融合业态，需要融合人脑的思维能力和电脑的计算能力。人脑具有情景感知、思维和生命力，而电脑具有快速储存、精确管理、科学计算和系统分析的能力，重点是需要将人脑和电脑的功能完美融合，突破出版业的边界，向更广的领域发展。例如，详细记录学习、生活和工作的历史轨迹；科学计算学习、生活和工作的最优路径；精确提供学习、生活和工作的最佳资讯；全面保障学习、生活和工作的高效高质。以此为基础，可以繁衍出各种发展业态。

（2）开拓进取，构建全新商业生态进入新时空。

所谓商业生态（Business Ecosystem），是人类在长期的商业实践中学习大自然的生态智慧而创立的一种人与自然和谐发展的商业发展模式。理论上讲，每一个区域其商业发展都有其自身的规律，在发展的过程中最终的目的是追求一种人与自然、人与商业、业态与业态、业态与其他人文商业环境等之间的和谐，最终达到生态的平衡。毫无疑问，融合出版商业生态，需要在"人-融合出版业态、出版活动-其他商业活动"之间达到完美平衡。

以人为基础，生产力和生产方式的协同作用，是融合出版发展的根基。互联网、云计算、物联网、知识服务和智能服务等等是从技术的角度降低产业的物耗、能耗，实现低碳发展，"科学技术是第一生产力"，当前，主流的产业实践是在技术层面上发展融合出版；但是从生产关系的角度来说，特别是从人与人之间的关系的角度，实现产业的数字化、绿色化，包括，满足读者的个性化需求，同时实现读者的学习的实时共享与协作，这是当前的融合出版所做不到的。当前的融合出版主要集中于利用新技术实现出版的数字化，而没有从生产关系的角度入手，重构新的出版生态。基于新的发展和时代的新要求，必须充分发挥新技术对出版业的支撑和引领作用，也必须深入挖掘传统资源的潜能，并将两种资源深度融合，优化配置各类资源，以创新驱动、建立商业新生态，促进出版业蓬勃发展。

参考文献

一、中文著作

[1] 国家新闻出版署出版专业资格考试办公室.数字出版基础(2020年版)[M].北京:电子工业出版社,中国书籍出版社,2020.

[2] 赫伯特·马歇尔·麦克卢汉.理解媒介:论人的延伸[M].何道宽,译.北京:商务印书馆,2000.

[3] 雷万云.云计算:技术、平台及应用案例[M].北京:清华大学出版社,2011.

[4] 麦克卢汉.理解媒介:论人的延伸[M].何道宽,译.北京:商务印书馆,2001.

[5] 梅罗维茨.消失的地域:电子媒介对社会行为的影响[M].肖志军,译.北京:清华大学出版社,2002.

[6] 徐海亮.论精准营销理论[M].北京:机械工业出版社,2006.

[7] 詹志方,薛金福.中国式营销[M].广州:世界图书出版广东有限公司,2011.

[8] 张金柱.编辑学人丛书 编辑创新论纲[M].太原:山西教育出版社,2016.

[9] 周荣庭.网络出版[M].北京:科学出版社,2004.

二、中文论文

[1] 白立华,郭雪吟.出版业知识服务创新路径探究:以"现代纸书"知识服务模式为例[J].出版广角,2022(21).

[2] 蔡霞.5G时代的场景技术出版物的创新探索[J].科技资讯,2021,19(27).

[3] 曹继东.基于数字化技术和互联网思维的"融合出版"[J].科技与出版,2014(9).

[4] 曹薇.文创产品立体化出版的价值创造及传播模式研究:以故宫文创出版为例[J].视听,2020(8).

[5] 曹月娟,黄楚新.数智化与多元化:2022年我国少儿融合出版发展[J].出版发行研究,2023(4).

[6] 曾令宪.特色教育的融合出版模式探新:以广西教育出版社禁毒教育项目为例[J].传播与版权,2023(14).

[7] 曾祥敏,潘九鸣,王俐然.理念、要素、规律:国际主流媒体融合创新研究[J].新闻与写,2020(4).

[8] 陈丹,王元欣.服务文化强国 聚焦特色发展:打造融合出版人才培养的雁阵格局[J].出版广角,2023(4).

[9] 陈丹,章萌,侯欣洁.数字出版概念的演化与界定[J].数字出版研究,2022,1(1).

[10] 陈丹,郑泽钒,付正兴.智慧出版:内涵特征、生成逻辑及实现路径[J].中国传媒科技,2022(10).

[11] 陈丹,郑泽钒.打造新时代出版精品:内涵、意义及实施路径[J].中国出版,2022(15).

[12] 陈佳慧,李儒俊.我国出版业跨界经营问题[J].濮阳职业技术学院学报,2019,32(1).

[13] 陈洁,吴书棋.泛在阅读与富媒体应用催动全民阅读趋向数字化变革[J].中国出版,2022(8).

[14] 陈驹.论我国图书出版的媒介融合[D].兰州:兰州大学,2008.

[15] 陈卫星.传播与媒介域:另一种历史阐释[J].全球传媒学刊,2015,2(1).

[16] 陈兴会.知识付费视域下我国专业图书出版知识服务的发展策略[D].郑州:郑州大学,2020.

[17] 丁靖佳,张新新.元宇宙与出版(下):元宇宙系统、价值与元宇宙出版新范畴:兼论元宇宙出版的新模式和新业态[J].科技与出版,2022(6).

[18] 杜永生.新时代融合出版人才培养的思考与探索[J].科技与出版,2018(5).

[19] 段鹏,王源.理念更新与举措革新:融合出版人才培养的基本站位与发展路径[J].中国编辑,2023(5).

[20] 段鹏.融合出版背景下编辑面临的挑战及其应对[J].现代出版,2021(5).

[21] 方卿,王一鸣.论出版的知识服务属性与出版转型路径[J].出版科学,2020(1).

[22] 方卿.出版学科共建的要义与进路[J].出版广角,2022(17).

[23] 冯宏声.融合是出版业走向未来的关键词:从转型升级到融合发展[J].出版参考,2015(6).

[24] 冯中卫.地图制图制版与桌面出版系统:从远离到融合[J].印刷技术,1998(12).

[25] 付文绮,张新新.出版深度融合发展:内涵、机理、模式与路径分析[J].出版发行研究,2023(1).

[26] 傅伟中.内容为本、平台为王:融合发展新常态下出版传媒企业的样本研究[J].中国编辑,2017(4).

[27] 高坚.融合出版研究:进路、理论维度与核心议题[J].科技与出版,2023(6).

[28] 高宁婧.融合出版新趋势下出版机构融合再思考[J].出版广角,2021(16).

[29] 高映月.数字技术赋能背景下学术期刊影响力的转向探索[J].黄冈师范学院学报,2022,42(6).

[30] 高兆强.融合出版视域下我国古籍出版模式研究[D].西安:陕西师范大学,2022.

[31] 郭慧.内容价值增值视阈下的出版媒介融合研究[D].武汉:武汉理工大学,2008.

[32] 郭全中.5G时代传媒业的可能蓝图[J].现代传播(中国传媒大学学报),2019,41(7).

[33] 郝琳.开放获取趋势下爱思唯尔运营策略研究[D].上海:华东师范大学,2022.

[34] 何国军.VR/AR技术在数字教育出版平台中的应用及发展策略[J].中国出版,2017(21).

[35] 何国梅.出版深度融合发展的内涵、机制与路径[J].中国编辑,2022(9).

[36] 何婧,邓婧.我国新闻出版学领域的"区块链"主题研究现状分析[J].新媒体研究,2021,7(4).

[37] 洪伟.开放教育教材的融合出版研究:以《幼儿园管理》教材为例[J].出版广角,2020(6).

[38] 侯波.我国出版产业内生式发展研究:基于数字化经济发展新常态背景[J].辽宁经济职业技术学院.辽宁经济管理干部学院学报,2023(3).

[39] 黄先蓉,常嘉玲.我国出版产业转型升级趋势与政策建议:出版业"十三五"时期回顾与思考[J].中国出版,2020(22).

[40] 黄先蓉,陈馨怡.高质量发展背景下主题融合出版路径探究[J].出版科学,2022,30(4).

[41] 黄先蓉,刘玲武.媒介融合背景下出版人才培养的路径选择[J].出版广角,2015(13).

[42] 黄莹.国际视角下融合出版产业实践与人才培养:首届出版教育国际高峰论坛之海外专家谈[J].数字出版研究,2023,2(3).

[43] JACOBS A.施普林格·自然:以多种出版模式满足研究人员的需求[J].科技导报,2020,38(20).

[44] 季峰.从国际经验看我国出版业资本运营的模式选择及认识误区[J].出版发行研究,2008(12).

[45] 姜欢.北方地区城市社区文化建设研究[D].哈尔滨:哈尔滨师范大学,2016.

[46] 姜楠,龙振宇.用博弈论的思维浅析数字出版融合发展中的数字版权保护问题[J].科技与出版,2017(6).

[47] 金强,马燕玲.全媒体背景下数字出版运营模式探究[J].编辑学刊,2021(2).

[48] 靳建国.AI时代传统出版单位融合出版路径探析[J].名作欣赏,2023(21).

[49] 柯艺,徐媛.5G时代AR童书的出版路径与策略:基于技术接受模型的研究[J].编辑学刊,2021(2).

[50] 匡文波,姜泽玮.ChatGPT在编辑出版中的应用、风险与规制[EB/OL].(2023-9-27)[2023-10-23].http://kns.cnki.net/kcms/detail/11.4795.G2.20230927.1731.004.html.

[51] 匡文波,姜泽玮.融合出版视域下健康科普短视频的内容生产与传播探讨[J].出版广角,2022(21).

[52] 黎海英.媒介融合下编辑出版专业产学研结合人才培养模式探析[J].出版发行研究,2010(11).

[53] 李弘,秦俊俊.出版融合发展的本质属性和路径分析[J].出版广角,2022(22).

[54] 李娟.媒体融合下国外出版机构的科技期刊增值服务现状研究[J].传播与版权,2021(1).

[55] 李林容,张靖雯.面向"十四五"时期出版业深度融合发展的策略思考[J].中国出版,2022(1).

[56] 李桑羽.大数据助力出版物传播模式创新研究[J].北京印刷学院学报,2023,31(5).

[57] 李思尧,彭天赦.科技出版社融合出版路径探析[J].出版广角,2023(12).

[58] 李文慧.出版精品化战略趋势分析[J].中国报业,2023(9).

[59] 李晓.幼儿园"好教师"素质结构研究[D].重庆:西南大学,2019.

[60] 李亚.民营企业产权融合[M].北京:机械工业出版社,2005.

[61] 李洋,赵宏超.出版人才SWOT试析[J].科技传播,2020,12(12).

[62] 李永强.出版企业媒体融合困境及突围策略[J].中国出版,2019(10).

[63] 李长真,秦昌婉.融合出版视角下高校教材出版的创新发展[J].出版广角,2019(22).

[64] 练小川.培生教育集团转型简史[J].中国出版史研究,2016(2).

[65] 梁剑.新时代十年我国特殊教育事业发展:成效与展望[J].乐山师范学院学报,2023,38(8).

[66] 梁小建,于春生.国外传媒集团的并购经营及对我国出版业的启示[J].中国出版,2011(2).

[67] 林泽瑞.人工智能时代的数字出版创新探析:内容场景应用与服务能力提升[J].出版与印刷,2022(5).

[68] 刘雪芹,张贵.创新生态系统:创新驱动的本质探源与范式转换[J].科技进步与对策,2016,33(20).

[69] 刘睿,欧剑.融合出版中总编辑版权风险管理要务[J].科技与出版,2020(11).

[70] 刘寿先,宋志玮.我国出版产业新动能培育现状与对策研究[J].北京印刷学院学报,2022,30(11).

[71] 刘文捷.推动传统出版与新兴融合出版[J].中国外资,2023(13).

[72] 刘骃姗.(2015).德国出版的数字化转型研究:以兰登书屋为例[J].今传媒,2015(4).

[73] 刘喆.出版深度融合背景下传统出版业的创新发展模式初探[J].传播与版权,2023(11).

[74] 柳斌杰.加快传统出版与数字出版的融合发展[J].现代出版,2011(4).

[75] 卢明月.基于扎根理论的短视频平台竞争优势影响因素研究[D].沈阳:沈阳大学,2021.

[76] 鲁晓双.元宇宙时代的融合出版:机遇、挑战及发展路径[J].科技与出版,2023(6).

[77] 吕沁融.打造音乐精品内容,探索融合出版模式:上海音乐出版社暨上海文艺音像电子出版社转型数字内容产业形态[J].中国广告,2022(8).

[78] 马勤.5G时代出版业的发展变革与战略选择[J].出版广角,2019(17).

[79] 莫林虎,何骏.从业外企业并购案例看中国出版企业并购策略[J].中国出版,2010(1).

[80] 欧美出版传媒集团研究课题组,魏玉山,姜晓娟.欧美重点出版传媒集团发展研究[J].出版发行研究,2014(9).

[81] 庞丽佳.媒介融合下出版产业现状与问题分析[J].中国报业,2020(2).

[82] 邱菊生,姚磊,胡娟.我国出版集团融合发展研究综述[J].出版科学,2019,27(6).

[83] 融合出版背景下的编辑人才培养探究[J].传媒论坛,2021,4(9).

[84] 沈玉林.特殊教育类期刊编辑的责任意识与专业能力养成[J].新闻世界,2013(4).

[85] 史广峰.科技创新赋能数字出版服务平台建设[J].中国传媒科技,2023(6).

[86] 史惠斌,郭泽德.迈向智能:AIGC内容生成模式引发的出版变革[J].数字出版研究,2023(2).

[87] 宋凤红.基于读者细分和定位的杂志栏目策划[J].北方传媒研究,2018(5).

[88] 宋永刚.推进出版融合深度发展的关键点和着力点[J].中国出版,2018(18).

[89] 孙保营.融合出版背景下高校出版社人才队伍建设困局及破解[J].中国出版,2020(16).

[90] 孙琴,刘戒骄,徐铮.中国集成电路产业"三链"融合:理论逻辑、现状与思路[J].经济与管理研究,2022,43(12).

[91] 谭利彬.传统出版与数字出版融合共赢发展之路径探析[J].传播与版权,2023(15).

[92] 唐名威.对我国专业领域科技期刊集群运营的认识和思考[J].新闻研究导刊,2023,14(1)..

[93] 万延岚,王莹洁.美国小学科学教材《科学的维度》分析与启示[J].世界教育信息,2020(5).

[94] 汪琳,徐丽芳.中小学特色教材融合出版的模式、策略和路径[J].中国编辑,2022(12).

[95] 汪智.专业出版社出版融合发展实践与经验:以中国建筑出版传媒有限公司为例[J].出版广角,2023(3).

[96] 王海峰,吴华,刘占一.面向互联网的信息处理[J],中国科学,2013(12).

[97] 王军,翟旭瑾.五大国际大众出版商的经营概况与发展策略分析[J].出版发行研究,2020(1).

[98] 王军.融合出版企业商业模式的构造、机理及其创新[J].出版发行研究,2021(9).

[99] 王明亮.关于"大数据出版"的一些体会和猜想[N].中国新闻出版报,2013(5).

[100] 王巧林.需求与能力匹配:数字出版信息处理策略分析[J].科技与出版,2014(6).

[101] 王书挺.融合出版背景下版权风险的规避与防范:基于出版单位管理的视角[J].中国编辑,2022(2).

[102] 王文娟.高科技打造出版业服务典范:访英国出版科技集团中国区副总裁康宁临[J].今传媒,2013,21(11).

[103] 王晓歌,孙金栋.浅析大数据技术在教辅出版中的应用[J].出版参考,2023(9).

[104] 王晓红.短视频助力深度融合的关键机制:以融合出版为视角[J].现代出版,2020(1).

[105] 王晓军.数字传媒时代下出版融合模式再创新探讨[J].新楚文化,2022(11).

[106] 王雪岭.对传统出版与数字出版业融合发展的思考[J].新西部(理论版),2014(8).

[107] 王亚南.高职院校专业带头人能力模型构建及发展研究[D].上海:华东师范大学,2018.

[108] 王彦.古籍社融合出版的探索与实践[J].科技传播,2021,13(10).

[109] 王勇安,杨忠杨."+出版"还是"出版+":业态变革背景下出版人才培养的思考与实践[J].出版科学,2019,27(1).

[110] 王韵,张叶.非同质化通证技术赋能数字版权保护的应用优势与实践策略[J].中国编辑,2022(8).

[111] 魏燕荣,陈全银,黄宇亮.我国融合教育质量的现状、问题及对策[J].现代特殊教育,2017(18).

[112] 翁梓玉.VR/AR技术在儿童绘本中的应用效果研究:兼及融合出版中技术赋能路径探析[J].传播与版权,2022(4)7.

[113] 吴敏.乘信息时代之风加速推进出版产业融合转型[J].新闻研究导刊,2019,10(24).

[114] 夏月林.媒介融合背景下我国出版产业现状与问题分析[J].新媒体研究,2019,5(3).

[115] 肖超,杨龙.服务生态系统视角下爱思唯尔数字出版平台价值共创过程机制研究[J].出版发行研究,2023(2).

[116] 肖超.英国大学出版社数字学术出版转型探析[J].出版科学,209,27(1).

[117] 肖新兵.出版企业并购分析[D].武汉:武汉理工大学,2004.

[118] 肖叶飞.元宇宙视域下数字出版的生态变革、阅读重构与产业升级[J].传媒论坛,2023,6(8).

[119] 谢俊波.出版融合发展视角下的科普出版[J].出版广角,2022(21).

[120] 谢清凤.培生集团的并购发展战略分析[J].现代出版,2011(6).

[121] 谢清凤.一体化:版权运营推动出版融合发展[J].科技与出版,2015(9).

[122] 徐济超.发展特殊教育是政府和社会的共同责任[J].河南教育(基教版),2012(2).

[123] 徐鹏.基于扎根理论的蓝色光标商业模式创新研究[D].上海:上海师范大学,2021.

[124] 尹章池,郭慧.关于出版媒介融合的综合性研究[J].编辑之友,2009(5).

[125] 于殿利.论媒体融合与出版的关系[J].现代出版,2020(2).

[126] 于文.论融合趋势下的出版法制建设:从"版权"与"出版权"的二元化问题切入[J].出版发行研究,2016(2).

[127] 张斌.数字出版版权保护问题与对策研究[J].出版参考,2021(6):46-48.

[128] 张承兵,黄丽娟.人工智能技术下出版知识服务生态的重塑[J].出版广角,2020(13).

[129] 张戈平.1976年以来美国版权法的变迁研究[D].上海:华东政法大学,2022.

[130] 张洁琼.大数据背景下数字图书出版的"私人定制"研究[J].传播与版权,2023(15).

[131] 张莉婧,张新新.基于人工智能技术的出版流程智能再造:智能出版研究述略[J].出版与印刷,2020(3).

[132] 张晓华.浅析数字技术对我国出版业的影响[J].文化产业,2022(29).

[133] 张振宇,周莉."大数据出版"的理念、方法及发展路径[J].出版发行研究,2015(1).

[134] 赵珍.出版融合视域下编辑职业能力提升路径研究[J].新闻文化建设,2023(12).

[135] 郑丹,季钰.以精品内容打造为核心,推动出版融合高质量发展[J].出版广角,2023(12).

[136] 郑志亮,连叶燧.技术赋能:数字教育出版新路径探索[J].中国编辑,2022(11).

[137] 郑志亮,田胜立,李忆箫.融合发展 守正创新:新时代出版行业与人才培养[J].出版广角,2022(2).

[138] 周斌.出版企业跨国并购模式及风险控制浅析:以凤凰传媒并购美国PIL项目为例[J].中国出版,2015(14).

[139] 邹佩耘,王菱.基于元宇宙空间的融合出版:特征、价值取向与实践路径[J].出版发行研究,2022(7).

[140] 祖成浩.大数据技术在出版业的运用[J].中国管理信息化,2017,20(19).

三、政策文件、报告、网络资源等

[1] 编辑出版学名词审定委员会.编辑学与出版学名词(2021)[EB/OL].[2023-10-24].http://www.cnterm.cn/sdgb/sdzsgb/jbxl/202111/W020211118532730944335.pdf.

[2] 编辑出版学名词审定委员会.编辑学与出版学名词(2021)[EB/OL].[2023-10-24].http://www.cnterm.cn/sdgb/sdzsgb/jbxl/202111/W020211118532730944335.pdf.

[3] 陈琼烨.战略重组两年后,培生教育集团营收、利润双增[N/OL].界面新闻.(2023-03-16)[2023-10-29].https://www.jiemian.com/article/9080583.html.

[4] 关于推动传统出版和新兴融合出版的指导意见[R].中华人民共和国国务院公报,2015(19).

[5] 国家新闻出版署关于印发《出版业"十四五"时期发展规划》的通知[EB/OL].(2021-12-30)[2023-10-28].https://www.nppa.gov.cn/nppa/contents/279/102953.shtml.

[6] 国家新闻出版署关于组织实施2022年度出版融合发展工程的通知[EB/OL].(2022-3-22)[2023-10-28].https://www.nppa.gov.cn/nppa/contents/279/103637.shtml.

[7] 国家新闻出版署关于组织实施2022年度出版融合发展工程的通知[EB/OL].(2022-3-22)[2023-10-28].https://www.nppa.gov.cn/nppa/contents/279/103637.shtml.

[8] 魏玉山.主题出版:向精品化行进[EB/OL].(2020-11-26)[2023-8-29],media.people.com.cn/n1/2020/1126/c40606-31944917.html.

[9] 于殿利.从融合出版到出版融合:数字传媒时代的出版新边界探析[J].出版发行研究,2022(4).

[10] 袁伟华,肖煜.当出版业遇上"技术流"[N].河北日报,2017-6-6.

[11] 中国新闻出版广电报.访黄轩庄:"三步走"战略加速构建出版品牌矩阵[EB/OL].(2022-3-10)[2023-8-29].www.bbtpress.com/newsview/2112.html.

[12] 中宣部《关于推动出版深度融合发展的实施意见》.[2023-20-25].http://www.whwx.gov.cn/wxdt/202204/t20220425_1961498.shtml.

[13] 左志红.出版发行业的人工智能有多"能"[EB/OL].(2023-10-23)[2023-10-25].https://mp.weixin.qq.com/s?src=11&timestamp=1698072908&ver=4852&signature=6VZLzUnmMJ2ITYpg5uFKCslYoqBEhPP3nWP11K2vTr3tjMdDHBpcBIU-od4bw5lQkl0S-UQdqGZUbF-UJImLQMJx30F1xJlU1VSLW3mFXDddYxA0M51mEnBIR2UX95bo&new=1.

四、英文论文

[1] ALVAREZ J L, MAZZA C, MUR J. The management publishing industry in Europe[J]. Occasional Paper, 1 M. G. Jacobides, T. Knudsen, M. Augier. Benefiting from Innovation:Value Creation, Value Appropriation and the Role of Industry Architectures[J]. Research-Policy,2006(8).

[2] BANOU C,PHILLIPS A. TheGreekPublishingIndustryandProfessionalDevelopment[J]. Publishingresearchquarterly,2008,24.

[3] DAS R,YTRE-ARNE B. Critical,Agentic and Trans-media:Frameworks and Findings from a Foresight Analysis Exercise on Audiences[J]. European Journal of Communication,2017,32.

[4] High-Level Expert Group on Artificial Intelligence. Ethics Guidelines for Trustworthy AI[R]. The European Commission,2019.

[5] Sctt M. Shafer H. Jeff Smith,Jane C. ThePowerofBusinessModels[J]. BusinessHorizons,2005(48).

附　录

附录一　融合出版系统模型开放性编码分析表

表1　融合出版系统模型开放性编码分析（局部）

资料记录及初始概念	概念化	范畴化
在内容质量上，我们在数字出版中严把质量关，建立完善的质量管理体系，通过加强编辑出版队伍建设、规范编校过程、提高编辑素质等措施，严格执行技术标准和出版规范。（**N1 严把内容质量关**）	A1 强化内容建设	B1 源头化创新
坚持马克思主义指导地位，针对不同受众群体和技术发展趋势，全力打造满足用户多场景需求的思想理论数字出版精品。（**N2 打造精品内容**）		
不断创新数字产品内容表现形式，由电子书延展到有声读物、视频、动画等多媒体形式，积极开展语义知识点、知识问答、试题、案例等知识加工，拓展知识服务。（**N3 创新内容表现形式，N4 知识服务**）		
为了更好地实现数字内容及产品质量管理，我们积极探索建设完善的数字内容及产品质检工作机制和标准，以确保数字内容及产品质量的稳定性和可靠性。（**N5 严抓数字内容及产品的质量**）		

续表

资料记录及初始概念	概念化	范畴化
基于文献的价值程度，组建精品专题库，优选专业学者进行录文整理，以古籍整理的标准进行文字隶定、标点句读和释读校勘，考辨疑难字词，最大程度收录拓片或原石图像，对于时间、作者、志主等关键信息进行知识标引。(**N6 组建精品专题库**)	A1 强化内容建设	B1 源头化创新
本项目在信息采集与分类方面注重多样性与科学性，除传统音乐的分类外，还有按作曲作词、编曲、改编、演唱、演奏所属地区、出版年代、出版公司等十多种分类方法。(**N7 重视内容分类**)		
课程涵盖语文课本中的153首必学诗词，以图文结合的方式，由名师逐字逐句教孩子读懂诗词，让孩子在愉悦的氛围下，不知不觉掌握诗词精髓。课程遵循诗词学习的特点和中小学语文课标要求，以中小学语文课本中的每首诗为例，针对每一首诗的写作背景、作者、内容以及创作特点进行详细讲解，由浅入深，由易到难，全面贴合中小学生的诗词学习需求。(**N8 内容设计贴合用户**)		
本项目是根据不同阶段儿童的心理特点和知识结构特点进行编排，适应特教群体的认知特点，以"智能发展＋康复训练"为核心，通过给智障儿童提供丰富的活动场景体验，支持和帮助智障儿童融入社会。(**N9 注重内容设计**)		
坚持挖掘故宫的特色与学术水准，依托故宫博物院的藏品资源与专家资源，"你好呀！故宫"从古建、服饰，到书画、瓷器等，邀请故宫各领域专家进行深度研发，保证学术水准的同时，也保证原汁原味的趣味性，以满足并提高听众与读者对文化与艺术高度的追求。(**N10 挖掘特色内容**)		
……		

续表

资料记录及初始概念	概念化	范畴化
鼓励编辑部门对数字人才进行培训，并将其纳入到各个部门的数字融合考核中，同时建立更灵活、更有吸引力的人才激励机制。(**N59 人才培育与激励**)		
制定媒体融合科学绩效考评机制，着力吸引培养新媒体人才。(**N60 制定科学绩效考评机制**)		
早在 2005 年我社就开始引进技术人才，后又组建了专业的技术团队。(**N61 技术人才引进与技术团队组建**)		
公司每年为从事融合发展相关业务的人员建立单独的考核奖励机制。(**N62 制定考核奖励机制**)		
我们结合出版行业发展实际，加强人才培养体系建设，不断优化人才结构、提升人才素质，构建多元复合型人才队伍，还建立了有效的绩效考核体系，提高工作效率和质量。(**N63 加强人才培养体系建设、绩效考核体系建设**)	A2 强化人才培养	B1 源头化创新
加强与高校、研究机构等之间的沟通与合作，把产业需要作为发展方向，培养出既具备扎实的学科知识，又能掌握新兴出版技术的复合型人才。(**N64 加强与高校等合作，培养复合型人才**)		
以"融合发展实验室"为新型主体，孵化融合发展创新项目和团队。具体来说，是将"融合发展实验室"作为探索创新生产经营方式和人才培养模式基地，激发融合出版工作的活力和创造力。(**N63 孵化团队**)		
……		

续表

资料记录及初始概念	概念化	范畴化
形成了以数据库管理技术、智能化地图编制技术、空间信息可视化技术、不同终端的地图发布技术等为核心的集成化、一体化的信息化地图出版技术体系。(**N87 建立技术体系**)	A3 深化技术赋能	B2 产业化创新
成立新媒体产品研发中心，自主开发了一系列 PC 端、移动端新媒体产品，为面向专业领域的知识数据服务平台的打造和运营起到了强大的保障支撑作用。(**N88 成立产品研发中心，自主研发产品**)		
不断用新技术赋能数字出版，精准回应用户实际需求，优化开发引文自动比对、语义查询、智能问答等知识服务工具。(**N89 用新技术赋能数字出版**)		
积极开发应用新技术，以云计算、大数据和人工智能新技术为支撑的线上普法学法方式，拓展移动端普法、服务新形式，实现优质普法资源的集约、开发和共享。(**N90 积极开发应用新技术**)		
项目主要应用了跨终端 DRM 版权保护技术、知识条目结构化加工技术、全媒体资源关联检索技术，分别建设了网页版与移动微信版，双系统互联互通，开发了长征文化知识条目结构化分析入库、检索、分类浏览，能可视化的生成资源画像、用户画像。(**N91 技术应用成熟**)		
项目自 2017 年初筹划起，我所在的技术部门全程参与，技术研发人员先行介入，负责起草制定第一期平台功能需求方案，找寻并委托合适的软件开发公司定制开发。(**N92 重视技术赋能，探索技术与出版的有机结合**)		
突破科技大数据汇聚治理关键技术，率先建成农业领域最大的综合性农业科技大数据知识库，保障数字知识的自主安全和深度利用。构建了以多源异构农业科技知识汇聚、知识融合、知识供应为技术支撑的敏捷型知识服务模型。(**N93 技术攻关**)		
……		

续表

资料记录及初始概念	概念化	范畴化
围绕产品和服务构建了一系列的流程和规范，包括数字内容编辑、产品运营、用户反馈等环节，形成了一个完整的"链条"，使产品和服务得到更好的发展。（**N119** 构建出版流程和规范）	A4 优化出版流程	B2 产业化创新
创新成立职能部门智慧数字中心，负责数字化工作的协调实施、督导落实、项目孵化等。（**N120** 成立职能部门负责数字化工作）		
在内容融合创新方面，实施全面深度数字化策略，优化数字生产流程，推进内容资源管理平台的建设，实现数字化内容资源管理和发布机制。现已实现内容资源规范数字化加工和碎片化处理，实现了90%的图书内容的数字化加工率。（**N121** 推进内容资源管理平台的建设）		
推动企业数字化改革，实现基于出版业务体系的全链数字化改造，提升企业体系运转效率并有效提高科学决策能力。（**N122** 推动企业数字化改革）		
我们直接将学者的研究成果进行结构化的数据处理，发布为在线的数据库产品，脱离了纸书出版，大大缩短了发布周期，开创性地打造了学术成果"一步式"数字出版的成功范式。（**N123** 缩短发布周期）		
面对压力，我们迎难而上，开展了一系列大刀阔斧的改革，于当年3月成立首个"三制"机构"大中华寻宝记"项目组，全面、深度参与项目的编校、印制、营销、发行全流程，提升工作品质和工作标准。（**N124** 成立首个"三制"机构"大中华寻宝记"项目组）		
……		

续表

资料记录及初始概念	概念化	范畴化
通过精细的结构化拆分和知识化标引，建设了知识条目约 200 万条，通过 9 大分类体系展现给用户。（**N145 精细化服务**）	A5 细化用户服务	B3 商业化创新
在产品设计上以用户需求为中心，开展以技术接口的方式提供内容供给服务，为第三方数字传播平台提供数字内容出版服务，根据用户需求提供全面精准的党建服务等定制服务。（**N146 为用户提供定制服务**）		
依托对专业网站的持续建设和完善，在受众需求变化的基础上，公司逐步开始为产业链上下游的企业和用户提供知识服务和数据服务。（**N147 提供知识服务和数据服务**）		
通过音频客户端设立了与用户每日打卡的紧密互动形式，拉近与用户的距离。（**N148 用户运营与维护**）		
建立了以问题为导向的临床思维模式，通过问诊、检查、诊断、治疗等步骤，帮助用户体验真实接诊过程；建立了"主体数据+附加数据"的交互形式，附加数据以碎片化知识点的形式依附于案例中，用户可多维度获取诊疗经验与技能。（**N149 为用户提供优质服务**）		
在律师对接上，提供线上法律机器人提供智能法律服务、公益律师免费法律援助、律师收费服务，可以满足不同用户、不同类型场景之下的需求。（**N150 为用户提供场景化服务**）		
用户可以把自己遇到的特定问题，向各个领域的专家和技术人员提出，并将其显示在平台上，让有类似问题的用户观看。同时，平台还将通过现场直播的方式，让用户与相关专家进行互动，并为其解答个性化的问题。（**N151 用户个性化服务**）		
……		

续表

资料记录及初始概念	概念化	范畴化
为了进一步拓展产业链，公司与国际知名动漫公司合作，共同开展动漫IP开发，并根据市场需求和客户需求，开发出多种爆款动漫周边产品，如动画、游戏、漫画等，从而实现更多的商业价值，也使得产品具有良好的影响力，让消费者对其产生信任和青睐，也获得了更多的收入。（**N165 开展动漫IP开发**）		
深入挖掘和利用图书、品牌、艺术品以及数字产品的IP资源，采取矩阵化开发方式，将这些资源结合在一起，开发出更多的新产品和新服务，实现更高的影响力和价值，提升IP孵化能力。（**N166 深挖资源，孵化IP**）		
目前，大运河文化带已经形成了完整的IP全产业链开发运营，相关文创产品、教育课程、VR体验等相继上线，以大运河文化为主题，将传统文化与现代科技完美结合，形成了一个多层次、多角度的运河文化IP主题矩阵，取得了良好的双效成果。（**N167 形成完整的IP全产业链开发运营**）	A6 强化品牌传播	B3 商业化创新
为了更好地传播健康知识，我们搭建了以"人卫健康"微信公众号、人卫学习强国号和人卫快手号为核心的新媒体矩阵，利用多种形式来宣传健康科普，从而达到更好的传播效果。（**N168 搭建新媒体矩阵**）		
经过几年的努力，我们已经建立了一个以微信公众号、垂直社区、诸多数字内容平台为核心的全媒体矩阵，实现了融媒体的一体化传播，初步形成了一个融合各类媒介资源和技术手段、具有多种传播模式和功能的全媒体传播格局。（**N169 打造全媒体传播格局**）		
以营销矩阵建设为抓手，加强出版新媒体融合的探索与实践，打造多元化融合产品生产与传播方式。（**N170 打造多元化融合产品生产与传播方式**）		

续表

资料记录及初始概念	概念化	范畴化
以纪录片丰富传播形式，《瓷上世界》是以纪录片的形式，将中国瓷器的历史和文化特色展示给观众，以及展示出中国传统文化在当今时代的传承和发展。是"瓷上世界"文化综合项目的重要组成部分。（**N171 探索视频传播**）		
构建了一个由杂志、App、微信、微博等多个新媒体组成的内容生产与传播矩阵，形成了一个覆盖范围广泛的网络，将超级平台的渠道通路打通，增强了三联新媒体矩阵的整体营收能力。（**N178 打造内容生产与传播矩阵**）		
"中读"App 在"三联"的品牌影响之下拥有了一定数量的用户群体，但仍重视 IP 的作用，一方面是通过引入头部资源，确立平台影响力基础，如设立栏目"大咖说"，另一方面是布局腰部资源，彰显产品知识性价值，如"听荐好书"就是一个将腰部资源进行持续、深入呈现的优质栏目。（**N179 利用 IP 效应获取流量提升影响力**）	A6 强化品牌传播	B3 商业化创新
我社还打通全媒体营销链路，上线了知识专栏、音频课程等模块，小程序的参与人数约 5 万，以数字化助力传播。通过几年的精心建设，"大中华寻宝记"公众号已集精品内容、互动体验、购买平台于一体，粉丝数近百万人，成为品牌宣传最高效的平台。（**N180 打通全媒体营销链路**）		
构建中国共产党思想理论资源数据库全媒体传播体系，建设为以文字作品为核心、音视频等多媒体资源为辅助的中国共产党思想理论内容服务平台和出版平台，并在党的思想理论数字传播领域形成较强的传播力、影响力和竞争力，成为人民出版社新型数字传播平台的品牌。（**N181 构建中国共产党思想理论资源数据库全媒体传播体系**）		
……		

续表

资料记录及初始概念	概念化	范畴化
习近平总书记在中共中央政治局第二次集体学习时强调：审时度势精心谋划超前布局力争主动，实施国家大数据战略加快建设数字中国。（N199 实施国家大数据战略，加快建设数字中国）	A7 政府出台政策完善制度	B4 政府服务
《出版业"十四五"时期发展规划》强调壮大数字出版产业，要系统推进出版深度融合发展。（N200 提出系统推进出版深度融合发展）		
国家新闻出版署印发《关于组织实施融合出版工程的通知》，启动实施融合出版工程。（N201 启动实施融合出版工程）		
2022年4月，中共中央宣传部印发《关于推动出版深度融合发展的实施意见》，是中宣部首次就融合出版领域专门发布的政策文件，对未来一个时期融合出版的目标、方向、路径、措施等作出了全面部署。（N202 中宣部首次就融合出版领域专门发布的政策文件）		
……		
人卫社充分利用健康医疗大数据推进"互联网+教育""互联网+医疗""互联网+文化"融合发展，十余个数字出版项目获国家财政资金扶持。（N211 获国家财政资金扶持）	A8 国家资金扶持	
知识库项目获得了财政部文化产业专项资金支持。（N212 获财政部文化产业专项资金支持）		
项目实施以来，被列入中央文化产业发展专项资金支持项目、"十三五"国家重点图书出版规划项目、国家出版基金资助项目。（N213 获中央文化产业发展专项资金支持）		
项目获得中央财政专项资金1000万元，自筹配套资金2789.54万元。（N214 获得中央财政专项资金支持）		
……		

续表

资料记录及初始概念	概念化	范畴化
中国音像与数字出版协会于2023年4月举办第二届"融合出版创新论坛",论坛以"精品引领发展 技术激发活力"为主题,重点围绕数字教育、知识服务、出版云服务、内容智能分发及馆配融合等出版融合业务组织研讨交流。本届论坛锚定文化强国和出版强国建设目标,总结成功经验、分享成功案例,共同探讨融合出版新路径。(**N220 举办"融合出版创新论坛"**)	A9 协会组织相关活动	B5 协会服务
根据《出版业"十四五"时期发展规划》和《关于推动出版深度融合发展的实施意见》,围绕强化内容建设、构建数字时代新型出版传播体系、加快推动出版深度融合发展的要求,中国音像与数字出版协会主办,协会数字教育出版工作委员会、出版融合工作委员会、数字阅读工作委员会、有声读物专业委员会、数字音像电子出版工作委员会、知识服务与数字版权保护技术工作委员会共同承办"中国音数协公开课"(第二季)。(**N221 举办公开课**)		
……		
为提高编辑人员的审、编、校、选题策划等方面的能力,培养适应新时代的高素质的编辑人才队伍,中国编辑学会于2022年举办"传统出版与数字融合出版"培训班。(**N231 举办人才培训活动**)	A10 协会开展人才培训	
为了充分发挥版权在促进经济、科技和文化发展中的重要作用,中国版权协会开展"版权工作实务"培训班。(**N232 开展"版权工作实务"培训**)		
……		
我社推出的多个数字产品荣获中国出版政府奖、中华优秀出版物等国家级重要奖项,并连续被《新闻联播》等中央媒体进行专题报道,中组部、中宣部也多次点名表扬。(**N242 获得重要奖项,受到点名表扬**)	A11 社会效益显著	B6 双效俱佳
人卫社充分利用健康医疗大数据推进"互联网+教育""互联网+医疗""互联网+文化"融合发展,多项产品荣获中国出版政府奖、中华优秀出版物、国家科学技术进步奖等国家各类奖项。(**N243 获得重要奖项**)		

续表

资料记录及初始概念	概念化	范畴化
项目通过图书馆和文化馆进行传统音乐普及大众，目前遍布全国 30 多个省、自治区、直辖市，远赴香港、澳门。(**N244 扩大中华优秀文化的影响力**)	A11 社会效益显著	B6 双效俱佳
在社会效益方面，项目自定位为传播、推广中华优秀文化的数字化平台，着眼推动中国优秀文化的全球化传播，效果良好。(**N245 推广中华优秀文化**)		
探索中国出版"走出去"的新模式，通过将海外图书馆作为媒介，以及跨文化沟通渠道，让中国文化全方位走向世界，让更多国外读者了解和认识中国文化，从而扩大中国在全球文化中的影响力。(**N246 助力中华优秀文化走出去**)		
项目旨在将知名医疗机构及专家的先进诊疗理念和规范诊疗路径、临床思维、操作技能、手术范式优质医学资源有效下沉至其他各级医院，使各级临床医师能够获得均质化的培训，进一步缩小不同地区诊疗水平的差异，助力分级诊疗，助力"健康中国"建设。(**N247 助力我国医学人才的培养，服务我国医疗卫生事业**)		
本项目是具有多重学习功能的公益性出版项目，旨在解决目前国内培智教育资源稀少、形式单一、手段陈旧、成本昂贵的难题，极大降低特教信息化成本。受众主要是智障儿童、智障儿童的家长、特殊教育学校及其教师。(**N248 服务特殊教育事业**)		
……		
2018 年销售总收入 2276 万，利润 1300 余万；2019 年销售总收入为 2487 万，利润 1500 余万；2020 年，我社克服疫情的不利影响，全年销售总收入 2644 万元，利润 1600 余万。(**N269 收入增长、利润提升**)	A12 经济效益显著	
"十三五"期间，集团数字融合收入增长 100% 以上，多个数字平台及产品实现了良好的经济效益。(**N270 收入稳步增长**)		

续表

资料记录及初始概念	概念化	范畴化
在国内通过高等院校、科研院所、公共图书馆等机构数据库采购达到盈利的目的,目前直接经济收益上百万。(N271 收入高)	A12 经济效益显著	B6 双效俱佳
继 2019 年经营收入大幅增长 30% 后,2020 年我社顶住了疫情带来的不利影响,实现经营收入 2 亿元,仍然保持了增长态势,其中数字业务收入占比已超过 70%。(N272 经营收入大幅增长)		
包括国家级馆(院)、十余家省级图书馆、文化馆,几十家专业音乐艺术院校和几百家公共图书馆和高校图书馆,覆盖群体超过千万用户。(N273 覆盖群体超过千万用户)		
"人卫助手"累计下载用户超过 100 万,为全国 200 多家医院、3 万个社区服务中心,以及 20 万临床医务工作者提供服务。(N274 用户规模大)		
目前使用用户超 300 家,购买用户超 60 家,累计收入超 3000 万元,具备持续发展潜力和市场前景。目前用户数量快速增长,商业模式清晰。(N275 目标市场庞大)		
……		

附录二 融合出版系统模型主轴编码分析表

表2 融合出版系统模型主轴编码分析

主范畴	副范畴	范畴内涵
C1 创新链协同	B1 源头化创新	解决在产品或服务的策划与编辑环节所出现的问题，推进策划与编辑环节改进甚至是变革的创新
	B2 产业化创新	策划与编辑环节之后，将产品产业化的生产与制造过程中所涉及的创新环节
	B3 商业化创新	经过产业化的产品在推广和服务保障上的创新
C2 服务链联动	B4 政府服务	政府相关部门为支持产业创新所采取的行动，以及为推动融合出版所提供的支持与保障
	B5 协会服务	出版行业协会为创新主体服务，使其专业从事创新活动，促进创新效率所采取的行动
C3 价值链攀升	B6 双效俱佳	出版单位等创新主体通过投入产出的出版经营活动对社会产生的效果和利益，以及所取得的经济效益

附录三　融合出版精品案例分析

案例一　新华字典 App

作为世界上发行量最大的辞书，纸质版《新华字典》自 1953 年 10 月首次出版后，七十多年来经过专家学者依据时代的变化进行十余次修订再版，以不断适应读者的新需求。先后荣获第四届国家图书奖荣誉奖、第三届国家辞书奖特别奖、第三届中国出版政府奖图书奖提名奖，入选教育部"全国中小学图书馆（室）推荐书目"，并于 2016 年 4 月获"最受欢迎的字典"和"最畅销的书（定期修订）"两项吉尼斯世界纪录。

2017 年 6 月，《新华字典》第 11 版 App 正式上线，荣获中国数字出版创新论坛"数字出版创新奖"；2018 年 1 月，《新华字典》App 获得百道网 2017 新出版与知识服务年度致敬"2017 年度少儿和教育知识服务品牌"荣誉；同年 6 月，《新华字典》App 荣获第二届中国新闻出版智库高峰论坛"最佳应用软件奖"。2019 年 11 月，《新华字典》App 入围国家新闻出版署"2019 年度数字出版精品遴选推荐计划"。2020 年 1 月，《新华字典》App 获得第十三届新闻出版业互联网发展大会"出版机构优秀客户端 TOP10"荣誉。同年 7 月，纸质版第 12 版出版，包括普通本、双色本、教材本，并首次在普通本、双色本正文附二维码，第 12 版 App 同步上线。

《新华字典》App 是一款由商务印书馆和上海商笛数字出版科技有限公司合作推出的手机应用程序。作为新华字典的数字化延伸，该应用程序为用户提供了方便快捷的中文词典查询服务。《新华字典》（第 12 版）不仅继承了以往版本的优势和特点，并利用数字信息技术，实现了辞书在数字化时代的创新。

1. 创新环境

为适应数字化时代的发展要求，辞书面临着数字化转型的发展机遇，其创新环境可以分为政治环境、社会环境和文化环境三个方面。

（1）政治环境。

近年来，国家陆续出台有关国家语言文字工作相关文件，到2025年全国范围内普通话普及率达85%，为文化强国建设贡献力量。同时期，技术变革为人们提供一种崭新的阅读方式，人们凭借着移动终端设备便可以实现辞书的功能性阅读，克服了传统辞书"厚重感"的局限性，有效地提升了辞书的服务功能。

《新华字典》作为小学生语文学习必备的工具书，帮助学生更好地掌握汉语语言学习的基础知识，为此，教育部出台相关政策鼓励学生使用《新华字典》。2012年，财政部、教育部在相关文件中将《新华字典》纳入"国家免费提供教科书"；2014年，《新华字典》入选教育部"2014年全国中小学图书馆（室）推荐书目"。随着"互联网+"的国家战略实施，各省份陆续应用"互联网+教育"的教学模式，学习工具的智能化为学生提供个性化的教育服务，优化的教育资源为老师提供便捷化的教学服务，有利于促进全民教育的普及和提高。

（2）社会环境。

《新华字典》App的成功还离不开社会力量的支持，根据《2023年中国互联网网络发展状况统计报告》，截至2023年6月，中国网民总量达到了10.51亿人，网民的增加导致智能终端用户的增加，数字化阅读逐渐成为常态化。全民阅读是国家文化战略的重要部分，2022年3月的两会报告中提出进行深入推进全民阅读的措施，这是自2014年以来全民阅读第九次被纳入政府工作报告。在全民阅读视角下，阅读推广依靠各种媒介来传递阅读信息，移动终端的普遍使用可以让人们随时随地获取阅读的信息。

在"大语文"环境下，一个国家或社会，广泛重视和推广语言文化，使人们具备较高的语文素养和文化修养的环境。汉字的标准语音和汉字本身所组成的词语、语句构成"大语文"环境的建设基础，学好语文的前提是对字、词、句的完全掌握，离不开《新华字典》的帮助。人们普遍重视语文教育，注重培养人们的语言表达能力和文学修养。社会、学校和家庭共同努力，推动语文教育的全面发展，使学生在语文学科中获得扎实的基础知识和综合能力培养，并能运用语言灵活地表达思想，理解丰富的文化内涵。同时，"大语文"环境也重视培养人们的文学鉴赏能力，使人们能够欣赏各类文学作品，理解其中蕴含的思想、情感和人生哲理。《新华字典》App 的使用有利于提升全民语言素养和文化品位，从而塑造和谐文明的社会风貌，促进社会进步和人的全面发展。这是一个符合社会主义核心价值观的，使人们在语言与文化的交流中体验到尊重、理解和发展的社会环境。

我国"开放三孩"的政策对未来教育行业带来影响与挑战，这种社会环境下的中小学语文教育，更离不开《新华字典》的使用。相较于纸质版的《新华字典》，App 不会出现磨损或有笔记涂改的情况，可以根据收藏夹分类及时巩固所学的汉字知识，其实用性更强，一个终端账号享受终身会员的服务体验，可以满足一个家庭各个年龄段孩子语言文化的学习需求。年龄相仿的孩子可以进行互动比拼，在玩耍的过程中享受学习的快乐。

(3) 文化环境。

文字是人类社会发展到今天，最为重要的符号和标志之一。汉字是中国传统的文字，拥有悠久的历史和丰富的文化内涵，汉字的发展演变造就了文化环境的繁荣。正确使用汉字在中华文化中具有举足轻重的地位，并在传承文化、交流沟通、知识记录和艺术表达等方面发挥着重要作用。通过学习和使用汉字，人们不仅能够更好地理解和传承中华文化，也能够促进文化交流与互鉴，推动人类文明的发展与繁荣。《新华字典》则是人们学习汉字的一本必备工具书，几乎每位小学生在读书的时候都会买一本《新华字典》作为学习语文的必备工具书。

《新华字典》拥有巨大的纸质版发行量和庞大的读者群。一方面，不仅仅是小学生，还包括广大的汉语学习者、教师、语言研究人员等，帮助读者理解和掌握汉语词汇的用法和含义。借助移动终端使用《新华字典》App，用户可以随时上网查阅需要的任何文字，可以在阅读过程中获取更为权威的字词解释，通过文化符号的传播，推动文化传承。另一方面，身为辞书的《新华字典》具有一定厚度和重量，不方便人们随时随地拿在手中，少有人会把它每日背在书包里。正因如此，《新华字典》App 的推出，让每一位用户都能随时随地便捷查阅，这也让这样一部承载着历史与厚重的工具书，迎接数字化的崭新时代。

中华文化源远流长，作为知识和文化沉淀、传承与推广的有效手段，辞书满足了人们在各个领域学习与应用中的阅读需求，能够帮助读者学习和运用语言，提高语言素养和表达能力，满足特定领域的知识需求，丰富人们的文化素养。可以说，辞书权威性的地位无可撼动，是获取语言知识准确性的首选。《新华字典》App 的出现，是辞书数字化的一大创新之举，也是提升人们汉语语言水平的一个有效学习途径。

（4）技术环境。

随着移动通信技术的快速发展和智能设备的不断成熟，移动终端的普及程度已经显著提高，移动设备（如智能手机、平板电脑等）在全球范围内的广泛应用改变了人们的生活方式和工作方式，为人们带来了更多的便利和效率。人们可以通过移动终端获取各种实时的信息、服务和娱乐内容，满足了人们对各类服务的即时需求。

移动终端的普及为教育和文化传播带来了全新的可能性。学生可以通过移动设备进行在线知识获取，例如，可以使用《新华字典》App 进行在线字词解释的查询，支持手写查字和语音检索、摄像头取字等三种查询方式。此外，通过移动终端，用户可以随时随地访问各种文化创作和媒体内容等，丰富了个人的知识和文化体验。移动终端的普及对于社会的发展和个人的生活产生了深远的影响。

辞书数据化的过程需要编辑团队与数据加工团队的合作，运用数字技术实现产品形态化转变，对于重点技术的投入应让专门负责的技术人员进行。在统一的工具书加工标准下进行工具书的数字化整理和数据加工，碎片式、整合式的加工处理方式，XML 文件的标引是辞书数据化的精细工作，根据条目进行加工。在标准的指导下，将条目拆分到最小的单位，同时保持各数据间的参差关系，充分利用数据。为了避免用户在使用手机端浏览产品时出现字符集不能完整显示的问题，《新华字典》App 负责的项目组请了专门的字体运营公司，为 App 开发出一套包含《新华字典》所有字符的字库文件。多元化的媒体技术使得《新华字典》内容承载方式的改变，针对细分用户从而延伸出更多功能，变得更为智能化，不断提高产品质量和效率，实现《新华字典》的优质内容与信息技术的深度融合。

2. 创新主体

新华字典 App 的出版发行单位是商务印书馆，设计制作为海笛。

（1）出版单位概述。

商务印书馆始终"肩负现代汉语规范化的重任，以工匠精神打造的精品辞书"。商务印书馆1897年2月11日创立于上海，是中国第一家现代出版机构，被誉为中国现代文化史上的奇迹。鼎盛时期曾为"亚洲第一、世界前三"的出版企业，在上海设有总管理处、编译所、印刷所、发行所、研究所等一处四所，在全国乃至海外设有几十家分馆和千余个销售网点。1932年惨遭日寇轰炸，旋即得到复兴。1937年设总管理处于长沙，1941年迁至重庆，1946年迁回上海。新中国成立后率先实行公私合营，1954年迁至北京。

经历126年的光荣岁月，商务印书馆不断创造中国文化出版事业的辉煌，成为当今出版的品牌标杆。创建至今，出版图书凡5万余种，其中包括《辞源》《新华字典》《现代汉语词典》《牛津高阶英汉双解词典》和"汉译世界学术名著丛书""中华现代学术名著丛书"等众多影响深远的图书，以及精品工具书数据库、《东方杂志》数据库、《牛津高阶英汉双解词典》App、《辞源》优盘版等重点数字产品。出版物荣获国际白金星质量大奖、国家图书奖、中国出版政府奖等诸多国内外大奖，还被党和国家领导人作为国礼赠送外国宾朋。

作为我国第一家现代出版机构，商务始终秉承"昌明教育，开启民智"的企业使命，在新时期将"服务教育，引领学术，担当文化，激动潮流"作为企业宗旨，坚持"以出版弘扬文化，用思想推动社会进步"的理念，遭遇社会险阻但自身愈发强大，致力于推动我国文化事业的发展，用百年力量传承中华文化，成为我国影响力最大的老字号出版社。作为拥有100多年历史的传统名社，商务印书馆有着自身独特的辞书品牌价值，进而转化为内容优势，权威的辞书资源对开展出版融合项目提供了坚实的内容基础。纸质版《新华字典》的畅销为商务印书馆进行辞书数字化的研发提供了强有力的资金保证，在数字出版探索前期具有资金优势。

（2）合作单位介绍。

海笛是国内领先的移动教育服务商，拥有专业高效的产品研发团队，多年来致力于为广大语言学习者提供经典权威的正版词典App，为出版社提供科技创新的数字化辞书出版服务。旗下的"海词词典"是中国第一个在线词典，自2003年来一直为数亿用户提供数字化词典服务，是数字化辞书行业的领头羊。

"只提供权威内容，只追求极致体验"。自创立以来，海笛陆续推出新牛津英汉双解大词典、朗文当代高级英语词典、牛津·外研社英汉汉英词典、外研社法语大词典等一系列口碑产品。凭借精致的内容和精湛的技术，海笛获得行业内的认可，也在全球范围内累积了庞大的用户群体。

目前，海笛已与商务印书馆、牛津大学出版社、人民教育出版社、外语教学与研究出版社、上海外语教育出版社、华东理工大学出版社等多家国内外知名出版社达成长期战略合作，推出了上百款权威知名的词典及语言学习类数字产品。2003年至今，海笛仍在运行。

（3）合作方式介绍。

《新华字典》App是一个开放的也会不断迭代的学习软件，"我们更希望把它定义成一个学习工具，而不仅仅是一本字典"。商务印书馆负责人说道："我们也将持续听取用户的反馈，为用户提供更多的功能。"积极听取用户反馈，在不断完善内部功能的过程也是出品方不断学习的过程。《新华字典》（第12版）App的应用图标与纸质版相似，以红色和黄色为底色，白色的"新华字典"占据醒目位置。应用内以红色和白色为主，传承红色基调色彩。采用简洁明了的设计风格，使用户可以快速地进行查询和学习，应用内部简洁大气，没有任何广告，左侧为查询区域，右侧则分"字典"和"学习"两大板块。其定位为面向个人用户开发的产品，利用技术优势，在纸质化《新华字典》的基础上运用数字技术转化而成，突破了纸质辞书的限制，并在应用中增加了语音、图片、动画演示等多媒体内容，为用户提供增值服务。

《新华字典》App的所有程序代码著作权归上海商笛数字出版科技有

限公司所有，商务印书馆有限公司及上海商笛数字出版科技有限公司对本软件整体享有著作权。未经书面许可，任何单位及个人不得以任何方式或理由对本软件的任何部分进行商业性使用，不得复制、修改、抄录、传播或与其他产品捆绑使用、销售。凡侵犯本软件以上权利的，商务印书馆有限公司和上海商笛数字出版科技有限公司都将追究其法律责任。

3. 创新链协同

创新链协同发展可以实现资源优化和价值创造，《新华字典》App延伸纸质版《新华字典》的品牌价值，基于精品思维模式打造高质量辞书应用。

（1）源头化创新。

源头化创新是指在创新过程中，更加专注于内容和形式策划，以实现创新的原始出发点。与传统的局部创新相比，源头化创新更加关注创新的根本和基础。

《新华字典》（第12版）收录单字约13 000个，明确区分繁体字、异体字，收带注释的词语3300多个。字形和字音根据国家语文规范和有关标准确定。释义简明准确，对字的本义、引申义、比喻义、转义都分别举例解说。正文前有汉语拼音音节索引、新旧字形对照表、部首检字表等，正文后有汉语拼音方案、常用标点符号用法简表、我国历代纪元简表、我国少数民族简表、计量单位简表和元素周期表等10种附录。在纸书完整阅读体验上，《新华字典》（第12版）App中包含完整的纸质版内容，高效操作实现纸书对照功能。同时，在原版呈现纸质图书内容的基础上，实现了文字、图片、音频、视频等多种形态的有机结合。

《新华字典》App中分为"字典"和"学习"两大板块。"字典"板块从检索功能上，较纸质工具书更为强大，除传统的字、音、部首、笔画数和四角号码检索外，还可提供手写输入、语音输入、摄像头组词查询等多种数字化的检索方式，并实现全文任意字词的"即点即查"。在查询结果显示页面，每个汉字都会显示四线三格拼音、部首、字集、笔画书目和结构，还有释义，在词义准确的基础上，方便用户了解每个汉字的具体释义和用法，准确选择、书写和运用合适的汉字，避免造成词义模糊、歧义或误解。在语法和用法上，方便用户掌握汉字的语法规则和用法，包括词组搭配、语序和语气等，使表达更加准确、清晰和易读。在汉字笔顺功能上，应用内嵌入了动态、静态两种标准笔顺，根据汉字的规范笔顺动画演示，以便加深用户学习印象，并且支持"我来写写看"这样的功能，包括跟写和默写两种模式，让用户能遵循正确的笔画书写顺序和结构，确保汉字的认读和书写的准确性，熟悉基本的笔画构造，保持字形的规范和美观。既有利于他人理解，也有助于提升汉字的美感和艺术价值。在语音朗读功能上，《新华字典》播读配音也是一大亮点，邀请《新闻联播》原著名主播李瑞英女士担任《新华字典》App的配音，还提供用户间发音PK功能，有利于提高汉语口语水平和普通话的能力。数字版本的字典不仅提供了生词本等方便用户学习的功能，还提供了组词、笔顺等知识问答。在"学习"板块设置了"汉字趣味大挑战""趣说汉字""人名地名读音大挑战""播音员易读错字词大挑战""汉字听写"等课程，增添了用户学习的趣味性。配套纸质版《新华字典》（第12版）中内嵌的二维码使用，方便用户使用数字内容资源，词条释义向个性化知识服务的方向发展，注重用户个人的辞书使用体验。新华字典还加入了生字本功能，方便用户及时温习不认识的汉字。汉字蕴含着丰富的文化内涵和历史传承，与中国的传统文化、价值观和思维方式密切相关。在使用汉字时，要尊重和理解其中的文化联系，避免产生误解或冒犯他人。

源头化创新能够带来长期的发展和竞争优势，推动产业的升级和经济的可持续发展。它需要企业在研发、投资、知识产权保护等方面积极投入，同时也需要政府和社会各界提供支持和环境条件，鼓励创新创造和源头化创新的实践。

（2）产业化创新。

产业化创新需要借助技术，推动整个产业链的转型升级和增强竞争力。

《新华字典》（第12版）App通过技术研发和创新，提升产品的功能、质量和效率，以满足市场和用户多样化的需求。在应用基础研究方面，保留原有功能；在产品功能设计方面，积极听取用户建议，不断完善应用功能，打造精品出版融合产品。负责人员通过市场调研和分析，开拓细分市场领域，寻找潜在的目标客户群体，设计出有效的市场推广策略，提升了产品的市场份额和竞争力。通过《新华字典》产业链上下游的合作伙伴共同努力，加强合作与创新，形成协同效应，提高整个产业链的效率和竞争力。在应用内部功能设计、研发、营销推广和售后服务等环节，进行产业协同创新。辞书数字化的研发过程通常需要大量的资金支持，政府、企业、投资机构等各方可以通过提供资金、技术和资源支持，促进辞书产业化创新的实施和推进。

产业化创新对于推动经济增长、培育新的经济增长点、提升辞书数字化竞争力具有重要意义。

(3) 商业化创新。

设计符合辞书市场的商业模式，寻找到新的价值创造和利润增长方式，这涉及市场需求、竞争环境和盈利模式等方面的优化和创新。通过将创新转化为商业运作，可以实现技术进步、产业升级和经济增长的良性循环。

商业模式的设计和创新可以实现创新的商业价值。在市场需求方面，通过《新华字典》App，用户可以随时随地使用手机查询中文词语的释义、拼音、笔画、部首及例句等相关信息。同时，该应用还提供了在线语音发音、繁体字转简体字、常用词组查询等实用功能，满足用户对于中文语言学习和应用的需求。在竞争环境方面，与免费的搜索引擎相比，《新华字典》App 以其权威、准确、全面的词典内容，成为众多中文学习者、教师和专业人士的必备工具。其便捷的使用方式和丰富的内容让用户能够更加高效地学习和理解汉语词汇，提升自己的语言素养和表达能力。在盈利模式方面，目前，《新华字典》App 作为知识服务产品，提供多种增值服务。通过创新服务模式、提供个性化定制的服务等，为用户提供更加优质和差异化的服务体验。

作为一款符合社会主义核心价值观的应用，《新华字典》App 在内容展示方面积极弘扬中华优秀传统文化和语言规范，注重权威、精确的词义解释。同时，在用户互动和信息传播方面，该应用程序也积极倡导积极健康的交流方式，引导用户遵循法律法规和道德规范，营造良好的信息环境。出版深度融合发展的背景下，我国的辞书数字化进程仍处于初级阶段，但其趋势不可逆转。《新华字典》App 在帮助用户学习和应用中文方面发挥着重要作用，同时也积极传承和弘扬中华民族优秀语言文化，推动文化强国建设和人们语言素养提升。

案例二　方圆特教

方圆特教是由河北出版传媒集团直属方圆电子音像出版社主办，秦皇岛特殊教育学校、国术科技（北京）有限公司协办的全国第一家特殊教育资源平台，旨在体现党的十七大以来关心特殊教育、支持特殊教育、办好特殊教育的重大理念，真正在技术层面显示了方圆特教关心、支持、服务特殊教育事业的初衷。

1. 创新环境

教育是国之大计、党之大计。在全国教育大会上，习近平总书记发表重要讲话，从党和国家事业发展全局出发，高度评价教育对于国家富强、民族振兴、社会进步、人民幸福的极端重要性，充分肯定教育具有的基础性、先导性、全局性地位和作用，深入分析新时代新形势对教育提出的新的更高要求，对于做好当前和今后一个时期教育工作，动员全党全国全社会为加快推进教育现代化、建设教育强国、办好人民满意的教育而努力，具有重大现实意义和深远历史意义。

特殊教育是教育的重要组成部分，是高质量教育体系不可或缺的重要内容。特殊教育旨在帮助特殊儿童获得适当的教育和培训，提高他们的能力，使其能够更好地适应社会生活，进而提高整体国民教育水平。

办好特殊教育是促进社会公平的重要举措。对于特殊儿童来说，获得适当的教育和培训是他们应享有的权利。特殊教育的发展可以提高他们的生活水平，提高他们的生活质量，进一步缩小社会差距，促进社会公平。特殊教育也是社会文明进步的重要标志。一个文明进步的社会应该包容并尊重每一个个体，给予他们平等的机会和权利。特殊教育的发展体现了社会文明的进步，也是国家软实力的重要体现。

（1）政治环境。

党的十八大报告中提出"支持特殊教育"、党的十九大报告提出"办好特殊教育"、党的二十大报告提出"特殊教育普惠发展",作为教育事业重要组成部分的特殊教育。"十二五"规划期间,党和国家坚持扩大特殊儿童受教育机会,扩大随班就读和普通学校特教班规模建设,最大限度地保障特殊儿童的入学,促进特殊教育普及化程度提高。❶党的十八大报告在十七大报告的基础上更进一步发展,提出要努力办好人民满意的教育,支持特殊教育。2012年国家实施特殊教育学校二期建设项目,扩大高等特殊教育办学规模。2014年由教育部、中国残联等九部门出台了《特殊教育提升计划(2014—2016年)》,这一政策旨在全面提高教育普及水平和教育质量,到2016年实现基本普及残疾儿童义务教育。2015年由教育部、中国残疾人联合会联合出台了《残疾人参加普通高等学校招生全国统一考试管理规定(暂行)》,保障了残疾人平等参与考试的权利,对于维护残疾人教育权益具有里程碑意义。到2016年年底,我国基本完成了《国家中长期教育改革和发展规划纲要(2010—2020年)》关于特殊教育的发展目标,特教学校数量、在校生人数,还是招生人数和毕业人数都有较大的提升,义务教育阶段残疾儿童入学率达到90%以上,特殊教育普及水平和特殊教育质量均有显著提高。2021年由教育部、中国残联等七个部门共同制定,经国务院同意,颁布《"十四五"特殊教育发展提升行动计划》,持续加强特殊教育支持保障,推动特殊教育得到跨越式快速发展,特殊教育发生格局性变化,残疾儿童少年接受义务教育的比例达到95%以上,特殊教育普及水平、保障条件和教育质量得到显著提升,特殊教育发展取得历史性成就。

(2)社会环境。

残疾人是社会最需要关心的一个群体,让这部分人接受教育,给残疾孩子更多的关爱,努力满足他们的多样化教育需求,引导他们积极面对人生、融入社会,引导他们自尊自立、自强不息,是党和国家的要求,更是社会主义大家庭以人为本、弘扬人道主义精神、保障人权的理念和社会进

---

❶ 梁剑.新时代十年我国特殊教育事业发展:成效与展望[J].乐山师范学院学报,2023,38(8):68-75.

步的体现。[1]

为此,我国加快了信息无障碍环境建设,推动互联网和信息技术的普及和应用,为残障人士获取信息和交流提供便利。例如,一些公共场所如图书馆、博物馆等都配备了无障碍设施和服务,方便残障人士获取信息和阅读。中国残疾人联合会(以下简称中国残联)和中国出版协会也积极推动残疾人阅读服务的加强和改进,大力提升残疾人公共文化服务能力,以满足残疾人的文化需求,增强其精神力量,同时不断完善版权制度,推动无障碍格式版的制作和交换,为残障人士提供更加便利的阅读资源。此外,我国还积极推动盲文、大字版等特殊格式出版物的制作和发行,以满足不同残障人士的阅读需求。

从法律法规来看,在我国出版领域针对残障人士的主要有《关于为盲人、视力障碍者或其他印刷品阅读障碍者获得已出版作品提供便利的马拉喀什条约》(《马拉喀什条约》)和《著作权法》。《马拉喀什条约》于2013年6月27日在摩洛哥马拉喀什通过,由联合国专门机构——世界知识产权组织管理,现有88个缔约方。该条约要求各缔约方规定版权限制与例外,以保障阅读障碍者平等欣赏作品和接受教育的权利,是世界上迄今为止唯一一部版权领域的人权条约。我国于2013年6月28日签署了《马拉喀什条约》,成为首批签署方之一。2022年2月5日,我国向世界知识产权组织交存了《马拉喀什条约》批准书。此外,《著作权法》规定,将已经发表的作品改成盲文出版,可以不经著作权人许可,不向其支付报酬。在出版公共服务的标准化和均等化方面,出版界也积极推动公共服务的标准化和均等化,确保所有残障人士都能享受到优质的阅读资源。

除了政府机构和社会组织的努力外,许多企业也积极参与残障人士的出版和阅读事业。例如,河北出版传媒集团在多个方面给予了特殊教育大力支持,不仅在政策上推动相关项目的实施,如主办"智障儿童无障碍学习全媒体出版工程",建立全国第一家特殊教育资源平台——方圆特教,而且付诸实际行动,积极向学校进行捐赠,助力特殊教育的发展。

河北出版传媒集团推动的"智障儿童无障碍学习全媒体出版工程"是

---

[1] 徐济超.发展特殊教育是政府和社会的共同责任[J].河南教育(基教版),2012(2):4-5.

一项开创性的全媒体出版项目，以家庭生活、学校生活、社会生活为主线，涵盖了智障儿童学习成长的各个方面。此工程是国家出版基金资助项目，集成了特殊教育领域的开创性研究成果，涵盖了语言、思维、艺术、生活、康复等五个领域，包括 30 本图书、30 张光盘及网络视频、音频，内容主要围绕家庭生活、学校生活、社会生活，涉及运动游戏、康复训练、科学起居、文明礼貌、学会购物、会做家务、安全防范等 22 个板块。为特殊儿童提供了丰富、科学的学习资源，对他们的健康成长有着积极的促进作用。

河北出版传媒集团还通过向学校捐赠该出版物的方式，直接为特殊儿童的学习成长提供了帮助。这种捐赠行为不仅体现了集团对特殊教育的关心和支持，同时也通过实际行动践行了党关心特殊教育、支持特殊教育、办好特殊教育的重要理念。河北出版传媒集团在特殊教育方面的支持体现在多个层面，既有推动相关项目的实施，又有实际行动的帮助，这种全方位的支持对于推动特殊教育的发展起到了积极的作用。

（3）文化环境。

残障人士，包括视障、听障和肢体障碍等不同类型的人士，他们的阅读需求和挑战是多种多样的，需要社会各界给予充分的关注和支持，残障人士同样渴望阅读。然而，由于身体条件的限制，他们可能在获取阅读材料、理解和享受阅读内容方面存在困难。例如，视障人士可能无法直接阅读传统的纸质书籍，而听障人士则可能无法通过声音来获取信息。无论哪一类残疾人群体，他们都不再仅仅满足于单一的阅读方式，而是展现出传统阅读与新媒体阅读方式并存的特点。然而，新媒体阅读方式的比重明显超过了传统媒体阅读方式。在这些新媒体的载体中，手机阅读成为首选，但是所有的残疾人群体都对新媒体阅读方式持有肯定和开放的态度。尤其是手机在残疾人群体中的普及程度最高，也最为广泛使用。随着科技的进步和社会的发展，新媒体阅读方式将会越来越普及，也会更加适合残疾人群体的阅读需求。因此，我们应该积极推广新媒体阅读方式，并为残疾人提供更好的阅读支持和服务。

残障人士在融入社会的过程中，需要获得与健全人相同的机会和资源，包括接受教育、获取信息等。积极宣传融合教育理念，能营造良好的社会文化环境，破除社会对特殊群体的偏见和歧视，增强大众对特殊群体身心特点的了解。❶ 阅读是获取知识和信息的重要途径，残障人士需要通过阅读来融入社会、参与社会生活。另外，残障人士同样有自我实现的需求，他们需要通过学习、提高自己的素质和能力来获得更好的发展机会。阅读可以帮助残障人士扩大视野、提高知识水平，从而更好地实现自我价值，社会应该关注残障人士的人文需求，为他们提供适合的阅读材料和服务，从而满足他们的精神需求，帮助他们更好地获取信息、提高能力，从而更好地享受社会服务。

从出版融合的角度来看，出版融合能够以多种形式呈现阅读内容，满足残障人士多元化的阅读需求。例如，对于视障人士，可以提供盲文书籍、语音书籍和电子书籍等不同形式的阅读材料；对于听障人士，可以提供字幕书籍、口述信息和语音书籍等。多样化的呈现形式还可以将多种感官信息整合在一起，为残障人士提供更全面的阅读体验。例如，将文字、图像、音频和触觉等多种元素融合在一起，制作成适合不同残障类型的跨介质的出版物，提高阅读质量和效果。通过多元化阅读方式，残障人士可以更好地融入社会，并增强自信心和积极性。例如，残障人士可以在不受时间和地点限制的情况下，通过数字化阅读来获取信息、提高能力，从而更好地享受社会服务，为残障人士提供更好的阅读体验，促进社会平等，有助于消除社会歧视和排斥，促进社会平等和包容性发展。

（4）技术环境。

方圆特教由河北出版传媒集团直属方圆电子音像出版社主办，多年来集团一直秉承着"技术带动创新"的理念，目前"文化+科技"的创新方式，已经体现在了河北出版传媒集团的诸多新产品、新业态上。目前河北出版传媒集团拥有冠林数字出版公司等6家新兴业态企业，40多个数字出版项目，涉及在线教育、网络阅读、影视动漫、手机游戏、有声读物、立体营销等❷，先后开发建设了河北教育资源云平台、冀教学习App等在线教育平台，策划推出了一批精品数字出版项目。目前正在全力推进省"十

---

❶ 魏燕荣,陈全银,黄宇亮.我国融合教育质量的现状、问题及对策[J].现代特殊教育,2017(18):9-14.

❷ 袁伟华,肖煜.当出版业遇上"技术流"[N].河北日报,2017-6-6.

四五"规划项目——融合出版中心建设。集团注重融合发展,加强数字化转型,积极应用新技术,推动传统出版与新兴媒体的深度融合,加速数字化转型,构建全媒体传播体系。通过云计算等新型技术的应用,河北出版传媒集团实现了大规模、高效率的内容生产、编辑、审核与分发,同时他们运用大数据技术对用户行为进行分析,精准把握市场动态和消费者需求,从而优化出版和传播策略。此外,人工智能技术也被广泛应用于内容筛选、智能排版、语音合成等方面,极大地提高了内容生产效率和质量。此外,河北出版传媒集团还积极探索5G、物联网、区块链等前沿技术,力求在新一轮的科技革命中抢占先机。他们相信,这些新技术的应用将进一步推动出版传媒业的转型升级,实现更高质量、更有效率、更加可持续的发展。同时,河北出版传媒集团还注重与国内外知名企业和机构进行合作,引进先进的技术和管理经验。他们与华为、腾讯等科技巨头合作开发数字化阅读平台和网络文学平台等项目,借此推动河北省出版传媒业的升级和转型。

"智障儿童无障碍学习全媒体出版工程"是由河北出版传媒集团、方圆电子音像出版社主办,国术科技(北京)有限公司和秦皇岛市特殊教育学校承办的国家出版基金资助项目,通过多种先进的多媒体制作技术融合,为一线教师、学生家长和智障儿童提供了内容丰富、形式活泼的出版物。这些出版物以三位一体的呈现方式服务用户,不仅可以在纸质出版物上阅读,也可以通过光盘播放或手机扫码观看视频、听取音频。这种全媒体出版方式体现了党的十七大以来关心特殊教育、支持特殊教育、办好特殊教育的重要理念,真正在技术层面实现了对特殊教育事业的关心、支持与服务。

2. 创新主体

(1) 出版单位概述。

河北出版传媒集团有限责任公司,组建于2009年6月,由中共河北省委宣传部领导的河北省最大的综合性文化企业,主要业务包括图书、报刊、电子音像和数字网络出版,出版物印制发行,出版物资贸易和文化投资等,员工万余人。旗下拥有6家图书出版社、2家电子音像出版社、1家数字出版公司，年出版能力达到万余种；拥有《河北青年报》《思维与智慧》《语文周报》《少儿科学周刊》等13种品牌报刊；多点布局数字出版，融合出版中心等转型升级项目正在蓬勃建设当中；分别在石家庄、保定两地投资建设了设备先进、技术领先的数字印刷产业园；拥有156家新华书店、近600家卖场和网点，线上线下融合互动的现代出版物发行网络。

近年来，集团公司大力实施以出名书、建名社、培育名编辑和出版名家为核心内容的"四名工程"建设，积极构建增强选题策划能力、增强编辑生产能力、增强宣传营销能力的"三增强"发展模式，近五年来共有500多种出版物或选题、33个先进集体、97名先进个人获得了国家级和省级奖项、得到重点支持或重点推荐，企业产品结构和产业结构不断优化，社会效益与经济效益不断提升，企业高质量发展打开新局面，正向着建设全国一流出版传媒企业的目标奋进。

方圆电子音像出版社，成立于1995年，2010年改制为方圆电子音像出版社有限责任公司，现拥有图书、音像、电子、网络、数字期刊出版权和广播电视节目制作经营权，是隶属河北出版传媒集团有限责任公司的一家多媒体出版社。建社以来，方圆电子音像出版社始终坚持正确的出版方向，出版了一大批社会效益和经济效益俱佳的电子音像产品，多种产品在国家级评奖中获奖，其中《辉煌五十年·河北》《中国玉器全集》等产品先后21次获得国家电子出版物奖、中国出版政府奖、中华优秀出版物奖等国家级大奖。

方圆电子音像出版社多种产品被原国家新闻出版广电总局列为向全国青少年推荐优秀音像电子出版物，积极参与公益性出版活动，组织出版的《全日制培智学校义务教育实验教科书》已在河北省内外培智学校推广使用，并全力打造完成国家出版基金资助项目《智障儿童无障碍学习全媒体出版工程》，为服务残疾事业作出了应有的贡献。方圆电子音像出版社积极推进传统出版与新兴媒体融合发展，大胆探索数字出版领域，在动漫产品出版、在线互动游戏出版以及手机出版等方面取得积极进展，创办的连续型电子出版物《当代教育实践与教学研究》得到市场广泛认可。方圆电子音像出版社先后被河北省委宣传部、原河北省新闻出版广电局、河北省科技厅评为"河北省精品出版先进单位""河北省首批传统出版单位数字化转型示范单位""首批河北省文化科技融合示范单位"，被原国家新闻出版广电总局评为"全国第二批数字出版转型示范单位"。

（2）合作单位介绍。

其一，秦皇岛市特殊教育学校，原名山海关聋哑学校，始建1959年，2003年学校迁址新建，现占地近35亩，总建筑面积13 000多平方米，总投资近4500万元。目前学校业务管理划分为视障教育、听障教育、智障教育、康复教育四个专业部，同时附设中国智协特奥活动基地、河北省残疾人健身示范点、河北省特殊教育教师培训基地、秦皇岛市特殊教育中心、秦皇岛市残疾人职业技能培训基地、秦皇岛市残疾人文艺人才培养基地、邯郸学院实习基地等八个特殊教育科研、管理、服务机构，承担秦皇岛市残疾人基础教育、职业教育、成人教育及社会服务多项职能。秦皇岛市特殊教育学校面向全市招收聋、培智、盲、康复四个专业残障学生，现有在校生292人（多数为寄宿生），教学班25个。学校现有教职工97人，校级班子成员6人。其中副高级职称教师28人，名师队伍中省级特级教师1人，省级骨干教师2人，省级骨干校长1人，市级中小学骨干校长3人，市级骨干教师10人。"十二五"期间，学校各项事业有了新的发展，先后获得"全国特殊教育信息化建设先进单位""河北省残疾人之家""秦皇岛市杰出青年志愿者服务集体"等国家级、省级、市级荣誉称号16项；学校办学经验分别在全省特殊教育校长培训班上和河北省特殊教育年会上交流汇报。在全校教职员工的共同努力下，"十二五"规划的主要目标任务基本完成，学校办学水平和教育质量有了进一步提高。

其二，国术科技，一家全球领先的商用游戏机器人公司，致力于为全行业各领域提供安全、可靠、社交性与趣味性兼具的交互式体验技术解决方案。其一流的硬件技术、一体式的软件系统、独特的创意研发和定制服务能够帮助消费者提升交互界面的实时体验，优化各应用场景的社交属性。此外，国术科技依托国内丰富的教育资源和跨国专家团队的科研力量，以及自身逾15年的科普行业深度经验，打造出了科普品牌"国术科普"，该品牌与"国术Eyeplay"和"赛未来"统称为国术科技三大明星品牌。国术科技同时也是北京市专利试点企业、国家高新技术企业、北京市科普研发基地。

（3）合作方式分析。

方圆特教开设了学习交流窗口，便于学生和老师的交流，也方便与特教专家的互动,其产品主要有培智课程、赛未来商用教育游戏机器人、培智游戏三种,除了自主开设的培智课程和培智游戏外,方圆特教与国术科技达成合作关系,着手利用"以色列血统 中国智造"的赛未来商用教育游戏机器人,将工程作为教材,创作一系列配套的集音效、视效、互动为一体的沉浸式游戏。游戏内容涵盖家庭生活、学校生活、社会生活等多个方面,让特殊孩子通过寓教于乐的交互方式进行学习,锻炼和提高他们的反应能力、协调能力、思维能力和沟通能力。

方圆特教还与秦皇岛市特殊教育学校展开长期合作,秦皇岛市特殊教育学校是集学前教育、义务教育、职业教育、高中教育和康复教育为一体的多层次、综合型特教学校,目前学校设有视障教育、听障教育、智障教育、康复教育四个专业部,其中培智教育、孤独症康复在国内具有较强的影响力,现已成为省内领先、全国一流的特殊教育学校。方圆特教科技致力于为特殊儿童提供更优质的教育资源,为特殊儿童提供更便捷的学习途径。方圆特教和秦皇岛市特殊教育学校通过长期合作,实现双赢,前者通过对学校的残障学生进行调研,了解需求,定向开发,产出优质的教育资源,在实践中不断完善残障幼教模式;后者通过合作,获得更多的教育资源,更好地进行特殊儿童的教育与康复工作。

3. 创新链协同

(1) 源头化创新。

方圆电子音像出版社主要是通过对出版内容、选题实施过程和实施结果的策划,开展源头化创新。在针对残障人士的选题策划中,编辑应能够策划出符合国家特殊教育事业发展方针政策的,具有思想观念上的先进性、理论研究的前瞻性、实践运用的创新性的选题。❶如在培智课程和培智游戏的策划与编辑环节,为更好适应残障人士的阅读、学习需求,方圆特教不断寻找合适的合作对象。选择一家具有经验和资质的残障学校作为合作伙伴,可以确保项目的质量和效果。在选择学校时,需要注意与学校

---

❶ 沈玉林.特殊教育类期刊编辑的责任意识与专业能力养成[J].新闻世界,2013(4):115-116.

的教育理念、教学模式和方法相符合,并且能够提供必要的资源和支持,通过对比选择,最终方圆特教与秦皇岛市特殊教育学校展开合作,致力于更好地进行特殊儿童的教育与康复。确定合作对象后,在与残障学校合作开发课程和游戏之前,首先要了解残障学生的需求和特点。方圆特教平台通过与教师、学生和家长交流,进行市场调研来获取信息,旨在了解学生的认知特点、学习风格和兴趣爱好等,设计适合他们的课程和游戏。在产品开发过程中,平台根据残障学生的需求和特点,确定适合他们的课程和游戏内容,也需要考虑学生的视觉、听觉、运动和认知能力等方面的因素,以确保课程和游戏能够被学生理解和接受。

(2) 产业化创新。

在赛未来商用教育游戏机器人运用过程中,也存在一些涉及不同领域和技术的问题,如机器人硬件平台的限制及机器人软件设计的复杂性。不同的机器人硬件平台可能有不同的功能和性能限制,例如电池寿命、计算机处理能力、传感器精度等,这些限制可能会影响机器人开发的效果和可靠性。而且机器人软件设计是一个非常复杂的任务,需要考虑机器人的感知、决策、控制和交互等方面的因素。需要具备人工智能、机器视觉、控制系统等相关领域的知识,考虑到残障儿童的使用,更需要针对不同学生进行考察,最终形成一个适合大多数人的模板并投入使用。而且机器人开发和维护需要一定的资金和技术支持,需要购买昂贵的硬件设备、开发软件和进行维护升级等工作。

针对这些问题,在机器人的生产与制造过程中需要解决很多技术上的难题,包括硬件、软件、机器学习、人机交互等方面的问题。因此,需要掌握相关领域的知识和技术,并且不断学习和探索新的方法和技术,方圆特教与国术科技加深合作,针对服务平台和服务群体生产个性化的计算机,选取更加贴合使用需求的各类硬件设备,针对残障群体设计日常化、个性化、多样化且方便交互使用的软件和交互程序,同时,考虑到经济效益和社会效益及残障教育的普及工作,应在不影响性能的前提下尽可能地压缩成本,降低生产和维护成本以及难度,从而更好地进行产品和服务的推广。

(3) 商业化创新。

方圆特教与秦皇岛市特殊教育学校展开合作,开展秦皇岛市康复示范课，通过这种方式，让更多的人了解其品牌和产品，扩大品牌影响力，提高知名度；传递品牌价值，强调产品的优势和特点，让潜在用户更好地了解产品；让潜在用户了解其专业能力和经验，从而建立信任感；可吸引更多的人了解其产品，进而转化为实际用户。

"方圆特教"在官网开展测评，该测评是由医院和受过训练取得合格证书的专业人员针对特殊儿童学习成长长语言、思维、艺术、生活、康复等领域进行测试，使用智力、行为、知觉测评量表，为对特殊儿童不明确特殊性的家长进行该家家庭儿童的各项能力的测评（不具备医学诊断性质），从而对特殊儿童进行全面评价，制定相应的干预措施并提出合理的特殊教育或康复建议。通过测评有利于教师设计有针对性的教学方案，使特殊儿童的个体优势得到诠释和体现，促进个体的成长，最大限度地挖掘特殊儿童的潜能，更好地保障残障儿童的成长和发育。

"方圆特教"咨询平台由有特殊教育专业背景和经验的教师团队组成，为特殊儿童家庭提供咨询服务，向咨询的特殊儿童家庭解答特殊儿童教育相关的语言、思维、艺术、生活、康复等领域的专业知识、问题、误区，引导家长使用正确的教育方式方法，对特殊儿童能进行正确的教育和训练，帮助特殊儿童融入主流社会增强学习能力。

这种线上咨询和留言对残障用户的帮助非常人性化。残障用户可能存在身体上的不便，难以亲自到实体店或现场进行咨询和了解，因此线上咨询和留言提供了一个方便快捷的途径，使他们可以在家中或远程位置获取所需的信息和帮助。线上咨询也可以消除残障用户的某些心理障碍。有些残障用户可能因为自身情况而感到自卑或不安，担心被歧视或忽视，因此不愿意去实体店咨询。而线上咨询和留言可以让他们在不暴露自己真实情况的前提下，获得所需的信息和帮助，保护他们的隐私和尊严，同时还可以提高服务效率。线上平台可以自动回答常见问题和处理简单事务，减少人工干预和响应时间，提高服务效率和质量。

案例三　三联中读

"三联中读"App作为三联生活传媒有限公司创办的聚焦于社科人文领域的知识服务及内容分发平台，以《三联生活周刊》的转型为起点，汇集了周刊及其他第三方优质内容资源，应用大数据、H5、智能语音等互联网技术，对内容资源进行深度挖掘与融合，为用户提供广泛的个性化知识产品，构建了产品、社区与电商的互联网平台，目标是建立开放的知识服务生态，探索出一条传统知识生产在新介质背景下的生产与传播的创新之道。

1. 创新环境

自2017年1月三联生活传媒有限公司注册成立，这五年来公司不断开展转型与融合工作，搭建了以双微（微信微博）为核心的公域流量，以"三联中读"App为主体的私域流量两种通道，初步完成了内容生产与经营互联网转移；之后，又继续进行两种渠道的深度融合，完成由渠道/平台，往平台/生态的过渡，公司转型与融合的深化涉及公司各个方面的调整与升级。由此，三联形成包括杂志、App、微信、微博等其他新媒体在内的内容生产与传播矩阵，打通超级平台的渠道通路，使得三联的新媒体矩阵整体营收能力增强。三联能够在短时间内实现出版的转型与融合工作并取得了可观的收益，与良好的出版环境有着密不可分的关系，不仅离不开政策与社会力量的支持，还离不开用户需求的变化与技术的发展。

（1）政治环境。

自2014年《关于推动传统媒体和新兴媒体融合发展的指导意见》发布以来，我国出版业在媒体融合方面进行了持续探索和贯彻落实。2022年4月，中共中央宣传部印发《关于推动出版深度融合发展的实施意见》（以下简称《实施意见》），提出完善"以内容建设为根本、先进技术为支撑、创新管理为保障的新型出版传播体系"，推动出版业加快数字化转型，进入深度融合发展阶段。《实施意见》与正在实施的融合出版工程相互支撑，构成了推动融合出版的政策体系，从政策指引和重点布局方面共同发力，进一步形成推动出版融合向纵深发展的合力，促进出版单位不断推进内容创新、技术创新、人才创新、机制创新，形成融合出版的全新格局，为出版业高质量发展提供新引擎。随着智能技术的发展，融合出版必将迎来数字化、智能化、网络化的新时代。

(2) 社会环境。

三联生活传媒有限公司作为一家知名出版机构，得到了政府与出版行业协会、学术界单位以及作者、读者群体等多方社会力量的支持。

一方面，作为一家出版机构，三联生活传媒有限公司得到了政府和出版行业协会的支持。政府的政策引导和资金扶持，为三联的发展提供了支持和指导。出版行业协会起组织和协作作用，通过建立信息平台和交流机制，将行业内的先进经验、市场动态、行业政策等信息进行整合与分享。信息和资源的共享使三联能够更及时地掌握行业发展动态，并做出相应的调整和决策。协会也为出版社提供合规指导，帮助其遵循行业规范和法律法规，规范经营行为。同时，出版行业协会代表出版社与政府部门进行沟通和交流，就行业发展提出政策建议，以推动相关政策的制定和落实，促进行业健康发展。另一方面，三联与各大高校、研究机构等学术界单位保持合作关系。学术界的专家学者、研究机构的智力支持，为三联提供了权威性的学术资源和尖端研究成果。除此之外，三联悠久的创办历史为其积累了大量优秀的作者、忠实的读者，作者通过提供优质的作品与内容，为三联的出版计划和图书库提供丰富多样的内容资源，读者提出的反馈与需求信息，帮助三联更好地与读者互动，理解市场需求，出版更适应读者口味和需求的作品。这些社会力量的支持与合作，对于三联的发展和影响力的提升起到了积极作用。

(3) 文化环境。

"三联中读" App 作为三联生活传媒有限公司创办的聚焦于社科人文领域的知识服务及内容分发平台，了解并掌握知识服务领域用户的阅读需求至关重要。知识付费通过采集并分析用户信息需求，来为改善平台内容、提升服务质量提供依据，及时优化平台内容与服务质量才能够提升用户黏性打造出版品牌。

《2022年知识付费行业报告》显示过往研究中较少关注的知识付费用户群体开始受到瞩目，尤其在"35岁+"群体的网络需求崛起后，"35岁+"群体对知识付费内容的偏好和消费能力的凸显正对知识付费行业产生深刻影响。艾媒咨询调研数据显示，2021年"35岁+"群体购买知识付费的比例达到58.8%，其中主要购买者年龄范围为35~45岁。

互联网络的发展以及社会节奏的加快，"35+"群体普遍感受到了知识体系老化的威胁，内心产生了焦虑和紧张的情绪；除了自身心理因素，"35岁+"群体已经普遍开始组建家庭，除了职场之外，其在婚姻事务、子女教育、父母养老等方面都开始遇到新的需求和新的问题。内在与外在的双重影响下，"35岁+"群体开始主动通过知识付费的手法寻找自己想要的信息，从而促使自身成为知识付费行业的主流。艾媒咨询调研数据显示，使用知识付费产品的"35岁+"群体主要集中在一线和二线城市，大多是普通职员、企业管理者和专业人员。该类人群文化素养和收入水平较高，心智审美相对成熟、具备一定消费能力，对真正有价值且能丰富内心的内容付费意愿较强。"35岁+"群体更偏向内容丰富和知名度高的平台，综合类知识付费平台已逐渐成为"35+"群体的主流选择。从年龄分层上看，35~45岁受访者对综合平台和语音类平台使用率高于其他年龄段，内容丰富度与平台知名度是"35岁+"各个年龄段的关注因素。

（4）技术环境。

"三联中读"App不仅为用户提供优质的阅读内容，做好基本的内容资源供给，还通过与云计算、数据库、语音识别、语义识别和人工智能算法等数字技术的融合，为用户提供定制化内容和体验式阅读。

云计算是指一种能够通过网络以便利的、按需付费的方式获取计算资源（包括网络、服务器、存储、应用和服务等）并提高其可用性的模式，这些资源来自一个共享的、可配置的资源池，并能够以最省力和无人干预的方式获取和释放。❶现如今云计算为出版的各个环节提供了相对高效的数字服务。一方面，云计算可以实现专业管理和协同发展。出版单位既可以自主研发云出版平台，也可以按需租用互联网服务提供商、网络书店、IT厂商和电信运营商等开发的系统，因此，云计算可以解决数字出版过程中人才短缺、规模小、资金少的问题。基于云计算的出版可以在一定程度上优化资源配置、降低成本。除此之外，云计算能够帮助解决数字出版中产业链混乱的问题，保证利益各方密切合作，促进产业链的升级。云计算为出版单位的发展带来了新型经营模式、一站式管理和高效数据处理功

---

❶ 雷万云.云计算：技术、平台及应用案例[M].北京：清华大学出版社，2011.

能，极大促进了融合出版的推进，但由于云计算的研究和应用尚处于初级阶段，还存在版权保护、行业标准和数据安全等方面问题，出版单位必须要在充分利用的基础上对云计算技术不断完善与创新。

数据库出版是利用数据库技术实现电子出版的过程和技术。❶ 出版单位将多年积累的图书内容经过数字采集、整理、加工、分类标引、知识挖掘等环节整合为数据库，为用户提供图书阅读和专业知识查询服务，同时，数据库不局限于图书内容，而是以图书中的知识分类为研究单位，挖掘其中的联系，为用户提供细分的个性化服务。数据库的运用不仅为出版单位整合图书信息，开展多类型出版业务打下基础，还为出版单位提升工作效率与质量，建立全流程信息响应机制提供了技术支持，加快了出版单位转型升级的步伐，使其朝着多元化方向不断拓展。

人工智能算法不同于人工智能本身，却是人工智能的核心组成部分。人工智能（AI）系统是人类设计的软件（也可能是硬件）系统，在给定一个复杂目标的情况下，通过数据采集感知其环境，解释采集的结构化或非结构化数据，进行知识推理，处理从这些数据中获取的信息，并决定既定目标的最佳措施，以最终在物理或数字方面采取行动。❷ 这是 2019 年 4 月欧盟发布的《可信赖人工智能伦理准则》(Ethics Guidelines for Trustworthy AI) 中对人工智能的定义，其中的人工智能感知、解释、推理、处理信息、决定最佳措施及数字方面采取行动都是指人工智能算法的过程，可见人工智能算法在人工智能中的地位和作用。在出版领域，人工智能能够通过自动化处理任务产生新的"感知"与"想法"，生成有价值的"选题建议"，从而实现选题策划环节的赋能。大数据技术支撑下的人工智能选题系统所生成的选题不仅从选题角度方面更符合受众的需求，在选题策划生成过程的每个环节都体现了智能系统的优势。❸ 出版单位利用人工智能绘制用户画像、把握用户心理、自动生成标签化内容的优势，进行智能推送，实现"内容找人"的营销方式，不仅可以保障出版单位有效的市场、

---

❶ 周荣庭.网络出版[M].北京:科学出版社,2004:172.

❷ High-Level Expert Group on Artificial Intelligence. Ethics Guidelines for Trustworthy AI[R]. The European Commission,2019:36.

❸ 史惠斌,郭泽德.迈向智能:AIGC 内容生成模式引发的出版变革[J].数字出版研究,2023(2):36-37.

产品和品牌定位，还能够摆脱传统的大众广告宣传的高成本束缚，降低营销成本。人工智能对出版单位适应市场变化产生了积极影响，现已被广泛应用于出版的各个环节。

2. 创新主体

强化企业科技创新主体地位是实现高质量发展的内在要求。中读要想在融合出版过程中实现高质量发展，就要牢牢把握创新第一动力，与相关单位开展合作，借鉴经验，不断创新，将创新转化为现实生产力。

（1）出版单位概述。

三联中读，是《三联生活周刊》官方App，致力于打造国内最优质的人文知识平台，如今已经集合音视频课、数字刊、有声书、播客等融媒体内容于一身。2015年，中国出版集团重启上市工作，期望借助资本市场力量实现转型升级，《三联生活周刊》需要开发一新媒体产品以参与募投项目计划，在这一背景下，总编李鸿谷所提出的"中阅读"概念得到赞同，"中阅读"即指介于传统书籍杂志"慢阅读"和移动碎片化"快阅读"之间的状态，这一方案被通过后，2016年定位为阅读方向的募投项目"中读"被重启。2017年5月"中读"App正式上线。"中读"作为新一代知识发布和付费知识阅读的社交平台，不断发展升级，为用户提供更多新功能，满足用户多样化的功能需求，实现了传统纸媒与互联网应用的深度融合，标志着三联生活传媒有限公司数字转型之路迈入新的发展阶段。

中读承载了三联的人文特质，主打人文知识服务。自2017年正式上线以来，在充分利用周刊资源的基础上，中读建立了自己的知识班底，打造新的知识传播者形象，他们来自社科人文、历史文博等不同领域，将自身求知过程的内容，通过中读，更准确、有价值地传播给真正有需求的读者。中读致力于将传统杂志内容以音频、视频等新的产品形态重新展现给互联网用户。除了不断扩充优质内容，中读作为一款App，致力于让用户在产品的交互体验、知识资产管理、扩充知识与人脉圈层等方面得到更加优质的服务体验，强化与用户的直接关联，提升对用户生活场景的覆盖范围、综合货币收益、品牌口碑，搭建符合用户需求的产品模型设计、具备评价诊断机制的终身学习链路，构建中读的学习生态。

相较于信息过载的传播环境带来的焦虑气氛，三联中读打造安静、舒适、深度阅读与表达的知识家园。为用户提供专栏作者、意见领袖、知识红人，他们既是安静的写作者、创作者，又同时是知识的讲授者、传播者和知识服务者，推动传媒业、教育业和出版业相互融合。中读团队希望通过这个平台，把认可"三联"气质的用户、粉丝和内容创作者们聚拢在一起，让最好的故事、思想与知识得到讲述和呈现，并为屏幕前的读者重新找回深度阅读和学习的乐趣。

（2）合作单位介绍。

中读从产品的策划与编辑、生产与制造、推广和服务保障三个环节与不同的企业单位建立合作关系，从各个角度推动自身融合发展。

微软：微软（Microsoft）微软股份有限公司，是一家美国跨国电脑科技公司，由比尔·盖茨与保罗·艾伦创办于1975年4月4日。2023财年营收2119.15亿美元，以研发、制造、授权和提供广泛的电脑软件服务业务为主。最为著名和畅销的产品为Windows操作系统和Office系列软件，是全球最大的电脑软件提供商、世界PC软件开发的先导。

微信读书：微信读书是广州腾讯科技有限公司推出的阅读软件，是基于微信关系链的阅读应用，支持iOS和Android平台。微信读书为用户推荐合适的书籍，并可查看微信好友的读书动态、与好友讨论正在阅读的书籍等。如今微信读书注册用户数2.1亿，日活跃用户超过500万，其中19-35岁年轻用户占比超过60%，本科及以上学历用户占比高达80%，北上广深及其他省会城市/直辖市用户占比超过80%。

今日头条：今日头条是北京字节跳动科技有限公司开发的一款基于数据挖掘的推荐引擎产品，为用户推荐信息、提供连接人与信息的服务的产品。2012年3月，张一鸣创建今日头条，2012年8月发布第一个版本。2016年9月20日，今日头条宣布投资10亿元用以补贴短视频创作，后独立孵化UGC短视频平台火山小视频。

（3）合作方式分析。

基于不同的出版环节，中读与合作单位开展不同方式的合作。在内容生产与制作环节，中读运用微软的个性化语音定制技术提高有声读物的生产效率，节约生产成本；中读与微信读书推出联合会员，是对App中知识课程相关产业的延伸服务，从线上课程到电子版、纸质版图书，促进了产品产业化的生产与制造；中读与今日头条合作，在双方互惠的基础上，中读通过共享今日头条的技术优势，实现了良好的营销效果。

中读与微软合作，将个性化语音定制技术与有声内容相结合。2019年北京国际图书博览会（BIBF）期间，中读举办了以"声音里的知识和AI"为主题的知识大会，探究如何以"内容生产"为前提，扩大纵深，实现媒体融合。会议上，中读与微软合作，携手微软晓晓落地个性化语言定制技术，将个性化语音定制技术运用到有声内容生产和知识传播中，创新有声读物制作流程。微软晓晓语言合成服务是基于微软Azure云的端到端深度神经网络语音模型，不仅可以将指定的文本内容转为语音服务，还可以根据自身偏好调整音节、发音、语速、音量以及文本转语音输出等其他属性，晓晓可自动处理正常的停顿，或者在以问号结尾的句子中使用正确的音调，使语音更加真实自然。传统有声内容制作主要依靠录音工作来完成，发音人需要录制成千上万句话，再进行拼凑合成，消耗时间与精力的同时，出版单位还要承担高昂的生产成本，声音的录制也受限于人员、时间、环境等因素的限制，难以实现产量的最大化，用户接收到有声内容的时间也会有所延迟。而微软晓晓只需要经过短时间的训练，就可以提供逼真自然的声音，提高了内容的转化效率，降低生产成本，实现了有声读物的高效生产和传播。微软晓晓能够实现用户多场景、高质量的语音内容需求，不仅能够准确表达原文的意思，还能够极大满足听众想听到原作者声音的需求。中读与微软联手，将晓晓运用到语音转换中，是运用数字技术的创新尝试，推动了出版与数字技术不断深度融合的过程。

中读与微信读书合作推出联合会员。中读的知识课堂中，主讲人会在课堂中或课后分享延伸的阅读书单，书单会对接微信读书的书库，如果用户对中读课堂中所讲的内容感兴趣并还有想要深入了解的想法，可以到微信读书中阅读课堂中提及的书籍。同时，中读的部分知识课程还会将文稿整理成书出版，其中部分同名图书会上架微信读书，用户想要了解即可在微信读书中搜索阅读，用户在中读视频课程中没有时间整理的重点内容，也都可以在微信读书的同名书中阅读到。中读与微信读书的联动，是文字阅读、有声阅读、视频课程的有机结合，二者的合作为用户提供了优质精品课程、专业内容资源以及更加海量的知识数据库，实现了出版产业链的延长,吸引了更广泛的用户群体。

中读与今日头条的合作基于《三联生活周刊》旗下所有内容(其中包括《三联生活周刊》、三联中读、爱乐、三联节气和新知)集体入住今日头条的背景。中读与今日头条双方强势合作,共享彼此强大的核心竞争力,为生产传播凝聚了巨大了力量,吸引更多的潜在用户,实现了良好的营销效果。今日头条作为国内对内容建设投入资金最多的内容发布平台之一,拥有海量用户,掌握人工智能与大数据技术,能够帮助中读更好的打通优质内容与目标读者的联系,实现"内容找人",让好文章找到好读者。中读与今日头条的合作,不仅为中读带来了技术支持,也能够帮助今日头条借中读的品牌影响力助力自身人工智能与大数据技术的进一步扩张,实现双方共赢。

3. 创新链协同

企业的产业链和创新链是密不可分的,它们之间相互依存、相互促进❶,中读通过构建创新链调动各方资源和智慧,推动产品的技术革新和差异化发展。

(1) 源头化创新

中读项目充分体现了共享经济时代移动互联手机产品的特点,构架清晰,为用户提供了简单而丰富的文化消费入口,为学术专家、高校教授等知识生产者和传播者提供了便捷的传播形式与互动途径。中读创新性地实现了同一IP从杂志、图书开发为音频课,或将音频课IP升级为视频课、图书、杂志、活动的融合出版的创新发展形态,探索出一条传统媒体转型发展的道路,为用户提供读书新知、生活美学、艺术音乐、历史地理、心理教育等多方面的陪伴式知识服务。比如,中读考古课《了不起的文明现场》和《了不起的世界文明》入选"2020年全国有声读物精品出版工程"。2021年"三联中读"策划出品的《看懂中国:全球视野下的中华文明》音频课得到了习近平总书记的重要批示肯定,有益于讲好中国故事、

---

❶ 孙琴,刘戒骄,徐铮.中国集成电路产业"三链"融合:理论逻辑、现状与思路[J].经济与管理研究,2022,43(12):35-49.

弘扬中国精神、增强国家文化自信。

"三联中读"的主创一直将其定位为阅读的策划与生产者，而非单纯的传播者。三联坚持 PGC（Professional Generated Content）的生产方式，即通过专业策划由编辑和记者生产知识内容，保证了传播的质量。如"宋朝美学十讲"知识课根据《周刊》的"我们为什么爱宋朝"和"宋朝那些人"两期内容衍生而来，邀请了邓小南、余辉、朱青生等 10 位专家从史学、文学、艺术、政治等方面解密宋朝文化，形成了 32 节通今博古、结构完整的文化音频课。目前仅"中读"平台（不包括其他合作平台）就得到了 388.6 万的收听数，产生了 2618 条课后笔记。之后，三联与优酷视频合作，对"宋朝十讲"内容进行推陈出新、拾缺补遗，制作出 15 期视频课，也得到了 5.8 万次的付费播放，取得了极好的阅读效果。

（2）产业化创新。

中读上线 5 年以来，内容聚合了 9 万多篇文章，内容数据量相当于周刊 70 年的内容产量，同时这些内容 80% 以上都是自有版权，为未来的数据发掘和数据资产化奠定了基础。自有版权的掌握帮助三联于 2021 年将"宋朝美学十讲"知识课的内容整理出版为《宋：风雅美学的十个侧面》一书，在不到两年的时间内销售 3 万多册。内容数据的建立，意味着中读内容生产效率大为提升，初步具备了形成人文知识平台的基础。当中读从一个自制课程平台升级为人文知识垂类平台之后，就能够容纳更多技术的介入，那么技术驱动平台升级就有了可能性，如果只有中读自己的课程数据，样本量还是太小，当内容足够丰富之后，就可以通过技术获取用户的兴趣、偏好、使用习惯，甚至他们获取知识的方式，将有更多信息和数据来作为中读下一步迭代的燃料，这也是中读迭代必要的基础设施建设。

中读项目的数据化战略，正是在传媒公司在融合发展转型第二步——内容数据化——的轨道上推进的。而中读项目的更长远规划，也就是传媒公司转型的第三步，则是数据的资产化：我们现在看到大多数可能的内容产品都是一次性产品，一定要让数据本身形成可以反复使用的资产。

（3）商业化创新。

通过对传媒、出版与知识生产这三者之间跨界融合的探索，"三联中读"以一种全新的方式为用户提供人文知识，在使用过程中，利用大数据分析手段，对其阅读行为中的内容兴趣、知识需求、互动模式进行解析，对用户的知识需求进行画像，为用户提供精准的个性化知识产品。自2017年正式开展运营以来，"三联中读"在用户量、内容资源、产品营收和社会效益等方面均获得良好成绩，目前已积累用户总数500万，注册用户300万+，日活8万，月活50万，付费用户100万，成功入选了由国家新闻出版署组织评选的"2019年度数字出版精品遴选推荐计划"等国家级奖项4个，行业级奖项16个，地方级及其他奖项9个。

《三联生活周刊》和包括微信公众号、中读App等新媒体产品对新冠肺炎疫情暴发时的及时报道，是通过内容生产和传播路径向内容公司转型的一个极佳案例。通过一线记者现场报道+后方记者多维度报道+过往报道资源库整合+中读音频、抖音小视频等多媒体呈现+海报设计品牌露出+肩负物资信息协调工作。在疫情期间，三联生活传媒有限公司调动所有资源，用新闻的专业性向社会传递真实而负责任的信息。

一线记者现场报道树立了媒体公信力，赢得了大量读者信任和赞赏。原创内容带来的激增流量，因为这种内容生产与供给有机体的形成，报道流量又形成了各个环节系统性的增值流量。比如，为了读者有更便捷的阅读渠道，中读平台上架四期电子刊，并与纸刊联动打通用户信息。通过官方渠道购买纸刊的读者以及全年订户可以免费获赠本期电子刊，中读VIP会员也可以在会员期内免费解锁阅读权限，四期电子刊领取数超过22万人。这也促使公司也下定决心，于2021年正式在"三联中读"推出了听读一体的"数字刊会员"产品。

2021年，《三联生活周刊》微信公众号共生产出1011个10万+作品、平均每天产出近3个。与此同时，当年微信公众号和有赞店铺产生的总流水首次超过1亿元，营收来源包括广告、文创产品、熊猫茶园、纸质杂志、中读课程销售等。内容生产、传播介质的变化实现了传媒公司向内容公司的转化，营收构成也因此发生重大改变。来自新媒体的营收比例逐年增长：从2017年的不到40%上升到2018年的48%、2019%年的61%、2020年的74%、2021年的78%。另外一组数据更直观：2017年，三联生活周刊传媒公司总营收1.28亿元，其中包括广告代理费7450万元；2021年总营收2.25亿元，数字化收入占比达78%，而2017年时几乎没有新媒体收入。

案例四 《数学小灵通》元宇宙期刊

数学小灵通杂志社隶属于辽宁北方期刊出版集团，是由当下最热的元宇宙技术与期刊结合，打造而成。它是数学小灵通杂志社与武汉理工数字传播有限公司合作，推出的基于纸质刊物的衍生数字化融合产品。旨在读者进入虚拟期刊世界，沉浸式体验数学游戏、观看三维数学模型，以生动、形象的方式帮助用户提高数学思维。

1. 创新环境

数学是小学课程的基础，它教授了解决问题的关键技能。小学生通过数学学习不仅能够理解数字和数量的概念，还能培养思维能力和解决实际生活问题的能力。这为他们提供了更广泛的学习基础，帮助他们在其他学科中取得成功。同时，数学更是科学和技术的基础。国家需要有一支具备数学素养的人才队伍，以推动科学和技术的发展。小学生通过数学的学习可以奠定科学和工程领域的基础知识，有助于国家在技术创新方面取得竞争优势。

因此，数学教育有助于培养具备数理逻辑思维和计算能力的人才。这些技能在国家的经济竞争力中起着关键作用。数学教育可以为国家提供高素质的劳动力，促进创新和产业发展。小学生通过数学学习能够获得必要的技能和知识，国家也依赖于拥有具备数学素养的人才来推动各个领域的发展和竞争。数学的重要性在小学教育和国家发展中都是不可置疑的。

（1）政治环境。

2019年，科技部、教育部、中国科学院、自然科学基金委共同制定了《关于加强数学科学研究工作方案》。该工作方案指出，数学实力往往影响着国家实力，几乎所有的重大发现都与数学的发展与进步相关，数学已成为航空航天、国防安全、生物医药、信息、能源、海洋、人工智能、先进制造等领域不可或缺的重要支撑。

2022年，中共中央宣传部印发《关于推动出版深度融合发展的实施意见》。该实施意见提出，要围绕坚持正确发展方向、科学设定发展目标、统筹规划发展布局，加强出版融合发展战略谋划。数学小灵通杂志社所属的期刊集团数字出版部（现为"融媒体中心"）紧盯国家融合出版发展动态，吃透政策，加强与主管部门的联系，立足自身报刊特色，找准项目方向，积极申报国家各类融合发展项目。

（2）社会环境。

在小学数学教学中培养学生数学学习的兴趣是新课程改革下对于数学教师的要求。在我国新课改不断推进的过程中，对于小学教育的重视程度不断加深。另外，当下传统纸媒与新媒体的融合，对《数学小灵通》的发展也起到了有效的推动作用。在期刊集团的总体部署下，《数学小灵通》积极谋求新媒体的生长空间，努力探索媒体融合的途径和方法，全员投入新媒体和数字化建设中，打造新的经济增长点。

（3）文化环境。

伴随技术赋能，人们的阅读方式开始迅速变化，青少年更是成为数字阅读的主要人群。2021年发布的《第十八次全国国民阅读调查报告》显示，74.8%的儿童从启蒙教育时就开始接触数字阅读，65.7%的儿童更喜欢数字阅读形式。不少家长也表示，数字阅读内容和形式都更能吸引儿童读者兴趣。

数学小灵通杂志社结合自身杂志特点，深挖内容资源与读者资源，借助信息技术手段，坚持以市场需求为导向，精准发力，围绕读者需求，形成了集音频、视频、元宇宙为一体的数字产品矩阵。它主动把握小学阶段儿童的阅读、学习兴趣，从读者兴趣出发，以自身优质内容结合先进互联网技术，以场景化、游戏化、体验化带领读者进入数学学习体验中。

《数学小灵通》元宇宙期刊的诞生，为全国青少年读者提供了一个新的选项。辽宁北方期刊出版集团将以此为起点，进一步优化内容、创新技术、改善体验，尤其是探索可持续的市场推广模式，助力出版产业转型升级。

（4）技术环境。

2021年元宇宙概念诞生以来，它就迅速成为互联网产业的新风口。元宇宙的概念起源于1992年推出的《雪崩》一书，书中将由一台特制电脑进入的与现实世界平行的世界称为元宇宙。关于元宇宙的概念，学界与业界均未有统一的说法。在出版领域，有学者指出，元宇宙出版是在虚实融合一体化理念的基础上，面向出版者和阅听者所营造的、多技术集成的沉浸式出版模式。

《数学小灵通》元宇宙立足于纸刊，是纸刊文章的数字化扩展与延伸，弥补了杂志版面有限以及文字表达能力有限的不足，通过视频、音频、图文的形式介绍文章的背景、作者的意图以及受限于版面未能在纸质文章中表述的内容。读者通过扫描印制在杂志上的二维码，进入社群，观看视频或聆听音频，了解更多与纸质文章相关的内容。

2. 创新主体

（1）出版单位概述。

《数学小灵通》元宇宙是辽宁北方图书出版集团推出的中国第一本元宇宙期刊，也是我国出版领域元宇宙出版的一次精彩实践。

其主管单位辽宁北方期刊出版集团隶属于辽宁出版集团，是一家以报刊出版为主的现代传媒企业。期刊集团紧盯国家融合出版发展动态，吃透政策，加强与主管部门的联系，立足自身报刊特色，找准项目方向，积极申报国家各类融合发展项目。

期刊集团新媒体矩阵扎实布局，在集团内部多次举办经验交流会，并多次引入新媒体行业专家对编辑进行培训，目前，集团在公众号、视频号、头条号等平台开设官方账号14个，粉丝累计近百万人。期刊集团结合自身发展特点借力小鹅通SaaS服务打造数字产品营销平台，目前有近27万用户的私域流量。同时，为实现编辑向产品经理转型，各编辑部都开设官网微店，编辑部的编辑开设个人微店，对本编辑部微店的商品和集团商品进行分销，编辑本人担任客服了解一线读者的实际需求，在提升报刊内容质量的同时，实现了编辑队伍的"全员营销"。期刊集团的融合发展是从自身特点、响应国家政策、顺应时代发展、运用先进技术、迎合市场需求、为编辑谋福利的多角度出发为报刊融合出版业改革发展提供了丰富经验。

（2）合作单位介绍。

武汉理工数字传播工程有限公司主要从事数字传播、数字出版领域的科学研究和产品研发,公司面向文化科技创新的国家战略需求、出版业转型升级的行业需求和庞大个性化的市场需求,技术融合、终端融合、内容融合、产业融合、文化融合,着眼于抢占文化与科技融合发展的制高点,坚持产学研相结合,加强文化科技基础技术研发,加强数字出版关键技术研发、吸收、再创新,加强科技成果转化应用。

(3) 合作方式分析。

数学小灵通杂志社与武汉理工数字传播有限公司合作推出了元宇宙期刊项目。该项目以《数学小灵通》为对象,每个版本每月出版一期,全年共36期。每期杂志选取3~5篇文章,利用XR扩展现实技术,将期刊内容中涉及的文字、图片、音频、视频等相关素材,呈现在元宇宙期刊的数字端,用户基于XR可穿戴设备,利用虚拟现实技术,在虚拟期刊世界打造期刊专属空间,用户在专属空间中付费下载应用场景,沉浸式体验数学游戏与数学故事。例如,该项目在期刊专属虚拟空间搭建了"积木拼图"的游戏场景,用户通过外接设备沉浸式地体验拼积木的过程,形象、立体、直观地完成数学游戏,提高了用户的动手能力和直观想象能力。同时,项目还在期刊虚拟空间中搭建了走三维迷宫、钓鱼等场景,使用户在真实的体验中体会学习的快乐。在元宇宙期刊项目中,杂志社提供优秀的内容资源,数传集团提供技术和运营,共同开发《数学小灵通》元宇宙端的内容、交互、呈现并链接到发行渠道。

3. 创新链协同

(1) 源头化创新。

在源头化创新方面,《数学小灵通》元宇宙紧盯国家融合出版发展动态,把握技术发展动态,并顺应小学阶段儿童读者的阅读需求。该刊根据自身的内容特色、资源优势以及读者行为特点,利用虚拟现实技术将书中描绘的场景、情节、故事、游戏等通过元宇宙技术复原到虚拟世界中。其配套数字资源分为启蒙、启智、烧脑三个难度,用游戏的方式对期刊内容进行趣味还原。将相对抽象的数学知识具象化、游戏化,让小读者们可以自由探索数学的奥秘。

《数学小灵通》元宇宙期刊项目后期还会开设虚拟期刊音视频、数学通关游戏等数字融合产品购买服务，形成期刊业务新增长点。

（2）产业化创新。

在产业化创新方面，国家数字复合出版系统工程应用示范与期刊集团原有采编系统融合完成了一报四刊从投稿到数字产品运营（北方教育期刊在线）集采、编、排、存、发于一体的数字化生产流程，以上三个项目的投入使用，缩短了出版周期，提升了出版质量，提高了纸质内容向数字内容的转化效率，建立了融媒体资源数据库，构筑了数字内容发布渠道，为融合转型发展奠定了基础。此外，打造UGC（用户生成内容）模式，实现去中心化，使虚拟期刊成为交流互动平台，用户不再是文章的阅读者或场景的使用者，更是内容的创作者，形成期刊社区网络，打造全新期刊商业模式。

由于面向的读者对象为小学生，小学生的识字量有限，大多时候需要借助家长来阅读杂志。杂志社针对这种情况，与第三方公司合作，通过"内容+技术"的模式，利用人工智能语音，将纸质刊物上的童话故事录制为音频，并在喜马拉雅、慧谷阅读等客户端进行投放，深受读者的好评。

（3）商业化创新。

杂志社通过衍生数字产品、数字内容平台完成社群引流，利用垂直内容营销，实现社会效益与经济效益双丰收。

元宇宙期刊制作完毕后，将通过为期刊的线上数字资源及相关实体期刊所开发的软件或应用产品等提供相对应的销售平台及代运营等增值服务的方式获得线上运营收益。同时，杂志社的各编辑部都开设官网微店，编辑部的编辑开设个人微店，对本编辑部微店的商品和集团商品进行分销，编辑本人担任客服了解一线读者的实际需求，在提升报刊内容质量的同时，实现编辑队伍的"全员营销"。

全国连销网络建设项目增加和完善了期刊集团的全国报刊发行网络功能，巩固和扩大线下发行市场；主要是架构全国200个重点发行城市的统一连销经营实体店，将按照标识统一、形象统一、内设内饰统一、进行选点装饰，实现统一经营、统一管理。并配之以网络微机管理平台。组成辽宁北方期刊全国线下实体销售网络，突出期刊集团品牌影响力的同时，大大提高了其旗下各报刊的发行量。

案例五 《中华医学会杂志》融媒体出版物

《中华医学杂志》为中华医学会会刊，出版发行中文版和英文版两个版本。《博医会报》是其英文版的前身。其创刊于中华医学会成立的1915年，英文刊名为 National Medical Journal of China，是中华医学会主办的医学综合性学术期刊。《中华医学杂志》浓缩了近现代中国西医发展的脉络，投射出近现代中国医疗卫生水平的重大进步与发展，是国内外医学学术交流的重要园地。为了适应科技期刊采编技术的不断发展和革新，迎合融媒体出版新形势的需要，《中华医学会杂志》融媒体出版物应运而出。

1. 创新环境

（1）政治环境。

2022年，中宣部印发《关于推动出版深度融合发展的实施意见》指出要打造出版融合发展重点工程项目。在意见的指导下，《中华医学会杂志》始终秉持"传承、创新、发展"的主旋律，围绕服务于读者、作者、审者、编者的目标，依托中华医学会系列期刊高质量发展专家委员会，以学术质量为基础、平台建设为抓手、集约化发展为方向，不断加强期刊出版基础建设，促进系列期刊深度融合发展。

国家卫生健康委、中宣部等部门联合签发《关于建立健全全媒体健康科普知识发布和传播机制的指导意见》，指出规范健康科普知识发布和传播机制，持续提升健康科普知识的质量，丰富健康科普作品的形式，增加优质健康科普作品的数量，推动全媒体健康科普知识发布和传播水平迈上新台阶。

（2）文化环境。

《中华医学会杂志》融媒体出版物的读者群体主要是医学领域的专家、学者、医务工作者等。这些读者群体对于医学领域的学术研究、临床实践、医学进展等方面有着较高的关注和需求。

作为医学领域的学术期刊，《中华医学会杂志》的读者群体对于期刊的学术性要求较高。他们希望期刊能够发表高水平的学术论文，反映最新的医学研究成果和进展。同时，医学领域的发展日新月异，读者群体希望期刊能够及时报道最新的医学技术和研究成果，帮助他们了解和掌握医学前沿动态。在实践性方面，医学是一门实践性很强的学科，读者群体希望期刊能够发表具有实践指导意义的论文，帮助他们提高临床技能和实践水平。另外，医学期刊除了为专业人士提供学术交流平台外，还承担着普及医学知识、提高大众健康素养的责任。因此，读者群体还希望期刊能够发表一些通俗易懂的科普文章，帮助大众了解医学知识。

《中华医学会杂志》融媒体出版物的文化环境主要受到医学领域用户的阅读需求影响。为了满足读者的需求，期刊在内容选择、编辑加工、出版传播等方面都需要不断进行改进和创新，提高期刊的质量和影响力。

（3）技术环境（某出版单位重点关注的技术发展如何）。

《中华医学会杂志》融媒体出版物技术环境的构建，离不开各种先进技术的支持和应用。这些技术的应用有助于提高期刊的质量和影响力，为医学学术界提供更好的交流平台。数字化技术是实现《中华医学会杂志》融媒体出版物的基础。

近年来，我国政府对数字化技术发展给予高度重视。从"十四五"规划到2035年远景目标纲要，都强调了数字化技术的重要性。我国数字化技术的发展呈现出政策推动、数字经济规模迅速扩大、数字化与产业融合加速、5G等新技术的广泛应用及信息安全与隐私保护受到重视等特点。这都为《中华医学会杂志》融媒体出版物的发展奠定坚实技术基础。

2. 创新主体

中华医学杂志社有限责任公司，2009年3月12日成立，经营范围包括编辑、出版、发行由中华医学会主办的《中华医学杂志》等131种杂志等。中华医学杂志社有限责任公司（以下简称中华医学会杂志社）是经国家新闻出版广电总局批准，编辑出版中华医学会主办各类医学期刊的全国性期刊出版单位，具有百余年出版历史，荣获中国出版政府奖"优秀出版单位"称号，是国内最大且最具影响力的医学专业杂志社。截至目前，中华医学会杂志社出版期刊已达150种，在历届国家期刊奖评选中我社出版期刊均榜上有名，在业内享有较高声誉和影响力。

3. 创新链协同

（1）源头化创新。

中华医学会杂志社积极探索数字平台建设，促进医学期刊深度融合发展。杂志社以平台建设为抓手，经过8年多的持续推动，依托数字化出版平台建设，不断探索新型出版模式，助推系列期刊走向高质量发展之路。研发数字中台，赋能数据驱动的精细化运营，构建基于医学专业领域期刊群的数字出版和知识服务平台。搭建一体化科技期刊学术出版平台，全面调度采编、编辑、出版、传播各环节，打造融合出版智能化中枢。搭建"优秀科研成果优先出版平台"，大大缩短稿件刊出时间，吸引优质稿件回流，提升期刊的学术质量。打造独立运营的医学英文期刊出版传播平台（MedNexus），提升中国科技期刊参与全球科学传播体系的能力，融入世界科技期刊交流生态圈。建设运营中国临床案例成果数据库，为临床医生提供知识服务，提升基层医生诊疗水平，服务于临床医生评价改革，支撑建立基于实绩贡献的人才评价机制。不断推出面向机构、个人、第三方平台等专业用户的垂直化知识服务产品，包括中华医学期刊全文数据库、中华医学期刊App、中华医学期刊云资源服务系统（SDK服务）、中华医学知识库、远程继续教育平台等，提高对读者、作者服务的能力和水平。

（2）产业化创新。

中华医学会杂志的融媒体出版物采用了先进的数字化技术，包括电子排版、网络出版、多媒体展示等。这些技术使得期刊内容更加直观、生动，提高了读者的阅读体验。在数据挖掘与分析技术方面，中华医学会杂志能够从海量的医学数据中提取有价值的信息，为学术研究提供有力的支持。这有助于发现新的学术趋势、疾病诊疗方法等，推动医学科学的进步。中华医学会杂志还积极应用人工智能技术，包括自然语言处理、机器学习等，对期刊内容进行智能筛选、分类和推荐。这有助于提高期刊的传播效果和影响力，满足不同读者的个性化需求。《中华医学会杂志》融媒体出版物还采用了多媒体制作技术，将文字、图片、音频、视频等多种媒介形式相结合，使期刊内容更加生动、形象，更具吸引力。

(3) 商业化创新（针对产品在推广和服务保障上的创新）。

杂志社积极探索现代化集约出版管理和运营模式，为逐步实现编辑-出版-经营的分离，组建了新媒体部、市场营销部、期刊发展部等职能部门，各部门权责清晰，职责分工细化，负责系列期刊的集约化管理、出版和经营，使编辑部有更多精力投入内容策划、组织和编审工作中，实现低成本出版，高效率经营。

案例六　中国农业出版社专业知识服务平台

中国农业出版社于1958年成立，是一家以出版农业科技图书为主业的中央级综合性科技出版社。其出版包括农业领域相关图书、期刊，大众读物等类别的出版物。在乡村振兴道路上，加快推进农业农村现代化，农民对现代农业科技文化知识的需求逐步增长，中国农业出版社抓住新机遇，建设"三农"出版社，改革创新传统的出版发行模式，在产品研发和渠道重构等方面开拓创新，力争在新一轮出版产业发展中缔造辉煌。

中国农业出版社2021年度收入总计7501.79万元，较上一年增长3.47%，全部为以前年度国有资本经营预算财政拨款结转资金；支出总计596.05万元，较上一年增长56.31%，全部为国有资本经营预算支出。

1. 坚持服务"三农"、精益求精的数媒发行理念

中国农业出版社始终以农业专业出版为特色，以服务"三农"为办社宗旨。面向大众读者，依托雄厚的出版资源和高素质的出版人，宣传党的方针政策，坚持以"三农"主题为中心进行出版发行工作，建构"三农"出版物体系，传播农业科学知识，繁荣农村文化，起到了重要的作用，取得了很好的社会效益和经济效益。

在数字化背景下，注重提升信息化投入水平和加强高质量数字内容资源建设，依托已出版的优质农业图书内容，开发数字精品内容资源库。其数字出版业务范围涵盖农业领域的农业经济、农史古籍、农业百科、期刊、农业标准，大众读物领域的生活、文艺文教、美术、少儿，以及高等教育、职业教育、农民继续教育培训等方面的各类数字内容产品与服务。

并且，加强与科技公司合作，开拓网络发行渠道，满足农民群众等的精神文化需求。

2. 重视知识资源深度加工和检索功能优化

自1958年建立中国农业出版社以来，图书出版物种类超过7万册，集聚"三农"领域的专业作者并积累了海量专业内容资源。在全面推进乡村振兴、实现农业农村现代化的大背景下，为适应于"三农"领域的新变化新问题，适应于该细分市场内读者的多样化需求，创新知识服务模式，将中国农业出版社在农业领域的内容资源优势转化为智能化、数字化服务平台，"智汇三农"——农业专业知识服务平台应运而生。该平台于2017年年初上线，效益突出，先后入选2019年度数字出版精品项目、第五届中国出版政府奖网络出版物奖、2022年度"出版融合发展工程"数字出版优质平台遴选推荐计划等。

"智汇三农"平台充分利用中国农业出版社内容资源优势，通过数字技术进一步优化知识服务的具体呈现形式，构建专业知识体系，开发相适应的知识检索功能，使其专业内容资源价值最大化。

其一，整合了优秀的大规模内容资源，包含电子书、条目、图片、视频等资源类型。"三农"书城涵盖种植技术等农业多领域内容资源，也包括行业标准、古籍、年鉴年报等。并提供农业相关最新资讯信息，供读者科研、教学、实用等多方面需求。

其二，建立了权威的标准、农业专业知识体系、主题词库等，创新性地搭建适合农业专业内容的分类体系，将农业知识设计成条目式，通过知识收集层、知识管理层、知识加工层和知识发布层四层技术架构，结合文本挖掘技术和大数据技术，将知识最终呈现为关联性强的图片库、视频库、音频库、作者库等知识库形式。支持进行全库检索与分库检索，提供数据库简介，便于用户缩小范围精确检索。同时，通过人工标引和机器学习，平台能够描述知识点之间的关联关系，从而加强知识检索平台的智能性。❶

---

❶ 陈兴会.知识付费视域下我国专业图书出版知识服务的发展策略[D].郑州:郑州大学,2020.

其三，数据库导航栏项下包含中国农业标准全库、中国农业图片库、中国农业视频库、农业科技成果库等九大主题数据库。支持基于学术需要的高级检索与专业检索，可以通过内容、时间等进行筛选，提高检索效率。

该平台资源的全面性、农业知识的专业性和知识检索系统的智能性等优势有利于其深耕农业专业领域，优化农业科研生态。

3. 挖掘新媒体优势，打造专业化数字发行渠道

中国农业出版社围绕其农业专业出版、大众出版和教育出版业务，较早就开始打造专业化数媒发行渠道。2009年，中国农业出版社开始数字化信息化转型，北京平章科技发展有限责任公司参与此过程。数字化对于出版社来讲至关重要，使得内部信息管理系统适应于数字化时代，提升办公自动化程度，充分利用农业领域内的资源优势建设权威内容服务平台。基于新媒体营销矩阵的搭建，构建新营销模式，并加强与读者之间的沟通交流，形成基于电商平台及数字载体出版物的出版发行新模式。

至今，中国农业出版社已经构建起以官方网上书城、"智汇三农"——农业专业知识服务平台、全国农业教育教材网和中国农业教育在线等数字平台为主的数媒发行渠道。通过"智汇三农"农业专业知识服务平台与其他农业领域知识服务平台相对比，分析"智汇三农"平台的独特价值（见表1）。

表1 农业知识服务平台对比

平台	主办单位	服务内容	上线时间	用户群体	用户地域范围
"农百之家"科技综合服务项目	江西科学技术出版社有限责任公司	农业知识服务平台、技能培训平台、农资产品销售平台以及农产品认证服务平台	2016年	农村基层群众	已经建立站点100余家，分布在上饶、吉安、赣州、宜春、萍乡等市县村级单位

续表

平台	主办单位	服务内容	上线时间	用户群体	用户地域范围
"天下农书"数字图书馆	中原农民出版社有限公司	聚合全国"三农"出版内容资源的专业化知识服务平台；开发"云农课"在线学习系统	2017年	机构用户和个人用户（农业科研机构、涉农高校和农业推广机构的科研人员、广大师生和农技推广人员）	河南、云南、广东、福建和四川等省份
农业科技网络书屋	同方知网（北京）技术有限公司《中国学术期刊（光盘版）》电子杂志社有限公司	现代农技推广提供个性化定制推送服务，助力农技推广和脱贫攻坚工作	/	各地农业主管部门、农技推广组织；农业专家、基层农技人员；农业科技试验示范基地、农业科技示范户、辐射带动户、家庭农场等	全国超过28个省
江苏省农家书屋数字化建设项目	江苏凤凰数字传媒有限公司	建设了11 386个数字农家书屋	2011年	农民读者	江苏省
"智汇三农"农业专业知识服务平台	中国农业出版社有限公司	三农书城、主题数据库、三农信息、出版服务、智汇园地等	2017年	农业行政主管部门、农科院系统、学校、公共图书馆及涉农企业等农业机构	/

农业知识服务平台对于农业专业内容资源积累具有较高的要求，中国农业出版社在超过60年的出版工作中不断积累相关资源，最终进行整合，并应用前沿技术。在主办单位上，农业科技网络书屋则是在原农业部科教

司指导下，由中国农科院信息所、中国知网联合研发的知识服务平台，内容资源与技术手段二者缺一不可。

农业知识服务平台根据主要受众可以分为农民群众和农业专业人员两种。

服务于农民群众的平台如"农百之家"科技综合服务项目，具有突出的创新性。其需要深入市县村级单位，开展相关农业培训活动，也需要考虑农民的实际情况，为提高项目实际价值，可操作可实现。该类项目通常由地方出版社推进，通常对于该地区的农业基础条件较为了解，与农民在前期有较好的沟通，江西科学技术出版社正是基于《农村百事通》在农民中的口碑及在销售中对于农村情况的了解，由此开展前期相关工作。农资产品销售及农副产品认证平台是该项目的创新点，较农家书屋单纯提供内容资源具备更强的竞争力，知识服务到最终获得农业产品，再对农业产品进行认证与销售，充分考虑到了农民的现实需求，做到了以用户为中心；江苏省农家书屋数字化建设项目面向江苏省，目标群体更为精准，服务于江苏省农村群众的阅读需求，服务于全民阅读活动的开展，强调"移动阅读""海量阅读"和"低碳阅读"等功能特征，具有一定体量规模。

针对农业专业人员，尤其是分布于各省、市、县的农业机构，通过内容服务平台更为便捷获取相关知识。对于研究机构用户，在实际研究中需要大量相关领域资料作为研究的支撑，而通过电子渠道批量检索并获取相关内容数据是最行之有效的渠道与手段。可见农业专业人员对于电子形式内容具有相当程度的获取需求。并且这种需求需要在多种终端平台被满足，农业科技网络书屋可以使用电脑、平板电脑、手机、数字电视等终端获取相关内容资源；"天下农书"数字图书馆可以通过 PC 端、手机端 App（支持安卓系统或 iOS 系统、云 Pad 端）等多种终端进行内容资源的阅读。"智汇三农"平台包含 9 个数据库，涵盖了科学研究、教育、知识普及、专业数据等，在资源量上具备优势。同时中国农业出版社作为教育部指定的"教材出版基地"，积累了大量关于农业教育的内容资源，涵盖高等教育、职业教育等不同读者群体，且中国农业出版社在农业内容大众出版方面市场也有涉猎。并在功能上领导读者完成从内容再到特定图书的阅读路径。与其他知识服务平台的共性是依托于出版社长期以来积累的内容资源进行电子化，或依托于原有业务直接进行电子书的出版活动，并与出版社所在区域的机构取得联系，也是依靠在读者中长期形成的品牌优势，推广该农业内容服务平台。该平台提取特定图书中的知识点，形成知识条目，通过技术手段进行标引等工序，也就完成了对于图书的拆解与碎片化。通过内容检索到适于该读者阅读的图书，节省了读者的时间成本。网站所呈现的功能都是在专业编辑与权威作者的指导下完成，具备较强的系统性与可靠性。相比之下，中原农民出版社在地方社中坚持在三农领域进行内容服务，"天下农书"数字图书馆虽然具备专业性，但对于内容的检索需要读者对于书名、作者、出版社、出版时间等进行检索，仍采用了较为传统的检索模式，通过添加模糊检索的方式提高读者检索效率。

在面向农业专业群体提供的平台服务中，各平台具有部分差别。"智汇三农"平台更为聚焦于机构用户，包括各农业研究院、各大高校、公共图书馆、农业相关公司等，面向于农业行政管理队伍建设。中原农民出版社有限公司推出的"天下农书"数字图书馆则在此之外面向个人用户提供云授课等服务，并与扶贫、开展新型职业农民培育工作和"三农"知识服务紧密相连。农业科技网络书屋包含图书、期刊、工具书及电视节目等资源，更多面向农技推广组织等与农业生产实际结合得更紧密的人群，"农技推广"是这一平台的关键词。

农业科技网络书屋与"智汇三农"农业专业知识服务平台分别荣获第二届中国出版政府奖和第五届中国出版政府奖。"智汇三农"农业专业知识服务平台囊括书城、主题数据库、资讯、科研工具、社区等多种功能，应用大数据、语义分析、云计算技术等先进技术手段，在实际投入运行的过程中，以读者的需求为中心，对于平台页面、数据库等进行持续优化，使得读者对于内容资源的获取更为便捷高效，总结了一套运营模式，具有较强的推广价值，也在行业内起到引领作用，促进农业领域知识服务更迈上新台阶。

江西科学技术出版社"农百之家"科技综合服务项目的农业科普知识服务平台使用了中原农民出版社"天下农书"数字图书馆的内容资源，可以看出中原农民出版社在地方社中深耕农业领域，在出版领域内受到广泛认可。但整理"天下农书"数字图书馆的发展路径可以发现，该平台2015年在中国出版协会科技出版工作委员会的支持下，由中原农民出版社发起成立了九省"三农"出版联合平台。2016年九省"三农"出版联合平台决定开展"天下农书"数字图书馆项目建设。2017年全国30家地方科技出版社参与该平台的建设。地方出版社在前期平台搭建的过程中，存在一定的困难，无论是人员、内容资源等方面，中国农业出版社作为农业领域内唯一的中央级出版社，在开展大型内容资源整合管理中，具有得天独厚的优势。地方社的优势在于对于地方渠道、地方特色内容资源等的掌握，二者或能形成良性互补关系。

此外，农业科技网络书屋与新疆农科院、新疆畜牧科学院、新疆科学技术协会合作，推出维汉双语科普资源库。在未来服务的更新迭代中，我国少数民族地区的特色农业产业相关内容开发，需要配合以双语内容，可能存在一定程度的开发难度，但也是农业内容服务平台需要解决的问题。农业科技网络书屋依托于中国知网的资源，在专家直播等方面能更好地服务于用户，在实时性上满足用户的相关需求。"天下农书"数字图书馆上线了"云农课"在线学习系统，"智汇三农"农业专业知识服务平台则包括中国农业视频库，虽然在一定程度上能够满足人工讲解的需求，但对于"智汇三农"所面向的机构用户，具有一定的前沿性知识需求，发展多模态的产品，有助于平台更长远的发展。

其中，官方网上书城上聚集了中国农业出版社在农业专业出版、大众出版和教育出版等各领域的纸质图书，为用户提供在线检索和购买服务。中国农业出版社还通过微信、微博进行图书营销，并入驻天猫旗舰店来推广出版物；全国农业教育教材网是专门营销高等教育、职业教育和农业教育培训等教材的网络平台；中国农业教育在线主要面向研究生、本科、高职、中职教育阶段的学习者以及参与培训的农民，可提供多媒体课程资源、配套数字教材和随堂测试服务等；"智汇三农"的服务对象主要包括农业领域内的高等教育机构、科研机构等机构单位，面向农业领域内从业的相关技术人员。平台提供系统化的知识结构便于用户按需进行学习与研究。用户可以通过网页版、微信小程序、移动端App进入平台，为用户提供更强的便捷性，适于不同场景的应用。中国农业出版社的官方微信公众号也推送"智汇三农"平台相关内容，积极宣传这一知识服务平台，可以为用户提供数字阅读、信息检索、科研辅助和互动交流等服务。

4. 稳步推动数字出版发行领域信息化建设

自1998年以来，中国农业出版社聚焦出版社信息化程度的提升，凸显信息化建设在出版社数字化转型中的重要地位。为此，它在网络建设、出版信息管理系统、网站、内容转换平台、发布平台等方面投入大量精力进行相关工作。

1998年，中国农业出版社对外门户网站建设完成，承担作为对外宣传职能。2000年，该社全面制定了信息化建设规划和实施方案，并于2001年底顺利完成一期工程，即组建内部局域网，初步完成内部信息管理系统建设，实现了部分资源共享，在局域网上查阅图书编、印、发各环节的进度和存、发情况等，基本实现办公自动化和业务网络流转。2002年，拓宽销售渠道，增加网络销售渠道，与传统销售并行。2004年，编辑部门建立了中心网站。该社与方正公司合作搭建以农业内容为中心的电子书数据库，纸电同步形成雏形。该社早期图书的电子化由方正公司完成。该社逐渐建设技术队伍，利用方正公司提供的免费工具及软件，逐渐完成电子书制作的自主化。依此为支撑，"中国农业数字图书馆"不断完善。

2010年，出版社开始进行内部计算机和局域网设备的更新，出版信息管理系统、门户网站的建设工作。

出版信息管理系统将出版流程依次相接，明晰项目进展现状，有效提高项目相关信息的共享。系统集成了领导决策、编辑加工、生产印刷、发行销售、仓储物流、财务核算等的管理功能，包含社务综合管理系统、编务综合管理系统、编辑管理系统、印务管理系统、发行管理系统、财务控制核算管理系统、物流配送管理系统等九个子系统。对于出版业务流程，能在严格规范管理的前提下，按照不同的管理模式进行流程设计。全面实现了对出版社资源和图书生产本身的全局控制、流程控制、关联控制、预警控制、结算控制和成本控制。同时，利用电子签章的记录功能，出版流程规范可查。

5. 持续改进业务流程和组织结构

在业务流程管理方面，中国农业出版社注重将新技术引入编辑和发行等出版流程中，实现了编辑、制作、发行和储运等主要流程环节一体化信息管理，提升业务运作和组织管理效率。

在组织结构管理方面，中国农业出版社在最初成立时采用官方组织结构，即"金字塔型结构"（见图2）。在纵向上，它运用程式化的工作方式和自上而下的集权管理模式，设置较多组织层级。从横向来看，一般分为编辑、印制、发行等一级部门。各部门职责清晰，能够按照相应标准有效开展工作和实行统一领导。但是，总体来讲，纵向组织层级多，管理难度大。同时横向部门间协作少，组织运作缺乏灵活性，难以满足用户个性化需求。

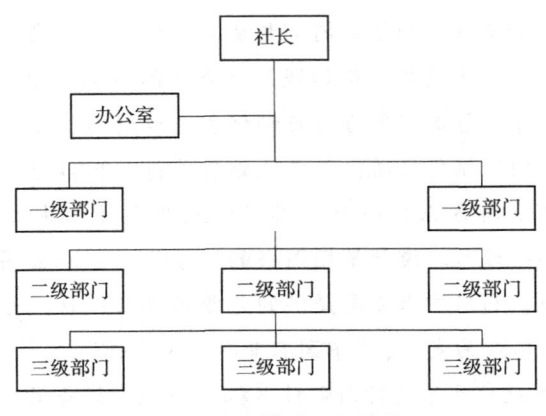

图2 金字塔形组织结构

自2010年转企改制后，中国农业出版社逐渐变革组织结构形式，采用职能型组织结构（见图3），该结构减少了纵向组织层级。同时，根据细分市场，横向划分为若干个事业部，集策划、内容加工和营销为一体，各分社自主运营。这使得各部门业务范围减少，强调专业性。并且，设置数字出版与管理中心，配合传统编辑人员开展数字资源加工、制作等业务活动。这种组织结构形式有利于缩小社领导职能控制范围，强化组织纵向联系，也能在横向上高效整合不同类型资源。

6. 创建以专业知识服务为核心的整体商业模式

中国农业出版社充分依托自身在农业专业领域的内容资源、作者资源、营销渠道等优势，构建了以专业知识服务为核心的整体商业模式（见图4）。

附录

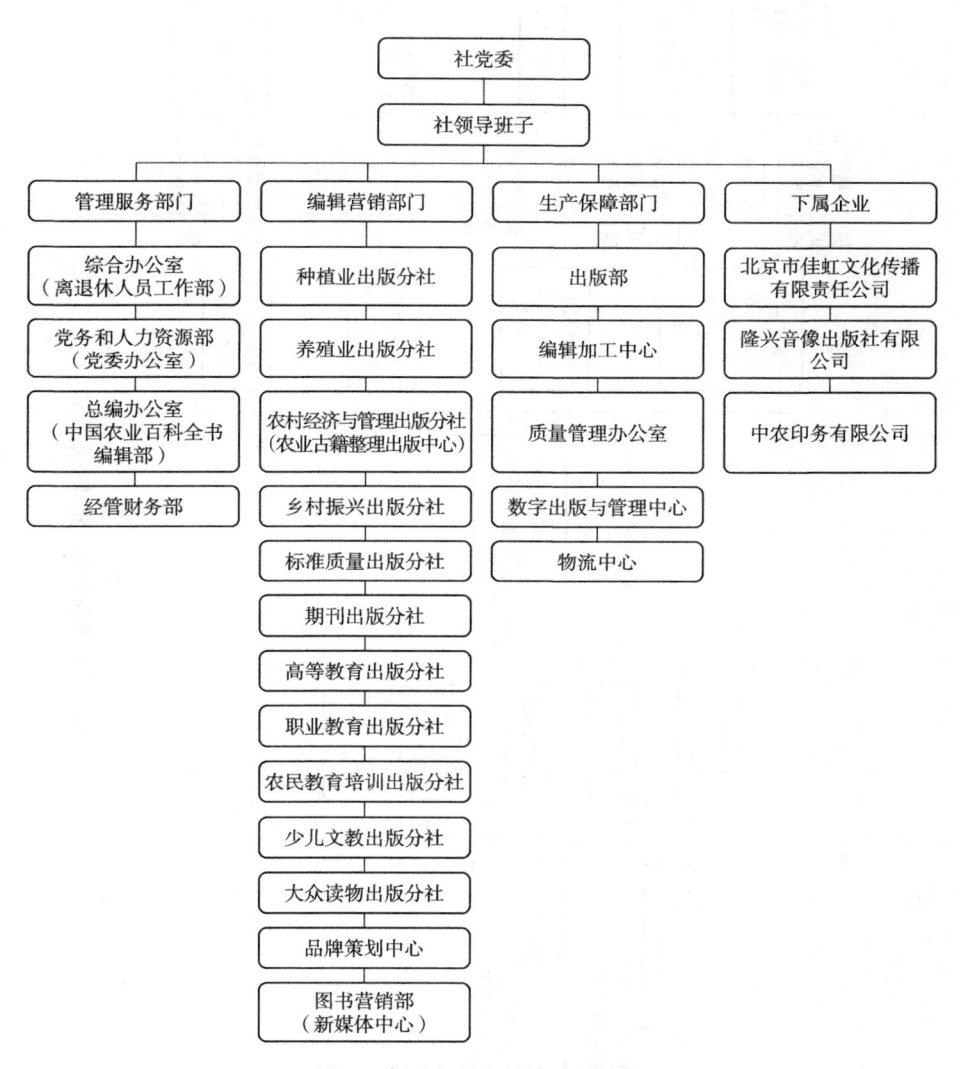

```
                        ┌─────────┐
                        │  社党委  │
                        └────┬────┘
                        ┌────┴────┐
                        │ 社领导班子 │
                        └────┬────┘
     ┌──────────────┬────────┴────────┬──────────────┐
┌────┴─────┐  ┌─────┴──────┐   ┌──────┴─────┐  ┌────┴────┐
│管理服务部门│  │编辑营销部门│   │生产保障部门│  │ 下属企业 │
└────┬─────┘  └─────┬──────┘   └──────┬─────┘  └────┬────┘
```

管理服务部门
- 综合办公室（离退休人员工作部）
- 党务和人力资源部（党委办公室）
- 总编办公室（中国农业百科全书编辑部）
- 经管财务部

编辑营销部门
- 种植业出版分社
- 养殖业出版分社
- 农村经济与管理出版分社（农业古籍整理出版中心）
- 乡村振兴出版分社
- 标准质量出版分社
- 期刊出版分社
- 高等教育出版分社
- 职业教育出版分社
- 农民教育培训出版分社
- 少儿文教出版分社
- 大众读物出版分社
- 品牌策划中心
- 图书营销部（新媒体中心）

生产保障部门
- 出版部
- 编辑加工中心
- 质量管理办公室
- 数字出版与管理中心
- 物流中心

下属企业
- 北京市佳虹文化传播有限责任公司
- 隆兴音像出版社有限公司
- 中农印务有限公司

图3　中国农业出版社组织结构

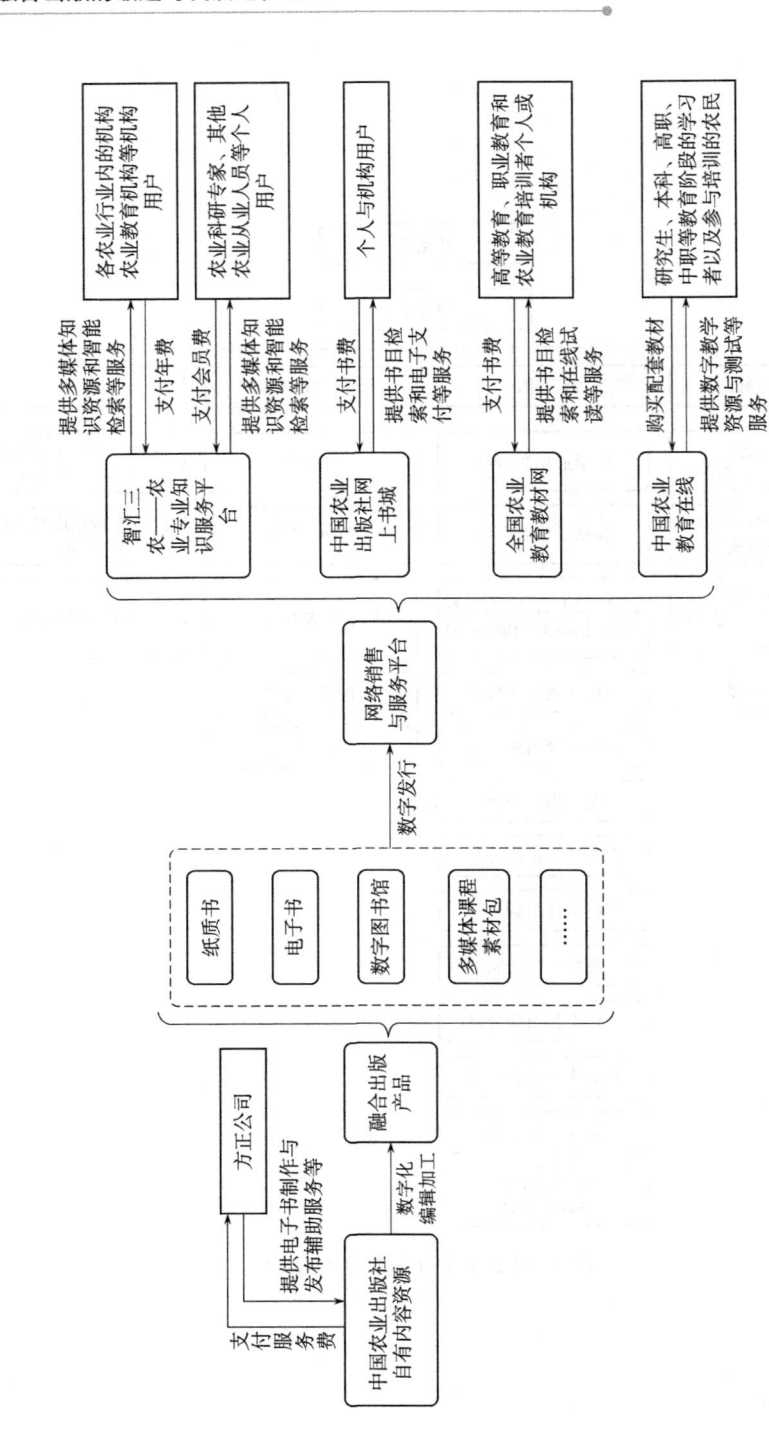

图 4 中国农业出版社整体商业模式

在方正公司等的技术支持下，中国农业出版社对自有内容资源进行数字化编辑加工，生成多元化融合出版产品，包括纸质书、电子书、数字图书馆和多媒体课程素材包等，发挥资源价值。并且，将传统出版产品与数字资源、平台深度融合，同步策划、同步营销，通过"智汇三农"——农业专业知识服务平台、中国农业出版社网上书城、全国农业教育教材网和中国农业教育在线等网络销售与服务平台，将出版社优质的数字内容资源与服务推送至广大用户。

特别是"智汇三农"平台充分利用出版社权威内容资源以及文本挖掘和机器学习等先进技术，为用户提供知识体系深度关联、可智能化检索的多媒体知识库产品，促使资源价值最大化。该平台主要向农业专业人员提供知识服务，包括农业科研机构、农业院校、图书馆、农业行政管理部门、农业企事业单位、重点实验室等。该平台向机构用户收取年费，对个人用户采取会员付费制。

中国农业出版社通过其自建网上书城销售纸质图书。用户可以直接在官网检索书目，并在线购买。

全国农业教育教材网专门营销农业教育书籍，除了提供书目检索和在线购买等服务，部分书籍还可供用户在线试读、申请样书等。

中国农业教育在线是与纸质教材配套的教学服务平台。用户购买了纸质教材后，可扫描书中激活码获取中国农业教育在线相关课程资源与服务的使用权限。中国农业出版社始终服务于农业专业教育教学工作，不断加强数字课程、新形态教材和教学服务平台等资源和产品建设，满足信息化教育教学需求。

中国农业出版社作为服务"三农"工作的专业出版社，其在探索数媒发行商业模式的过程中，有效发挥了专业资源优势，取得了良好的社会和经济效益。